ミネルヴァ日本評伝選

九条兼実

社稷の志、天意神慮に答える者か

加納重文 著

ミネルヴァ書房

刊行の趣意

「学問は歴史に極まり候ことに候」とは、先哲荻生徂徠のことばである。

歴史のなかにこそ人間の智恵は宿されている。人間の愚かさもそこにはあらわだ。この歴史を探り、歴史に学んでこそ、人間はようやくみずからの正体を知り、いくらかは賢くなることができる。新しい勇気を得て未来に向かうことができる。徂徠はそう言いたかったのだろう。

「ミネルヴァ日本評伝選」は、私たちの直接の先人について、この人間知を学びなおそうという試みである。日本列島の過去に生きた人々の言行を、深く、くわしく探って、そこに現代への批判を聴きとろうとする試みである。日本人ばかりではない。列島の歴史にかかわった多くの異国の人々の声にも耳を傾けよう。

先人たちの書き残した文章をそのひだにまで立ち入って読み、彼らの旅した跡をたどりなおし、彼らのなしとげた事業を広い文脈のなかで注意深く観察しなおす――そのとき、はじめて先人たちはいまの私たちのかたわらによみがえってくる。彼らのなまの声で歴史の智恵を、また人間であることのよろこびと苦しみを、私たちに伝えてくれもするだろう。

この「評伝選」のつらなりのなかから、列島の歴史はおのずからその複雑さと奥ゆきの深さをもって浮かび上がってくるはずだ。これを読むとき、私たちのなかに新たな自信と勇気が湧いてきて、その矜持と勇気をもって「グローバリゼーション」の世紀に立ち向かってゆくことができる――そのような「ミネルヴァ日本評伝選」にしたいと、私たちは願っている。

平成十五年（二〇〇三）九月

上横手雅敬
芳賀　徹

九条兼実画像（東京大学史料編纂所蔵）（模写）

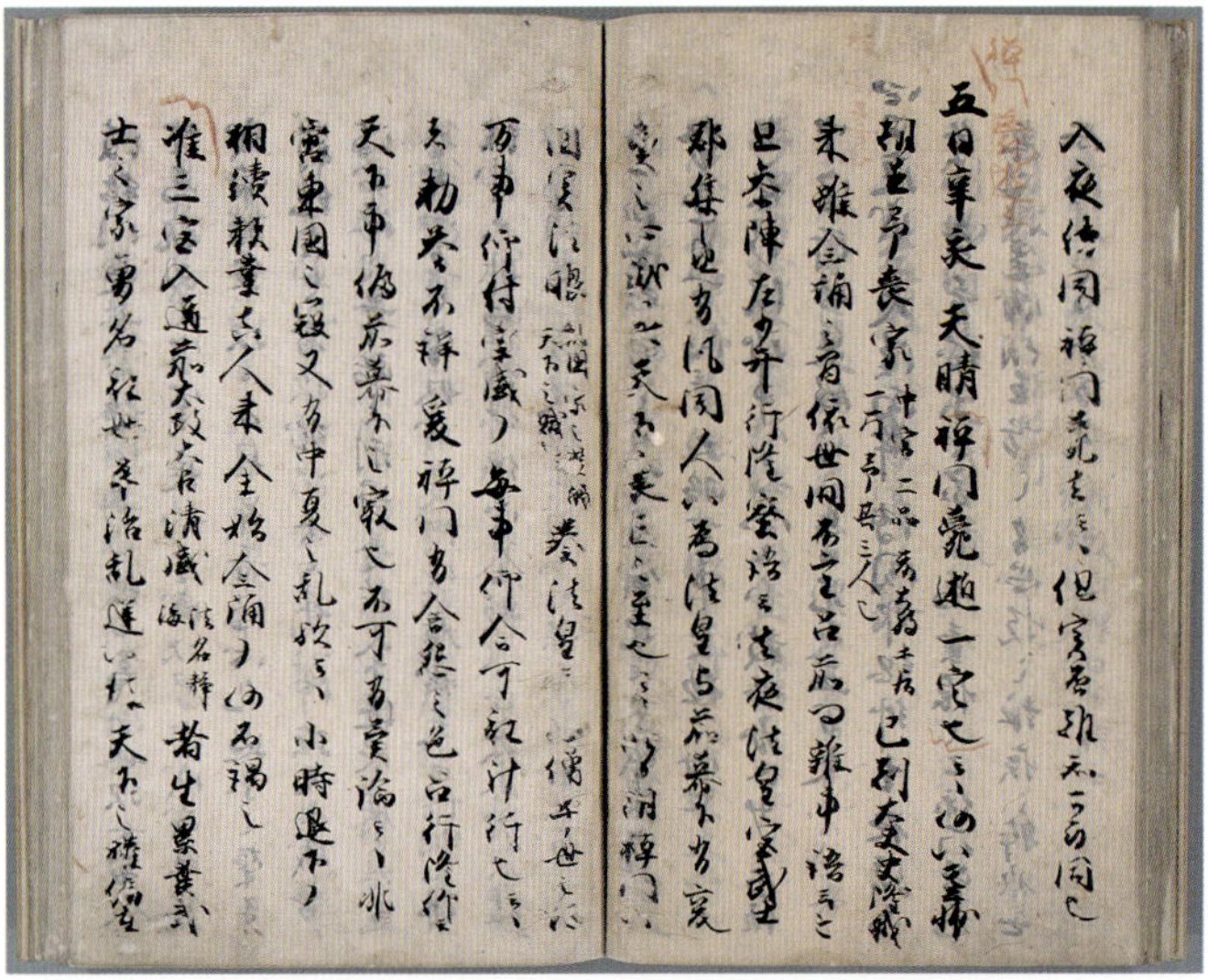

『玉葉』（治承５年閏２月４日～５日）（宮内庁書陵部蔵）

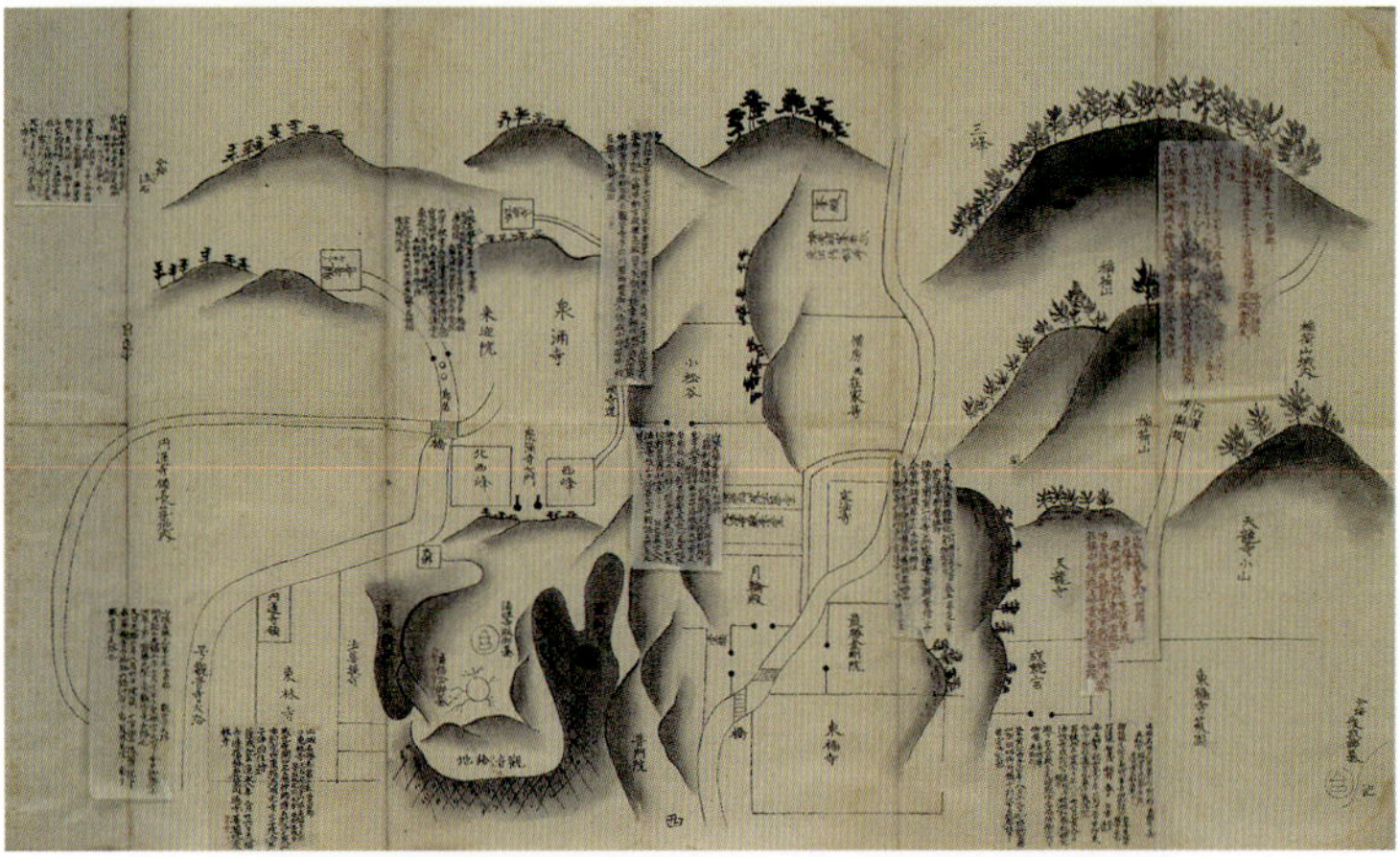

「法性寺御領山指図」（京都大学総合博物館蔵）（模写）

はしがき

平安末期の執政九条兼実の一生を拙いながら辿ってきて、人間が生まれる時に環境を選んで誕生することができるとしたら、兼実は、摂関家の家系につながる立場を受け入れて、あるいは希望して生まれただろうかという気がした。彼が平安末期の激動の幕開けとなった保元の乱に遭遇したのは八歳の時である。少年ながら、一方の当事者である藤原忠通の子として、乱の帰趨を息を殺して見守るという体験をしたであろう。それを皮切りに、平家の全盛と滅亡、東夷頼朝の制覇にいたるまで、日本歴史の上でも稀に見る激動の時代と重なるように生き、摂政にまで登りつめながら最後は彼自身も失脚してひっそりと生を終えた。歴史の波乱に翻弄されながら生きる姿を見て、生まれながらに与えられた状況のなかで、必死にもがき続けながら生きる人間の宿命に、あらためて歎息し哀悼の感情を持った。

九条兼実のことを、先に「平安末期の執政」と紹介したが、それは、彼自身も思いがけない成り行きで達した摂政の立場である。願望して得た立場ではあるが、彼がそれにふさわしい能力に恵まれていたかというと、遺憾ながら否定的に答えざるを得ない。時代を導く先駆的なものでなく、安定した平穏な社会で役割を果たすというのが、彼の本来的な資質である。その意味では、資質に似合わない激動の時代を生きさせられた薄幸の執政という評もできるかと思う。彼が彼らしい能力を発揮したのは、執政への願望を心に秘めながら、いわばその準備として書き綴った記録の記述者としての側面である。活字本で二千数百頁にもおよぶ膨大な公家日記は、執政を望む立場にある貴族が、その感情を隠すことなく表した、時代と人間の記録としてすこぶる高い価値を持っている。

実を言うと筆者も、その日記の記述に接し、その豊かな人間記録に魅せられて、兼実と彼が生きた時代について、たどたどしい意見を述べたりしたことがあった。そのことが縁で、彼の一生をたどるような仕事をしてみないかという話をいただいた。元来、文学の徒たるものは「人間が生きる」という課題に、学問としての目標を持っている。その意味で、人物評伝などはなにを措いてもしたい仕事なのであるが、突然の話にはハタと困った。相手が『玉葉』という著名な日記とその記述者である兼実で、大物過ぎる。誘惑に負けてとりあえず史学関係の著書を数冊拝見したりしたが、いずれも精緻で史料性も豊かな記述には劣等感も感じ、いよいよ困惑した。しかし、事ここに至っては敵前逃亡するわけにもいかず、幸いと言って良いかどうか、なぜか人間兼実についての総合的記述がなされていない現状があるので、その糸口にでもなるようなものでも……とようやくに思い至った。したがって、本書の内容としては研究現状の紹介を第一義とした。

その意味で、研究書や関連書籍での発言は極力紹介し、史料には必ず年月日を明記して根拠を確認できるように努めた。史料はほぼすべて近くが兼実の日記『玉葉』によるものなので、この場合は年月日のみを付し、他書の場合は必ず文献名を付すことにした。史料は原文引用はせず、適当な読み下し文とし、できるだけ内容紹介を兼ねる記述を添えるように努めた。参考文献はそれなりに目を通して参考にし得たもののみというのが筆者の従来の感覚であったが、研究紹介という本書の性格に添い、所在が確認された文献はほぼすべて文献一覧に取り上げることにした。この点では、最近刊行の高橋秀樹『玉葉精読』（高橋、二〇一三）に取り分けお世話になった。兼実と『玉葉』研究の始発の雰囲気をそこはかとなく感じる昨今なので、些少の賑わしにでもなれば幸いと思っている。

なお、兼実という人間の生涯をたどる作業を可能にしてくれた『玉葉』と呼ばれる日記について、その書誌的な解説も必要と思うが、筆者にはほとんど蓄積がない。受け売りの簡単な解説をしておきたい。兼実の日記『玉葉』の自筆本は現存しないが、十五世紀末頃までは、九条家の子孫に伝来していた模様である。『玉葉』は子孫が尊称して付けた名で、別の系統の写本では『玉海』と題されている。鎌倉時代書写の九条家本五十冊（宮内庁書陵部蔵）が現存する最善本であるが、翻刻作業がされておらず、従来は、明治三十九年に秘雲閣本を中心に校訂された本文が、唯一の活字本として国書刊行会より刊行され、史学・文学などの根本史料として利用されてきた。現在では、先述の九条家本が、所蔵する宮内庁書陵部より逐次刊行が進められ、漸くに完結をみた（一九九四〜二〇一三、全十四冊）。今後の研究の進展に大いに期待されるところである。日記についての全体的特徴については、高橋氏に的確な記述がある。

兼実は結果として摂政に就任するが、これは内乱による偶然の産物だったと言ってもよい。つまり、『玉葉』は、摂政・関白の日記というよりも、上卿を勤める大臣の日記であるというのが、その本質であろう。

まさに筆者も感じ続けてきた本質である。その感情を持ちながら、『玉葉』が語る膨大な史実と人間の哀歓の世界に踏み入ってみたい。

※漢文史料の訓読は現代仮名遣いを基本としたが、理解の便を優先したので厳密さにはあまりこだわらなかった。また、女性名は慣用に従って音読みを原則とした。

九条兼実——社稷の志、天意神慮に答える者か

目次

図版一覧

兼実関係系図

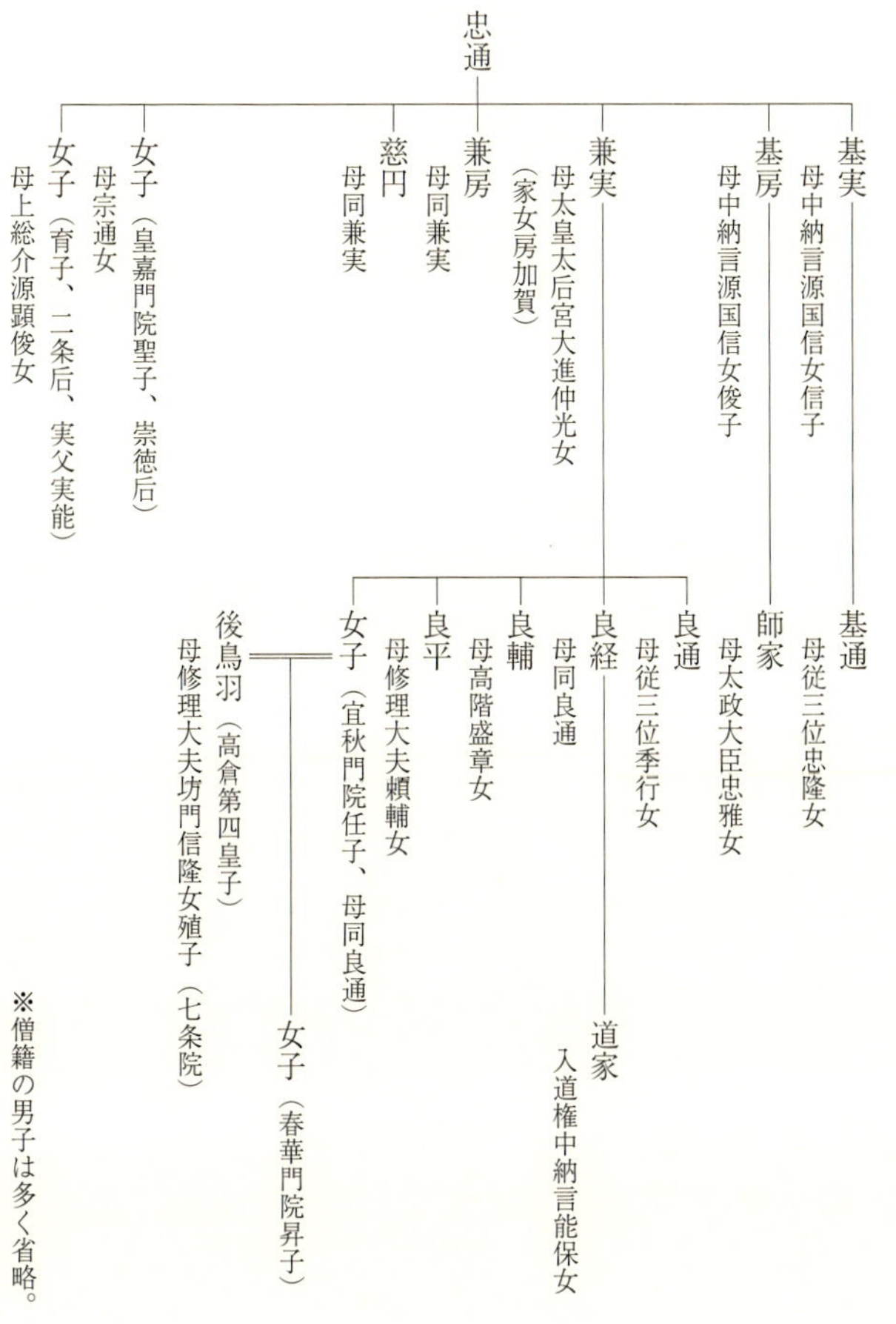
忠通
基実
母中納言源国信女信子
基房
母中納言源国信女俊子
兼実
母太皇太后宮大進仲光女
（家女房加賀）
兼房
母同兼実
慈円
母同兼実
女子（皇嘉門院聖子、崇徳后）
母宗通女
女子（育子、二条后、実父実能）
母上総介源顕俊女
基通
母従三位忠隆女
師家
母太政大臣忠雅女
良通
母従三位季行女
良経
母同良通
良輔
母高階盛章女
良平
母修理大夫頼輔女
女子（宜秋門院任子、母同良通）
後鳥羽（高倉第四皇子）
母修理大夫坊門信隆女殖子（七条院）
女子（春華門院昇子）
道家
入道権中納言能保女
※僧籍の男子は多く省略。

兼実関係邸宅図

①一条室町殿（良経・公経）

②近衛殿（忠通・基実・基通）

③松殿（基房）
④中御門殿（良経）
⑤大炊殿（経宗・兼実・式子）
⑥京極殿（後鳥羽）
⑦冷泉高倉家（定家・為家）
⑧冷泉万里小路殿（兼実）

⑨閑院（高倉・安徳・後鳥羽）
⑩東三条殿
⑪二条殿（後鳥羽）

⑫高松殿（後白河）
⑬三条東殿（白河・鳥羽・後白河）
⑭三条高倉殿（以仁王）

⑮六角邸（兼実）

⑯五条家（俊成）
⑰五条邸（邦綱・高倉）

⑱六条殿（後白河）
⑲中院邸（通親）

⑳八条西殿（平時子・安徳）
㉑八条東殿（平時子・高倉）

㉒八条院（暲子内親王）

㉓九条家（定家）
㉔皇嘉門院御所（聖子）
㉕九条殿（兼実）
㉖九条御堂（聖子・兼実）

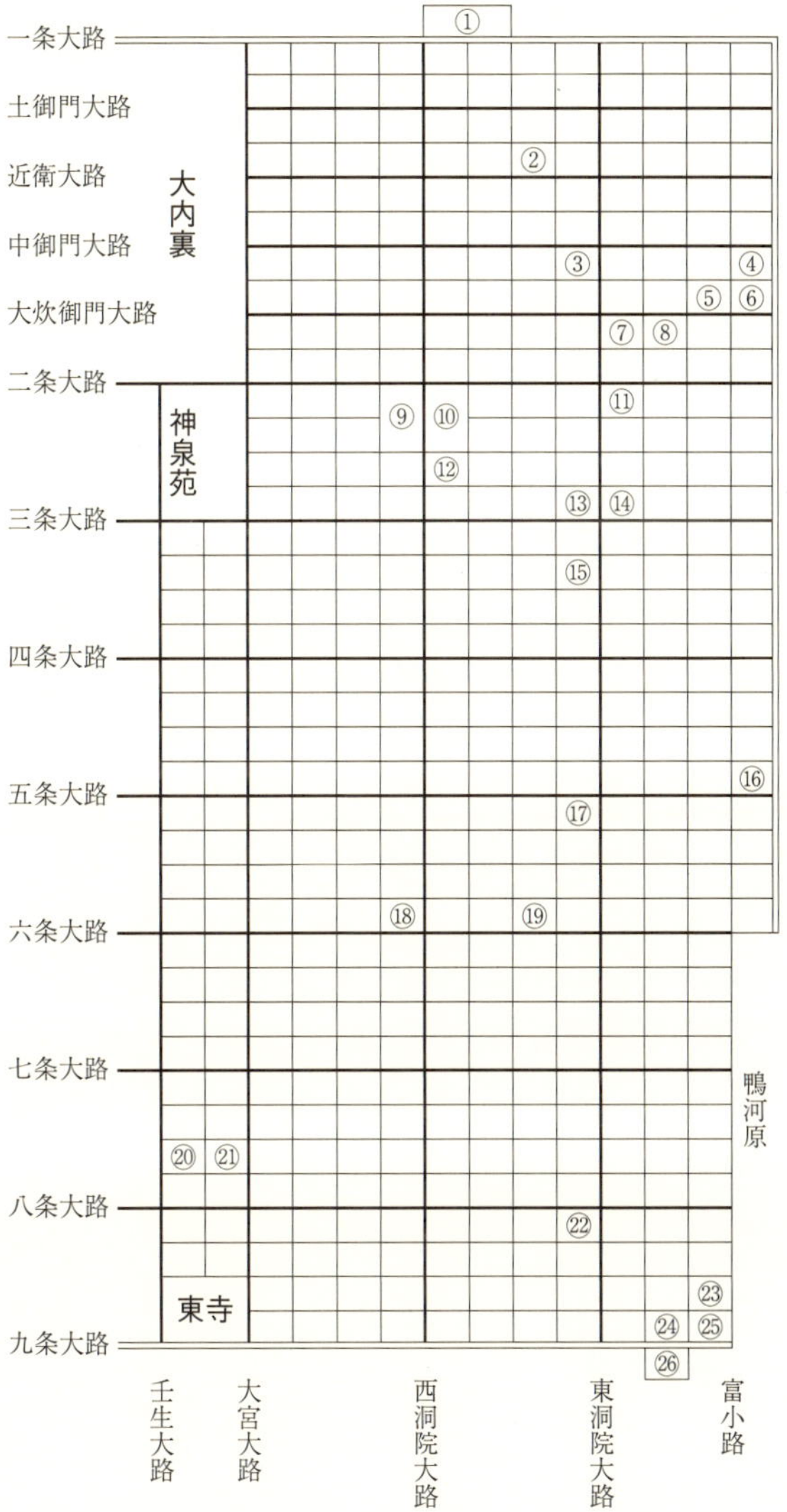
一条大路
土御門大路
近衛大路
中御門大路
大炊御門大路
二条大路
三条大路
四条大路
五条大路
六条大路
七条大路
八条大路
九条大路
大内裏
神泉苑
東寺
鴨河原
壬生大路
大宮大路
西洞院大路
東洞院大路
富小路
①
②
③
④
⑤
⑥
⑦
⑧
⑨
⑩
⑪
⑫
⑬
⑭
⑮
⑯
⑰
⑱
⑲
⑳
㉑
㉒
㉓
㉔
㉕
㉖

第一章　摂関家の末葉

1　誕生の頃

摂関政治と院政

兼実の生涯をたどるのが本書の意図なので、必要な程度の事前史から筆を起こしたい。古代律令制国家が摂政関白を執政とする摂関政治になり、それが藤原道長の時に望月に喩えられる極盛を現実にした。しかし、国家権力の中心たるべき天皇を姻戚のうちに取り入れ、その后も皇子・皇女もすべて身内で独占するといった変則な権威が永続的に継承されていくはずがない。後三条から白河へと、摂関の権威を脱する動きは、権勢を天皇の父である上皇に移すことで、頸木《くびき》から逃れることに一応は成功した。院政と称される、これまた変則の権勢は、上皇の個人的な意志と嗜好が中心であり、ここに、上皇とその周辺の朝臣（近臣）、旧来の摂関、形式の上では国家権威の象徴たるべき天皇といった権力が競合する時代になった。

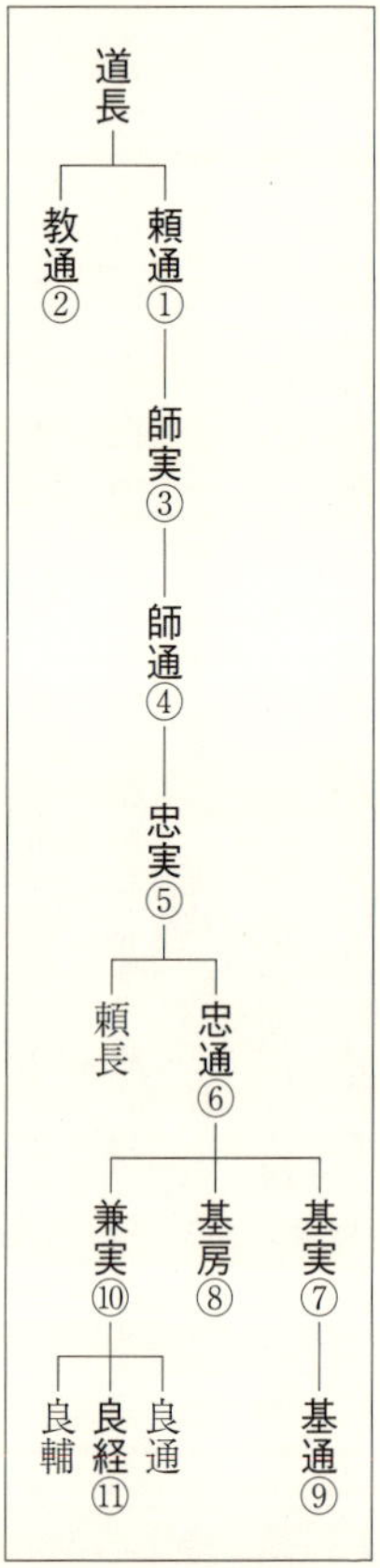

摂関継承図

具体的には、白河から鳥羽・後白河と続く上皇、道長から頼通・教通・忠実・忠通と続く摂政関白、変則な状況のなかでわずかに天皇への復権を意図した後三条・二条といった名をあげることができる。院政と摂関政治との違いは、後者が形式的には政務を天皇からまかされるという手続きが前提であるのに対して、前者は上皇自身が権威の中心であるところにある。その意味で、後三条の場合は摂関権威に対する抵抗であるが、二条の場合は上皇の権威に対する抵抗であった。

権力というものは、それが権力として存在するかぎり、権力の外との対立を基本とするが、その権力の覇を競う内部の対立も必然にする。院政内部でいえば鳥羽と崇徳との対立、摂関内部でいえば頼通と教通、忠実と忠通との対立。ついでに言うと、それぞれの権威に結びつく朝臣（院近臣と朝臣）・武門（源氏と平氏）・宗門（延暦寺と興福寺）との対立もある。兼実が出生したのは、それらが混然として噴火活動を起こそうかという、丁度その時期にあたっていた。それから五十九年を経た兼実没年の頃は、混沌が一応の決着を見ようとする時期にあった。以上のようなことを述べて、兼実の生涯を語る最低限の前段の記述としておきたい。

法性寺関白忠通の末子　法性寺関白と通称される忠通男として誕生した兼実であるが、その幼少年期を語る記述は乏しい。『今鏡』の忠通伝の記述がほとんど唯一のものである。

また女房の御腹に、右の大臣殿、三井寺にあや僧都の君、また三位中将など申しておはしますなり。また山の法眼など聞え給ふ。
（『今鏡』第五・藤波の中、浜千鳥）

『今鏡』は、嘉応二年（一一七〇）時点を現在として記述しているので、この時に右大臣である兼実、三位中将である兼房、僧籍に入って三井寺にいる道円僧都と延暦寺の慈円、これらを、忠通が「さる女房」に産ませたといっている。男子ばかり四人の名をあげているが、女子の場合は省略したということではない。

子供たちの母親は、忠通家に仕えて「加賀」と呼ばれていた女性で、『兵範記』（保元元年二月十日）の記載によれば、故大宮大進仲光女と言う。高級貴族が身近に侍していた女性（女房）と関係が生じるのはごく普通のことであるが、その間に生まれた子がどのように成人するかが、その女性の位置を定める。仲光は藤原氏末流の廷臣で従五位下、後宮の大進程度の官に在った人物なので、さほどに卑位卑官の立場というわけではないが、その娘が、摂関家の女房になってその男子と縁を結んだ。親許としては、まずは歓迎する状況かと思う。この保元元年（一一五六）の記述はその女房の逝去を伝えるもので、時に三十三歳であったという。とすると、生年は天治元年（一一二四）で、忠通とは二十八歳の差がある。成人して忠通家に若くして出仕した時に、すでに老境と言ってよい主人忠通の目にとまったものと思われる。あるいは何かの機会に忠通の目に止まって、妾に求められたものかもしれない。恐らく、その可能性の方が強い。仲光女がまだ独身であったか、あるいは一度はどこかに縁を結んでいた女性であったかどうかも分からない。確かなことは、晩年に迎えたこの女性に、幸いなことに、忠通は一方でない愛着を持ったことである。

この愛妾死去の際の記述に、所生の四人の男子の年齢も記載していたが、兼実は時に八歳であったというから、女房「加賀」が忠通家に出仕したのは、女房が兼実を生んだ久安五年（一一四九）をさほどには遡らない時点ではなかろうか。女房もそれなりに過去を推測させる年齢であるし、晩年に思わぬ愛情に出会った忠通の内面もまた推測させるものがある。ここに記述された四人のうちでの末弟にあたる慈円は時に二歳で、忠通五十九歳の時の子である。老年になって四人の男子を誕生させた忠通の絶倫に敬意を表すが、それには女房「加賀」への一方ならぬ寵愛の感情が背景にあったらしい。この死去の記述にも「御哀傷殊に甚だし」と表現されている。なお、この女房の女房名「加賀」の根拠がやや不明である。父親である仲光にもその周辺にも、「加賀」の国守に任じた経歴の人はいない。女房名がそれなりの根拠を持って付けられたのも平安中期頃までなので、任意の呼称であったと理解して、あまり気にしないでおこう。

忠通の元気に感心ばかりしているが、考えてみれば、兼実には異母兄にあたる基実の出生も康治二年（一一四三）で忠通四十七歳の時、同じく基房の出生もその翌々年で忠通四十九歳、こうしてみると、忠通は晩年になってそれまでの禁欲実直の性から翻然と女性に目覚めたのかとも感じるが、『今鏡』は、先の記述の直前に、次のようにも語っていた。

最近までおられた入道太政大臣忠通公は、もともと好色の性がおありになったので、寵愛される女性方もいろいろいて、北の方は厳しく詮議されましたが、あちこちの女性に何人もの御子をお生ませになりました。

関白忠通の老年

となると、この性癖は生来のものということらしいので、晩年の惜春に哀惜する感情を持った筆者の感傷もやや水を差された感じになった。忠通の若い遍歴の結果としては、興福寺別当になった恵信は永久元年（一一一三）の出生で忠通十七歳の時、僧籍に入って天台座主にもなった覚忠は元永二年（一一一九）の出生で忠通二十三歳の時、同じく僧籍に入った最忠・尊忠などの生年は判然としないが、『今鏡』が「これらが朝臣であったら、今頃は老上達部とでもいえる立場であろう」と評するところである。忠通の北の方、すなわち正室とされるのは、白河朝の権臣であった権大納言藤原宗通女の宗子であるが、宗子には女子一人しか誕生しなかった。その聖子は後に崇徳中宮になるが、誕生は保安三年（一一二二）なので、忠通二十六歳の時になる。忠通と宗子との婚姻は元永元年（一一一八）のことであるが、その後、二人の間に御子の誕生ということはなかった。『今鏡』の作者は、それを宗子の嫉妬心が原因だと語っている。責められるべきはどちらであろうか。

話がやや卑賤に及んできた印象もあるので、話を本筋に戻したい。忠通の女房加賀に兼実の出生を見た後、誕生した御子たちは、どのように育てられていったのであろうか。

養育された場所

まず気になるのはその場所である。出生した子女が母親のもと（実家）で育てられるのは、招婿婚の状況では自然にそのようになる。したがって、普通には父親である仲光家ということになるが、その場所が確認できない。末流藤原氏の仲実男の仲光にも、それなりの住家はあったはずであるが、場所を推定できる資料をまったく見ない。兼実母の場合、彼女が家女房であった事情は、推定の根拠になるように思われる。後宮の大進程度であった父も早くに薨じ、身寄りない身で僅かに貴族の家に奉仕する立場を得ている女性である。このような場合でも、出生した子供の養育の場所は里家などと窮屈に考えるのは、むしろ現実無視の思考ではあるまいか。

忠通女聖子が正室宗子所生のただ一人の女子であったという要素も根拠になる。忠通正室の宗子にとっては普通にはライバル視される立場であるが、兼実母となった女房加賀の存在は、忠通にとっても宗子にとっても、形式的な図式では計れない要素があるように思われる。ただ一人の娘聖子よりも二歳若い家女房である。兼実母は老年の忠通の寵愛が殊に深かったと語られている。具体的に言うと、忠通夫婦にとっては、女房加賀は聖子の妹にもあたる次女といった感覚で、兼実以下の四人の男子は老年に授かった初孫といった存在ではなかったろうか。自然な人間感情のように思われる。嫉妬深かったという宗子の感情が唯一の疑問点ではあるが、兼実母の存在がむしろ老夫婦の融和の起点になるのであれば、疑問の必要はない気がする。いずれにせよ、人間感情とは形式的な図式では計れないものである。

根拠になるかと思われる資料がひとつだけある。後に兼実が、その死にあたって「余、幼稚の昔より彼の奉仕を蒙ることすでに乳海を越え、その恩徳すべて報謝し難き者なり」（承安元年七月二十日）と哀惜した御匣殿《みくしげどの》の存在である。この女性についての史料が最近偶然に見つかり、皇嘉門院御乳母の御匣殿であることが判明した（上横手、二〇〇三）。この女性には所生の子がなくて、その葬儀は「幼稚より養育された」光長によってなされたそうであるが、兼実の立場もこの光長と同様で、八歳での母の死別以来、乳母にまさる慈愛を受けたことを語っている。ということは、兼実がこの女性から限りない恩徳を受けた場所は、皇嘉門院周辺においてということになる。兼実が養育された場所についてのヒントを与えてくれる事実かと思う。忠通の晩年に寵愛の家女房が生んだ四人の男子は、その母親ともども主家である忠通家のうちで愛情を籠めて育てられた。この推測を、筆者の一応の結論としておきたい。

忠通正嫡の流れ

忠通の正室宗子に、聖子出生に前後した頃にでも男子が誕生していたら、藤原摂関家を継ぐ立場は当然その男子のものになったであろうが、不幸にしてそのことがなかった。恵信・覚忠・尊忠などの母がそれなりの身分であったら、忠通を継ぐ立場になったかもしれないが、正室宗子の立場に遠慮して早々と僧籍に入った。結果として、忠通は、摂関家を継承する男子の不在を懸念する事態になった。天治二年（一一二五）四月二十三日に、その時六歳であった異母弟菖蒲丸（頼長）を養子にしたのは、その苦慮の結果であった（橋本、一九六四）。これが「実子誕生までの中継的な養子縁組」（元木、二〇〇〇）なのであれば、権中納言源國信女との婚姻の背景には、そのような事情が伏在していたということになる。國信は、院政期の政治史の流れのなかでも存在を示すことのあった源顕房の四男で、兄雅実の系には謀略家として知られる通親がいるが、國信はどちらかといえば歌人として知られた人物である。その女二人が相継いで忠通と縁を結んだのには、國信姉の師子が忠通の父忠実の室という縁戚関係もあったかと思われるが、確かな事情は分からない。ともあれ、待望の嫡子を得るという忠通の婚姻が成立した。基実出生の康治二年を多くは遡らない時期のことである。

忠通と頼長

康治二年（一一四三）は近衛帝の治世で、忠通は四十七歳の摂政、頼長は二十二歳の気鋭の内大臣であった。依然として正嫡に恵まれない忠通に反して、若い内大臣の方は、嫡子の兼長が数年の後に五位中将に任じるなど、摂関の流れは、忠通から頼長に継承されるのがほぼ確定的な見通しになった。その時に誕生したのが基実である。元木泰雄氏に、「このことが、実子への関白譲渡を優先し、養子頼長に対する譲渡に躊躇する気持を芽生えさせた」との説明がある。誕生間もなくのことであれば、この新生幼児が無事に成人するか、どのような資質を持つかも明瞭でないので、忠通の感情は漠としたものであったろうと思うが、流れがその方向に向かうものであったことは、その後の歴史が証明することになる。その明確な起点を、元木氏は、久安四年（一一四八）

十二月十四日の「師子（忠実室、忠通母）の死」に見ている。この後、頼長養女多子と忠通養女呈子との近衛後宮への入内をめぐっての決定的対立から、頼長内覧そして保元の乱へと道が続く。父と弟を対立者として抗争した忠通に、新生の幼児に託する思いに支えられるものがあったであろうとの推測は、ごく自然のことと思われる。

今ひとつの問題がある。問題というより筆者の素朴な疑問であるが、國信の女子は二人が伝えられているが、二人が共に忠通の妾となって、それぞれに男子を儲けていることである。信子は基実母、俊子は基房母、藤原摂関家の御曹司である忠通であれば、姉妹がともに縁を結ぶこともこの時代としては異常ではないかもしれないが、ごく自然のこととも思えない。基実が出生した康治二年（一一四三）、國信はすでに三十年以上前に薨じているが、分脈に記載する没年齢から計算すると、生きていれば七十五歳の老齢になる。ということは、國信の二人の女子はともにかなりの高齢で、これまたともに六十歳に近い老爺の男子を出産したことになる。二人の男子を得て、忠通は一応の愁眉を開いた。後は、この二人が政治家としてどのような資質を示してくれるかという問題だけである。

その後に誕生したのが兼実である。二人の兄と比較すると、その母の「大宮大進仲光女」の身分は甚だ低い。太皇太后宮職の三等官で五位相当の官人である。仲光は左大臣武智麿に発する藤原氏傍流の仲実男で、天治二年（一一二五）に四十歳で没している。分脈には、その女子に「法性寺殿官女加賀、愛女」と注し、兼実以下の子息の母である旨が記されている。この注記に見える「官女」を信用すれば、関白忠通家の御匣殿などに任じていた女房かということになるが、愛妾に御匣殿の資格を与

表　忠通と息の任官対照表

	忠通		基実		基房		兼実	
仁平２年	56	関白	10	三位中将				
３年	57	〃	11	〃				
久寿１年	58	〃	12	〃				
２年	59	〃	13	〃				
保元１年	60	〃	14	権中納言･権大納言				
２年	61	〃	15	右大臣	14	三位中将･権中納言		
３年	62	前関白	16	関白	15	〃		
平治１年	63	〃	17	〃	16	〃		
永暦１年	64	〃	18	左大臣	17	権大納言･内大臣･左大将	12	三位中将
応保１年	65	〃	19	〃	18	右大臣・左大将	13	権中納言･権大納言
２年	66	〃	20	〃	19	〃	14	右大将
長寛１年	67	〃	21	〃	20	〃	15	〃
２年	68	（没）	22	※辞左大臣	21	左大臣	16	内大臣
永万１年			23	摂政	22	〃	17	〃
仁安１年			24	（没）	23	摂政	18	右大臣
２年					24	〃	19	〃
３年					25	〃	20	〃

えたということも考えられる。事実は後者の方が近いのではなかろうか。この女子が、皇嘉門院聖子とは二歳違いで、忠通や正室宗子（皇嘉門院の母）には、聖子の妹のような感情を覚えさせるものではなかったろうか。この推測は先にも述べた。

母加賀とともに忠通夫婦には愛惜されて育っていたと思われる兼実であるが、八歳の時にその母も没して家系が絶え、いよいよ老父忠通の顧見のみが頼りという状況になった。兼実が、義姉聖子の猶子《ゆうし》になったのは、おそらく忠通夫妻の配慮によるものであろうが、亡母と二歳違いの姉である聖子にも、母親に似る感情があったように思われる。頼るものとしてはそういう肉親の愛情しかない兼実に、外戚の立場を早くに用意しておいてやりたいといった配慮もあったのであろう、応保元年（一一六一）正月二十九日に、藤原季行女との婚姻が成立した。兼実は十三歳、季行女は十歳という早婚である。季行には舅にあたる大納言宗能の養女として家格を整えての婚姻であるが、讃岐三位とも別称された季行も院近臣の家系で威勢があった。婚姻にあたって兼実が渡ったのが六角南東洞院西の宗能邸で、この後は兼実の六角邸となる。

兼実室となった季行女の母が、兼実の日記には「鳥羽尼公」とか「九条尼上」とかの呼称で登場していることを、最近に宮崎康充氏が指摘し（宮崎、二〇一三）、この尼上が定能の母であり、兼実室と定能とが、宗能女を母とする同母の兄妹であることも説明した。分脈でも、「月輪関白妾」とする能季の女子に「或は祖父季行卿女」とするところであり、このことは、頼宗流宗能女子の別注「高松院后宮の時の御匣殿別当、季行室・定能などの母」の記述にも合っている。彼女は兼実の九条邸にも身を寄せながら、建久四年（一一九三）十一月八日に東山光明院堂に七十歳で没した。なお、兼実室となった季行女のことは、『女院小伝』の記述に従って、普通には「従三位兼子」と言われている。女子の命名は形式的なことで、親の名を一字貰ったりするのが例であるが、他の用字の場合もある。それでも夫の名を用いた例を見た記憶はないが、通例に従って「兼子」と称することにする。

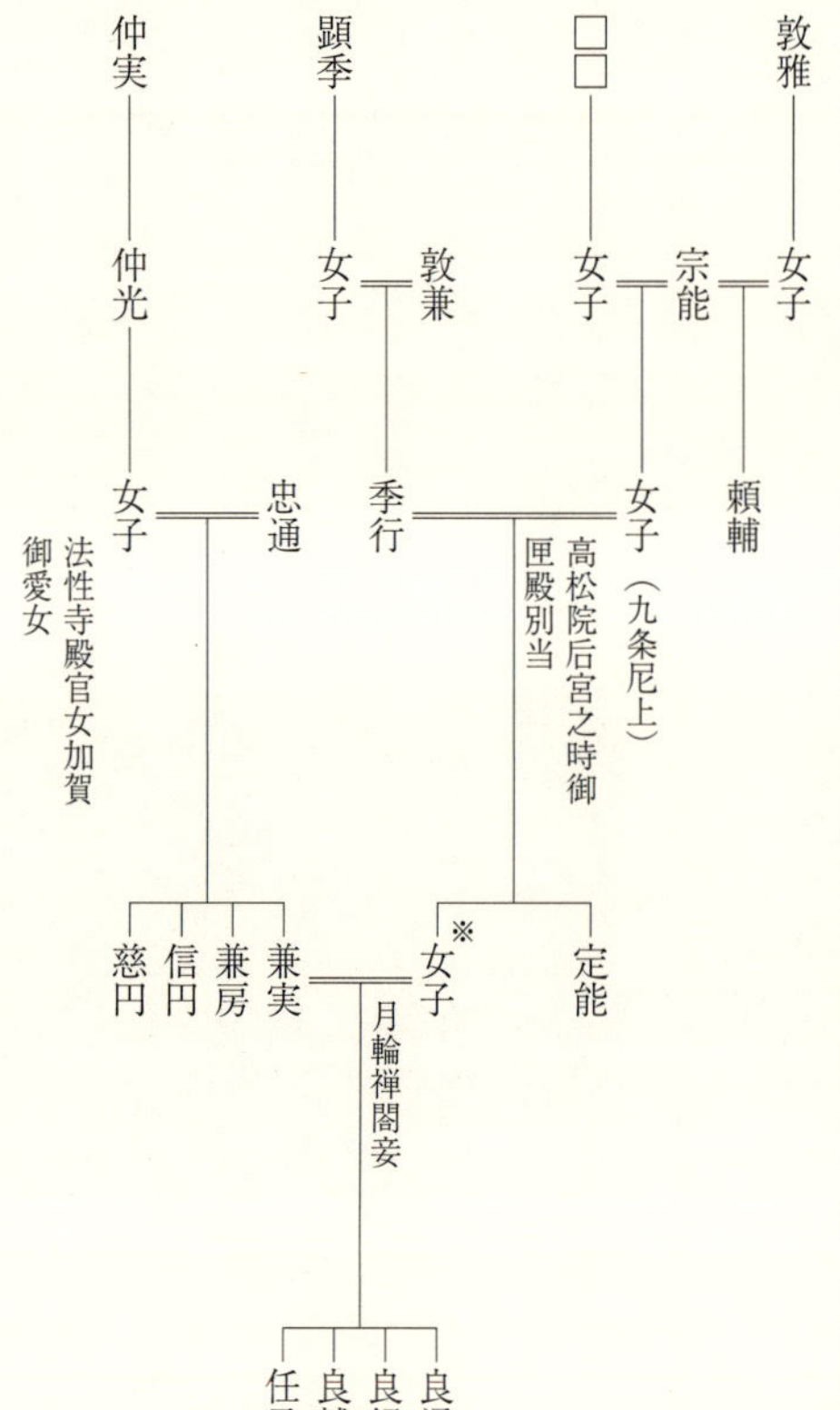

※分脈では定能弟の能季女とし、「或祖父季行卿女」との傍注がある。宮崎説（宮崎、二〇一三）を是として定能兄弟と認める。また建久二年（一一九一）の「故女院御匣殿」は、上横手氏が紹介した承安元年（一一七一）没の「皇嘉門院御匣殿」と同人なので（上横手、二〇〇三）、この系図にも一切かかわらない。

兼実姻戚関係図

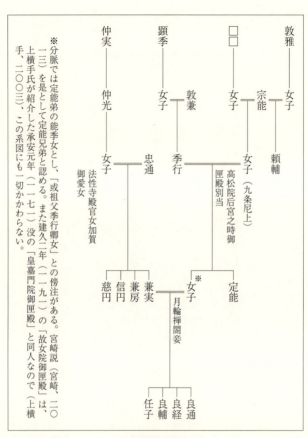

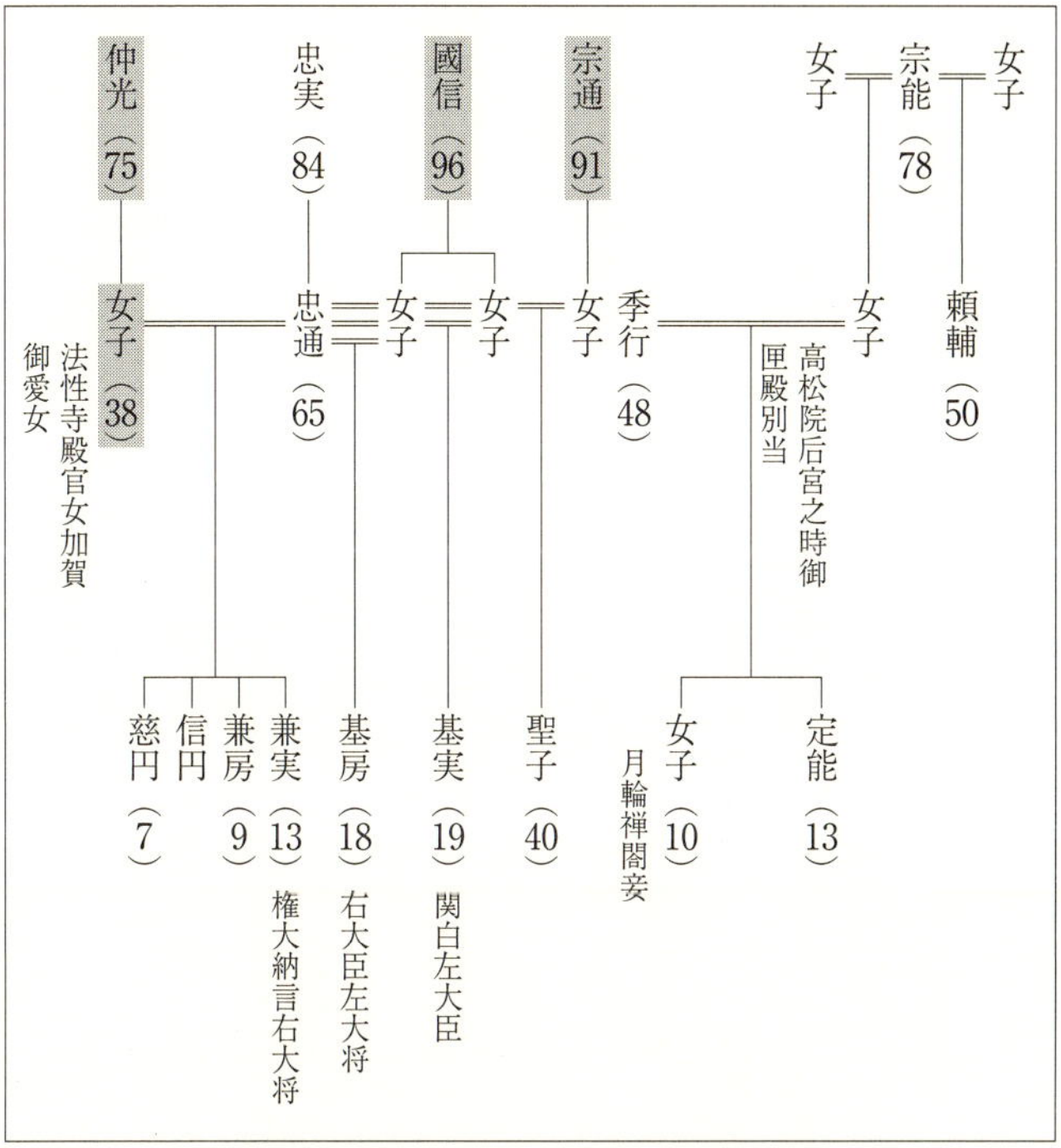

兼実婚姻の応保元年（1161）時の親族年齢
（▒は故人，年齢は生存していた場合の仮定年齢）

2 保元・平治の乱

内乱前夜

話は少しさかのぼる。忠通の父忠実は、鳥羽帝の践祚《せんそ》とともに摂政になったが、本来の外戚の立場ではなかったので、その就任には曲折があった（佐古、二〇一四）。結局は、家柄を理由にしての白河院の判断で実現したのであるが、その結果として、本来は対立するはずの摂関の権威が「院に従属し協調する」立場になった（元木、二〇〇〇）。その後も多少の曲折はあっても、その関係は基本的には変わることなく続いていたが、保安元年（一一二〇）十一月十二日、突然に内覧を停止され、翌年正月二十二日には関白職も奪われて、以後、白河院の崩御に至るまで十余年間も宇治に蟄居する状態になった。後任には嫡子の忠通がすぐに任じたので、上皇の忠実に対する感情は個人的なもので、上皇の激怒は忠実女勲子（泰子）の鳥羽後宮入りが原因とされている。

忠実は、白河院の崩御とともに復権、長承元年（一一三二）正月十四日に、内覧を許された。表向きの立場としての関白は忠通のままであるが、主要な政務である内覧が忠実に任されては、忠実・忠通父子の関係も微妙にならざるを得ないと思うが、事実は関白の政務を分担するような形で、両者の対立といったものでもなかったらしい。鳥羽院も忠実の宇治逼塞の原因を導いたと自覚するところがあって、復権した忠実と鳥羽院との関係もごく友好的で、中断していた勲子の後宮入りもあらためて実現した。長承二年（一一三三）六月二十九日のことである。勲子は、その後、立后して名を泰子と改め高陽院《かやのいん》と称された。

鳥羽上皇と忠実・忠通の関係に新たな要素となったのが忠通異母弟の頼長である。頼長は、兄の忠通が右大臣顕房女を母とするのに対して、父である忠実の家司土佐守盛実の女を母として生まれており、この兄弟関係は、後の基実・基房と兼実との関係にも似るものがある。忠実は、保安元年に出生した忠通よりも、二十四歳離れた末子の頼長に愛着の感情があり、頼長は十一歳で五位中将、十三歳で権中納言、十七歳で内大臣という異例の昇任をしている。これは忠実と鳥羽院との友好のなかで現実になった状況であることが明らかであるが、忠実から忠通そして頼長へという摂関の継承の認識が前提として認められたものであることも明らかである。必要な家嫡に恵まれなかった忠通の協調の姿勢もあった。それが、康治二年（一一四三）の基実誕生によって、微妙に新たな様相が生じてくる。最近、端緒は基実誕生ではなく、忠通の養子とした兼長（頼長男）の処遇が発端との意見も示されている（樋口、二〇一四）。

久安四年（一一四八）は兼実出生の前年であるが、この年の四月には、忠通の養子になっていた兼長（頼長男）の元服が忠通邸で催されていて、忠実―忠通―頼長の摂関継承の前提はまだ存していたようであるが、同年十一月の兼長の任少将をめぐって忠通と頼長の間に齟齬が生じている。そのすぐ後に忠実の正室（忠通の母）である師子が没し、忠実・頼長と忠通との間を取り持つ存在がなくなった。その後は、近衛後宮への入内をめぐって頼長女多子と忠通女呈子との対立を決定的な要素として、両者の関係は修復不能なものになってしまった。それにしても、多子は頼長養女で実父は右大臣公能、皇子も忠通養女で実父は太政大臣伊通、平安末期の朝堂はこういった形式的な姻戚関係が少なくない、というよりむしろ普通である。兼実自身も異母姉である皇嘉門院聖子の猶子になっている。そのなかでも猶子と養子では性格が異なり、前者はやや形式的かと思われるところがあるが、この時代の政情の分析にあたっては、考慮されるべき要素である。

忠通は、どこかの時点で、前提として進められていた摂関継承関係を承認しない立場を決心した。いまだ幼年であるが、基実・基房の存在が父親の決心に影響したことは確実であろう。決裂を確認した忠実は、久安六年（一一五〇）九月二十六日の深夜、頼長も伴って宇治より入京、藤原摂関家の本邸である東三条殿に向かい、忠通への義絶と頼長に氏長者を与えることを伝えた。兼実の出生翌年のことである。忠通は、その年の暮れに上表して摂政を辞したが、翌日には関白に任じられた。翌年正月十日には忠実の奏請によって頼長に内覧の宣下があった。

この後は、この対立がどこかで噴火を見る事態への一途をたどるしかない形勢になる。その間の出来事としては、久寿二年（一一五五）七月二十三日に起きた近衛帝崩御がある。鳥羽院を父とする天皇は、まだ十七歳の若さでもあったので皇子誕生ということがなく、皇位継承者を決める会議が鳥羽殿で持たれた。この会議に、頼長は六月の忠実正室の幸子死去の喪中であることを理由にして、参仕を拒まれた。服喪ということがどれだけ厳重に守られるべき規定なのか、筆者には確かな知識がないが、頼長に対する反発感情による口実であった可能性が多分にある。新帝は、忠通の意見も入れて後白河に決まった。崩御された近衛帝と同じ鳥羽皇子で、十二歳も年長の異母兄である。後白河新帝の

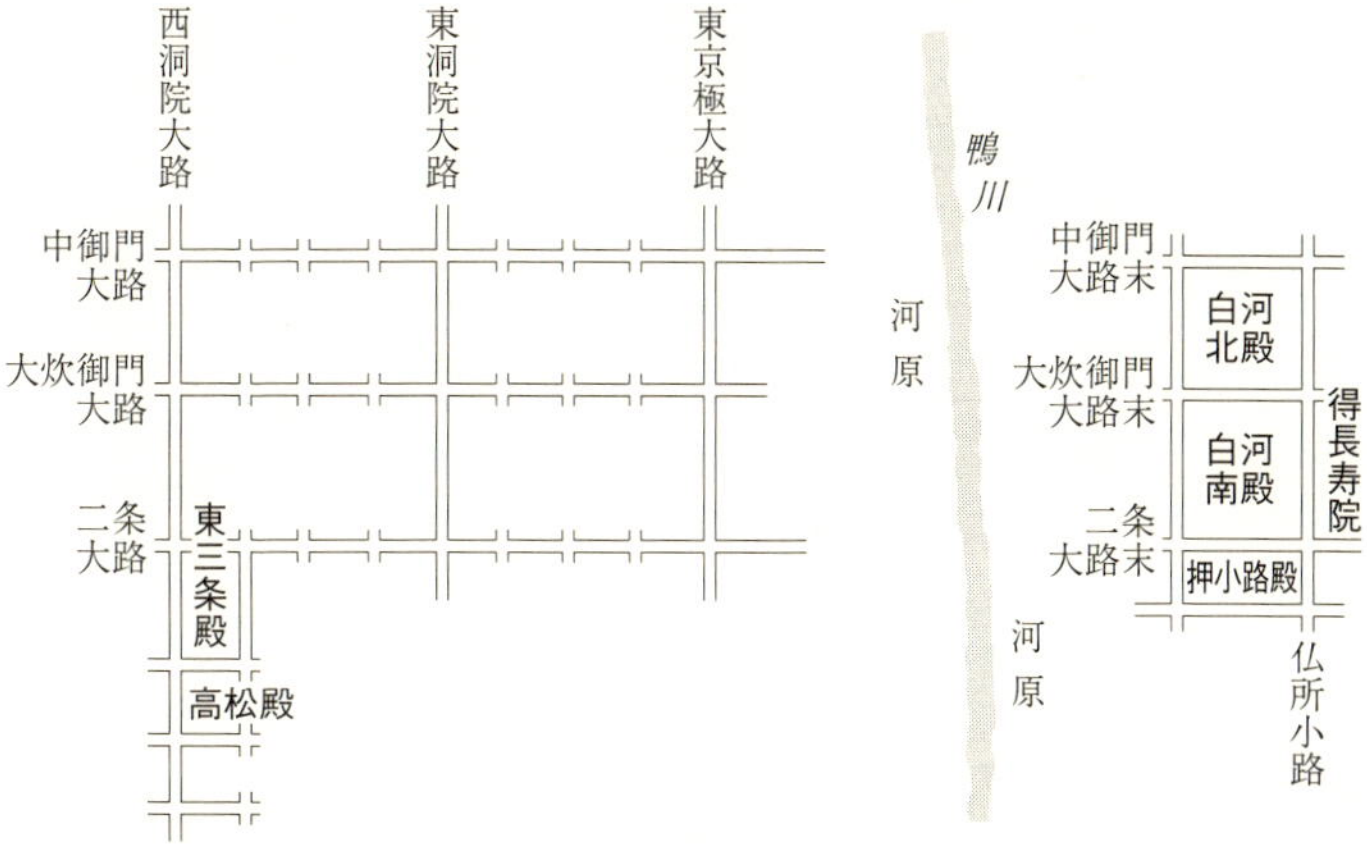

保元の乱関係略図

即位の儀は十月二十六日に催されたが、忠実・頼長の春日社・賀茂社での祈念も効が無く、頼長の内覧は認められなかった。忠実・頼長は「孤立」「失脚」と言ってよい状態になった。この立場は、鳥羽院の皇子でありながら父院に白眼視される崇徳院の「孤立」と結び合って、保元の乱と呼ばれる戦乱が起きる。兼実はこの久寿二年には七歳。帝の崩御よりも、父忠通の室である宗子の死去（九月十四日）の方が大事件であったろう。義母宗子は、兼実には祖母に等しい愛情を受けた女性であったように思われる。

鳥羽院崩御

保元元年（一一五六）七月二日、鳥羽上皇が鳥羽安楽寿院御所で崩御された。鳥羽安楽寿院は、その後に建て替えもあっただろうが、現在も地下鉄竹田駅近くに所在している。その七月九日、崇徳院は白河の前斎院御所（白河押小路殿）に入り、翌日には、宇治に在った頼長も武士を率いて白河殿（北殿）に合流した。この洛中最初の戦闘についての現実感というものが、最初はまだどことなく希薄なところがあったのではあるまいか。軍記物語が記述するところがどれだけ真実を伝えているか分からないが、崇徳側と後白河側と、どちらにも機先を制して夜討ちをかける軍議があったことを語っている。結局は、いち早く夜討ちを仕掛けた後白河方が現実感においてまさっていた、そういうことではないかと筆者は感じる。

保元元年七月十一日の鶏鳴に、崇徳上皇方の軍勢が籠る白河殿（北殿）を急襲した。この時の後白河の皇居は高松殿で、皇居に集結した軍勢は、清盛が率いる三百余騎が二条大路から、義朝が率いる二百余騎が大炊御門大路から、義康の百余騎が近衛大路から、それぞれ白河に向かった。前年に忠通のはからいで践祚した後白河帝は時に三十歳、高松殿西門を出てすぐ北の東三条殿に遷幸された。崇徳方の反撃を懸念してのものであろうか。参仕する公卿もほとんど無くて、腰輿《ようよ》には左衛門督重通が添い、関白忠通が扈従《こしょう》する程度であった。共に六十歳に近い老臣でほとんど防御の役にはたたない。この辺の記述は、忠通の家司を勤めた平信範の『兵範記』に拠っているのであるが、『保元物語』の語るところとは、大いに様相が異なっている。

戦乱は、先に軍兵を整えていたはずの崇徳上皇方がむしろ守勢に立って、辰刻（午前八時）頃には煙が立ちのぼり、拠点としていた斎院御所（白河押小路殿）・北殿（白河北殿）も焼失し、襲撃に加わった軍勢も午刻（正午）には引き上げて来た。主上も東三条殿から還御になった。崇徳院と頼長はともに消息不明だが、頼長は流矢にあたって負傷との風説が流れていた。宇治にいた忠実は南都に逃亡したと伝えられた。午後に召集された会議では、忠通の氏長者への復帰が即決された。白河から逃亡した崇徳院は五宮（鳥羽皇子覚快法親王）を頼って仁和寺に至るが、天皇方に知られて監視下に置かれた（十三日）。左大臣頼長の消息についても、二十一日には情報が伝えられた。白河で負傷した後は西山辺に在ったが、十三日には大井川を舟に乗って木津に至り、南都に逃げている父親に消息を送ったが拒否されて悩乱、翌十四日巳刻（午前十時）に薨じて般若山辺に埋葬されたという。ただちに派遣された実検使が葬所を確認して帰参した。仁和寺の僧房に在った崇徳院は讃岐国に配流となり、二十三日に鳥羽から乗船して配所に向かった。

この章の記述にあたって、最大限に知識を得て参考にしている元木泰雄氏の著書に、この戦乱についての総括的な言辞がある（元木、二〇〇〇）。

両陣営の武力は乱の直前に偶発的に編成されたものではなかった。すなわち、後白河陣営は国家権力によって動員された武力で、そして崇徳・頼長陣営は摂関家が有した私的武力で、それぞれ戦闘に臨んだのである。言い換えれば、保元の乱は、国家権力と権門としての摂関家の衝突だったことになる。その意味では、当初から乱の勝敗は決していたと言ってもよい。

なるほど、歴史学者にかかるとこのような鮮明な分析になるのかと感銘したので、ここに紹介させていただいた。

乱の本質にかかわる説明は歴史学者におまかせして、筆者にとって最も気になることは、この騒乱のなかで八歳の少年兼実はどのように過ごしていたであろうかということである。実はこの保元元年、兼実は、世の動乱にも劣らない経験を身近に体験していた。この年二月十日の母の死で、前年の忠通室宗子の死去に次ぐ衝撃であった。寄る辺ない身の上の兼実は、幼い弟たちに頼られる立場で忠通家に仮寓している。父忠通の立場は、戦乱の一方の中心として、場合によればどのような危難に見舞われるか分からない。兼実の心情はどのようなものであったろうか。実を言うと筆者には、兼実の人間性については、多少批判的な感情もあったが、少年の恐怖の体験が後々の心性や行動に与えた重さを思うと、あまり不用意な言葉は発せられないなという気持も、あらためて感じたりしている。なお、山田邦和氏に、この保元の戦乱を忠通の立場から把握した記述がある（山田、二〇〇九）。

皇嘉門院出家

保元の戦乱が一応は平穏になった後、これまた兼実の感情を動揺させたかと思われる出来事が起きる。忠通女の皇嘉門院聖子の出家である。皇嘉門院聖子が忠通の正室宗子のただ一人の女子であることは繰り返して述べた。兼実母加賀の二歳上の女性で、彼女が女房として出仕していたのは皇嘉門院のもとではなかったかとの推測も先に述べた。女院は大治四年（一一二九）に八歳で崇徳帝後宮に入り、ただちに女御そして中宮になっている。崇徳帝も十一歳の少年なので似合いのほどとは思うが、それにしても幼すぎる。通常の婚姻の感情は持ち難いのではないかと懸念するが、果たして、永治元年（一一四一）の二十歳の時に、御子の出生も無いまま近衛帝准母となって皇太后、久安六年（一一五〇）には女院号を賜わって皇嘉門院、二十九歳の時である。この保元元年に、夫であった崇徳院の配流を嘆いて出家した。なんともはかない人生である。この薄幸の女院に、多少なりとも慰謝の役目を果たしたのが、女房であった仲光女が残した子供たちではなかったろうかというのは筆者の推測である。二歳年下の妹のようであった仲光女が残した子供たちは、夫帝との間に御子に恵まれることもなかった女院に、生き甲斐に通じるものを託してくれた。少年兼実を猶子《ゆうし》としていた女院は、その後も兼実の嫡子良通を猶子として、最勝金剛院以下の所領を譲与して出家した。二十七歳違いの義弟である兼実に対して、真の母子のような愛着の感情を持っていたのではなかろうかと推測される。

崇徳院が讃岐に配流の身になった後、女院は里邸に戻って、早すぎる余生の時間を過ごしていたものと思われるが、その里邸とはどこであろうか。父忠通の居宅としては、東三条殿（『中右記』元永元年十一月二日）、あるいは三条大宮邸（同十四日）が認められる。前者は藤原摂関家の本邸というべきもので当然のものであるが、後者の伝領の事情は今のところは不明。その他で確かなところは、三条坊門東洞院邸（同・大治二年七月二十四日）、近衛室町邸（同・大治五年七月二十五日）、四条烏丸邸（『本朝世紀』仁平元年六月六日）、九条邸（『山槐記《さんかいき》』仁平二年三月十一日）などがある。このうちで普通に女院の里邸とされているのが近衛室町邸（近衛殿、近衛北烏丸西）で、里邸というよりは、崇徳院御所また近衛帝里内裏（仁平元年～）として用いられてもいた。しかし女院が崇徳院の配流の後に住んだのは、仁平二年（一一五二）に父母が渡った新造九条殿に同所かと思われる。その後に一貫して居住の形跡が認められるからである。その場所は、兼実の九条殿が九条北富小路西に所在したらしいことは確認されているが（治承二年十月二十九日、寿永二年七月二十一日）、その兼実邸から見て西方に位置することが知られるので（同・承安二年十一月二十五日）、九条北万里小路西と分かる。この御所を北は九条坊門までの南北二町とする説明もあるが、筆者は四坊五町の一町と一応理解している。

仁平二年に父母が渡った新造九条殿を自邸にすることになった皇嘉門院は、それ以前から末弟の兼実とはすこぶる親近の間柄であったが、住居が近隣になってさらに親密の度を深めた。兼実男のうち、僧籍に入った良円・良平・良快・良海・良恵の五人の母は、女院に「大弐」という女房名で仕えていた女性であった。良尋の母も兼子の妹であり（宮崎、二〇一三）、兼実子息の今一人の良輔の母も女院女房で三位殿と呼ばれた女性なので、兼実子息の母すべてが皇嘉門院女房ということになる。兼子が兼実と縁を結んだ後に生じた因縁だろうと推測するが、いささか異常と言える閨閥関係である。兼実の謹厳実直、実務官僚的な生来の性格を知るにつけ、兼実らしいと思う感情も筆者にはある。「律儀者の子沢山」という評言もある。

乱後の執政

話をいささか元に戻すと、保元の乱で忠通がどのような役割を果たしたのであろうか。戦闘のあった十一日に忠通を氏長者に任じる宣旨が発せられたが、その「新議」を忠通はやむなく受諾したという。摂関家の家長を任じるのは氏長者の権利であり、その任命権の喪失は「摂関家の自立性の後退を象徴する出来事」であったという（元木、二〇〇四）。摂関家の権威が残っているなら、任命権者の頼長・忠実が共に罪人として存在していない場合は関白忠通が自ら宣すべき事柄ということであろう。一応は勝者の立場にある忠通には、嫡男の基実が十四歳で権大納言、次男の基房も翌年に十四歳で三位中将と異例の昇任を得るが、そういう表層とは別に、権威の弱体化は進行していた。

保元三年（一一五八）四月二十一日の賀茂祭の当日、新宰相中将信頼が乗車のまま関白忠通の桟敷の前を横切り、関白の下部のために車を打ち損じられるという事件が起きた（『兵範記』同日）。非は信頼の方にあると思われたが、後白河院は逆鱗、翌日には関白の家司・下人たちを除籍、忠通も閉門の処分を受けた。上皇の権威は摂関のそれを圧倒するものになっていた。同年八月十一日には二条帝への譲位が宣せられたが、それも忠通には数日前に予定を伝えられただけで、なんらの諮問にも預からなかった（『兵範記』同日）。摂政とは何か、関白とは何か、あらためて問い直される事態であるが、忠通はなんらの抵抗も示せなかった。『平家物語』（巻一）にも「殿下乗合」として知られた記述がある。これは基房と資盛（重盛男）との衝突で、年時も嘉応二年のまったく別の事件であるが、忠通の場合と同様に、摂関家の権威の希薄を語るものにはなっている。

本書の執筆にあたって、筆者は兼実の父忠通のことを最も知りたかった。資料をあれこれ探しても、忠通については能書を伝える多少の記述はあるが、摂関としての彼の事績を語るような記述にほとんど出合えなかった。保元の乱の一方の当事者ではあるが、彼の性格は、やむをえずに受け止めることはあっても能動的に行動する果断には欠けるところがあったのではあるまいか。それが、摂関権威の弱体化への一つの要素になったのではあるまいか。そう感じるところがある。嫡男の基実に、賀茂祭の際に苦渋を飲まされた信頼の妹との婚儀が持ち込まれた時も、後白河の意向もあったのであろうが、決然と拒絶する態度を示せなかった。背景には信頼と結んだ義朝以下の武力がある。摂関の権威を左右するのは、もはや源平の武門の存在になっている。

保元三年八月には後白河の譲位のことがあり、二条新帝が践祚した。新帝の関白には十六歳の基実が任じた。年齢だけでものを言う気はないが、この若さで執政の立場を得た基実に、朝堂を導く資質と能力がすでに備わっていたとは思えない。状況は、先にも述べた通り、摂関の権威低下がとみに進行していた。基実執政はそういう摂関の権威低下の現状があって、逆に容易に実現したというものであろう。あってもなくてもよい立場だから、「お好きなように」と突き放されているようなものである。近衛が三歳、六条が二歳、高倉が八歳、天皇の受禅年齢の低下も同様の状況にある。事情はともあれ、前関白忠通の子供たちの昇任は目覚ましい。関白忠通の正嫡の立場にある基実・基房が、少年ともいうべき年齢で顕栄の職に任じたのはともかくとして、閨閥において劣る兼実もそれに劣らない昇進の道を歩んでいる。保元二年（一一五七）八月五日には着袴の儀の後に昇殿、翌年には元服して正五位下に叙し、同年のうちに、左少将・左中将さらに従四位下と、異常ともいえる昇進である。まだ十歳の少年である。筆者は、父忠通と異母姉聖子の庇護の感情に並々ならぬものがあったと推測している。二年前に実母も失っている孤児への哀惜もあるが、後年の兼実の漢籍・典礼・詩歌などの愛好の性格を見ると、執政としては覇気を欠く反面で文化的な資質を持っていた忠通には、かつて忠実が頼長に覚えたような愛情を自然と覚えるものがあったのではあるまいか。

平治の乱

上皇の権威の拡大とともに、それに結び付いた院近臣が急速に存在感を示してきた。保元の乱に続いて起きた平治の乱は、後白河の近臣たる信西と信頼とが、その覇を争った騒乱であったと言われている。先ほど述べた忠通とは対照的に、善悪は別にして強烈な個性の二人である。信頼が君側の奸物であるとの認識は、保元の乱を勝利に導いた信西には、早くからあった感情らしい。それを知らずに寵愛する頑迷を、信西が、

和漢の間に比類無き暗主なり。謀反の臣傍らに在るも、一切覚悟の御心無し。人がこれを悟らせ奉ると雖も、猶以て覚えず。（寿永三年三月十六日）

と評したという話は、よく知られている。信頼も系譜をたどれば道長兄の中関白道隆の末裔で、祖父基隆は白河院近臣として大国の受領を歴任した人物として知られている。信頼自身は、叔母（父忠隆の妹）が後白河乳母になったところから、後白河との縁故が生じた。武蔵守という一受領にすぎなかった身が、保元二年の一年のうちに、近衛中将から権中納言・検非違使別当に至り、位階も従四位下から正三位にまで昇った。『愚管抄』はこれを後白河院の「アサマシキ程ノ御寵」のためとしているが、元木氏は、信頼の義朝・清盛の武力と結ぶ立場が、上皇にとっての圧力でもあり価値でもあったように説明している（元木、二〇〇四・二〇一四）。それは理解できるが、それがなぜそれほどに急激な官位の上昇に結び付くのかとなると、なにか隠された事実がありそうな気がする。平治の乱が、信頼が任官や縁談で信西に希望を妨げられたのが原因という『平治物語』（上）や『愚管抄』（巻五）の説明もやや表面的な気がする。信頼にとっては、信西の抹消を決意する何かがあったという事情を推測

平治物語絵巻　信西巻（部分）
（静嘉堂文庫美術館蔵）

せざるを得ない。結局のところ、院近臣として並び立ち得ないという両者の関係が根本のところではあるまいか。後白河院近臣としての信西の強権が、各所に反発の空気を生んでいたという状況も、決定的な事変に導く要素になっていると思う。

事変は、平治元年（一一五九）十二月九日の後白河院御所の急襲として起きる。院御所三条殿は三条東殿とも呼ばれて三条北烏丸東に所在していた。後に平家の軍勢に包囲された以仁王御所の三条高倉殿もすぐ近隣である。院御所を襲った軍勢は、後白河院を内裏に伴って一本御書所に幽閉、二条天皇はもともと内裏に在ったので、上皇と天皇が同所に監禁されることになった。それにしても信頼はいったい何をしたかったのであろうか。院御所に在るはずの信西を討伐、一族を根絶やしにするほどの敵意を持っていたのは確かのようだが、その後に何を意図していたのであろう。事変の当初には、藤原経宗・惟方などの二条帝側近も反信西派として加わっていたらしいから、二条親政を目指す大義が示されていたのであろうか。それなら、後白河院の脱出はともかく、二条帝までもが深夜に女車で脱出、熊野詣の途中で急変を聞いて帰洛した清盛の六波羅邸に向かうということにどうしてなるのであろうか。この時、信頼と女婿関係にあった基実も父忠通とともに六波羅に駆けつけている。事変に荷担した反信西派の公卿も、早々と信頼から離反して六波羅に至った。

信頼派と後白河派との対立は、結局は義朝と清盛との戦闘で決着した。『平治物語』の記述がどれだけ真実を伝えているか分からないが、院御所急襲から二十日近く経った二十七日、内裏に向かった清盛軍は義朝軍の反撃を受けて一時は後退するが、六波羅前の鴨河原での戦闘で勝利して、信頼も義朝も散り散りになって逃走したということになっている。武力による信西の粛清のみが目的であったような事変は、その後に何の思想も施策も示さなかった。対立勢力になるかもしれない清盛の帰洛も悠然と許して、内裏で祝宴の気分に酔いしれている。信頼が討伐を意図した信西は、急襲の情報を事前に得て逃亡したが、宇治田原辺で穴を掘り、自ら土中に身を埋めて隠れていたところを、捜索の人数に探し出されて斬られ、獄門に首を懸けられた。このあたり、宇治田原に至るのに信楽の峯を分け入りとか、土中に埋まって竹管で呼吸だけは確保したりとか、芝居がかった場面が続く。どうも軍記の語りは場面の興趣に重きを置く傾向が強い。

3　兼実の居宅

兼実の九条邸

兼実が居住する九条の家が九条北富小路西に所在したことには疑問がないが、この地はもともとは誰の領有する地であったろうか。筆者も初めは忠通が仁平二年に夫婦で移った新造九条殿の一部と想定していたのであるが、次のような記述に出合って考えを改めた。

中宮、九条亭に行啓する 二位殿母儀の家である。家は、体をなして無いと言ってよいほどに粗末なものであるが、私が年来居住して来たものである。他に適当な場所も無いので、とりあえずここに渡御された。（建久三年二月七日）

割注部分で少し見難いかと思うが、中宮任子（兼実女）が方違で出向いた九条亭が、もともとは「二位殿母儀の家であった」と言っている。二位殿とは、兼実室である「従三位季行女」（分脈）を指している。つまり、任子には祖母にあたる兼実室母から伝えられた家であるとの記述である。治承二年（一一七八）四月二十六日に、兼実の新造九条亭移徙の記述が見えるが、これは、正確には兼実九条亭内の南家と呼ばれるべきもので、今後は兼実居住の中心の家になる。それまでに住んでいた北家（同年六月十九日）が、この二位殿母儀の家に相当するかと、筆者は推測している。あるいは逆もあり得る。この「女房の母儀、中宮外祖母」である九条尼は、後に東山光明院で入滅した（建久四年十一月八日）。この九条尼が兼実室兼子の母にあたる季行室（敦兼女）で、修理大夫顕季には孫にあたっている。邸宅などの所領はおおむね女系が伝領するという原則に従えば、兼実たちが住んでいる九条の地は、白河院近臣として知られた顕季から伝わる故地ということになる。この九条の地は、季行室だけでなく、その義兄にあたる頼輔（宗能男）なども住んでかなり広範な敷地を占めている。兼実が邸とした九条家は、もともとは兼実室の母方から伝わったもので、皇嘉門院の居所である九条殿とは、九条大路に隣接して以前から所在していた。

平安京の東南隅の九条大路北に並んで存していた九条邸であるが、兼実が利用するのは、この本邸だけでない。最初は主に方違場所としてであるが、南家・北家といったものがある。これはほぼ常に「頼輔朝臣の南家」「頼輔朝臣の北家」といった呼称で出るので、頼輔の居家であることが明瞭なのであるが、この南とか北とかいうのは、兼実の九条家を基準にしての南北か、頼輔の邸宅敷地内での南北なのか迷うところがある。今はとりあえず前者と理解して先に進みたい。六月祓を兼実夫婦は本邸で催したが、嫡男の良通は皇嘉門院御所で、弟の良経は頼輔の北家で催したという記述がある（承安三年六月二十九日）。良経は物怪に悩む状態で頼輔の家に渡っていた。家主の頼輔朝臣は南家に渡っていたが、祓の時には戻って良経の陪膳を勤めた。頼輔は実は内大臣宗能の男、ということは季行室には義兄にあたる。分脈には、宗能の女子に「高松院后宮の時の御匣殿別当、季行室・定能などの母」と傍注して、頼輔とは兄妹になっている。傍注を系図にあてはめて解釈しようとすると、宗能女が刑部卿敦兼室となって季行室・定能などを生み、自身は「高松院后宮の御時の御匣殿別当」を勤めた女性ということになり、季行女が宗能の養女として兼実と婚した事情も分かり、頼輔がこの一帯に地を占めている理由も分かって有り難いのであるが、その解釈が許されるかどうか。宮崎氏によると、兼子と定能とは宗能女を母とする同母の兄妹ということで、宗能女が季行室ということになる（宮崎、二〇一三）。ともあれ、兼実の九条家には頼輔の存在を抜きにしては考えられないものがある。好学の読者諸賢の検証が得られれば幸いである。

兼実縁故の居宅

兼実にとって九条が終生変わらない故地であることを、再三にわたって述べてきたが、新たな拠点というべき場所ができる。応保元年（一一六一）正月二十九日に、権大納言藤原宗能女との婚儀が行われた六角東洞院邸である。この邸は舅である宗能のもので、妻室の父である宗能の邸宅で催された形になっている。兼実室となった女性はもともとは土佐守季行の女であったが、摂関家の子息との婚姻にあたって宗能の養女になるという家格の釣り合いが取られ、この婚儀の邸宅が今後の兼実に縁故の邸宅になり、兼実は、生来の九条家を通常の住家とするが、妻室の里邸を折々の晴儀に用いるようにもなった（同年十月十日、『兵範記』仁安三年六月二十日など）。

嘉応二年（一一七〇）正月十一日には「当時の第は九条、本所は六角第」という記述がある。「当時」は公家日記では「現在」の意に相当するので、「現在の第は九条であるが、本所は六角第である」という意味になる。前後の事情を現代語訳すると「今夜は方違で季長家四条坊門富小路に向かった。乗車のまま門内に在り、鐘声を聞いてすぐに帰った。現在の家は九条第で、六角第が本所になっている」といった意になる。「本所」は、禁忌の忌みを避けるために便宜に指定した場所である（同じ場所に四十五日間以上滞在すれば、自動的に本所になる）。兼実は、妻室との婚儀以来の別邸になっている六角邸を本所に指定していたのであるが、そのために、現在の居所の九条が六角からの方忌に触れて、四条坊門富小路の季長邸に忌みを避ける必要が生じた。本所の処置は、方忌だけでなく犯土の際などでも活用されるし、便宜的な効用があるが、時にこのような皮肉な現象もある。方違は、寅刻になれば翌日になるので、その刻以後には方忌は解消される。それで「車中で鐘声を聞いて早速に九条に戻った」といった事情になる。なおこの六角第は、承安二年（一一七二）八月の頃には兼実縁故の邸でなくなっていたので竈神《かまがみ》を九条に移す処置が求められていたが、大将軍が北方に所在するため、「移動を憚る」との陰陽師の勘申があり、二十日まで移動が延引になっていた。

兼実がよく利用している邸宅に、六条坊門大宮に所在のものがある。兼実自身の説明によれば、「この家は定能朝臣の領である。先年に産所に借り用いた。吉例なので今度もまた借りた。吉所である」とのことである（承安三年八月十七日）。定能は兼実室の兄弟にあたるので、借りるのもさほど遠慮がなかったのであろう。ただし今度は産所ではなくて、西隣の皇嘉門院が兼実の九条邸に渡御されたために、どこかに移る必要が生じたという事情によっている。二日前の十五日に、女院には義妹にあたる皇后育子（実父は実能）が二十八歳で薨逝《こうせい》するという不幸があった。兼実は「故摂政殿（基実）一家の道俗、併せ以て短命」と嘆いているが、この育子が女院御所に同居していたらしい。兼実室はその大宮邸から十一月十六日に九条家に戻っている。その時には兄弟の頼輔朝臣が供をしている。それ以前にすでに九条に帰っていた兼実の代わりに奉仕したものであろう。はるか後の元暦元年（一一八四）十月二十五日に、兼実嫡子の良通が定能の樋口大宮邸に渡ったという記述を見るが、これは六条坊門大宮邸に同所である。兼実夫婦には便宜用いられた邸宅である。

兼実が居所とした邸宅で知られているものとして、他に冷泉万里小路殿と大炊御門殿がある。前者は右兵衛督隆房宅を内裏近辺という理由で借り用いたもの（文治二年四月二十八日）、後者は良通の逝去という不幸があって冷泉に住めず、やむなく九条に居していた時に、後白河法皇が不便に同情して貸してくれた邸宅である（文治四年七月一日）。この大炊御門殿は式子内親王の晩年の居邸になる。

皇嘉門院御堂

兼実の九条邸と皇嘉門院の九条殿が、平安京の東南隅に並んで存していたことは先に述べた。女院が建立して、崩後には兼実が伝領した御堂を中心に見てみたい。承安三年（一一七三）十一月十五日に、女院は義妹（育子）の甍逝で移っていた兼実邸から「西御所」に戻り、兼実夫婦も翌日元の家に帰った。ところが、翌年早々に御所炎上のことがあり、再び女院が類焼を免れた兼実邸へ、兼実も頼輔朝臣南直廬への移動を余儀なくされた。女院は間もなく関白基房邸に移御、兼実も帰家した。女院が新造九条殿に戻れたのは年末の十二月二十一日のことである。翌安元元年（一一七五）四月二十九日には御堂供養のことがあった。安元三年三月二十七日にも火災があった。御在所近くの持仏堂辺から出火、女院は風下の御堂御所に避難された。西南の風で兼実邸も危なかったが風向きが変わってどうにか類焼は免れ得た。夜になり、例によって女院は兼実邸へ、兼実は頼輔南直廬に移った。その後に見るのが、治承二年（一一七八）四月二十六日の兼実新造九条亭移徙の記述である。類焼は避け得たが、相応の修造を要したということであろうか。この頃になると、女院が兼実邸を折りに触れて利用するだけでなく、兼実の方も方違で女院の御堂御所を借りるようにもなる（治承元年十二月十九日）。

御堂御所の位置は、これまでも御所炎上で急遽移動されたりしていたので、九条御所敷地内とは見難かったが、治承二年十二月十三日の渡御では「九条大路を経て西門より入御、御車を御堂の東面に寄せる」と記している。同月二十日の方違では、兼実が頼輔南直廬に向かったのに対して、女院は御堂御所に渡っている。治承二年閏六月十五日には王相方忌《おうそうかたいみ》を「御堂西北大路」辺で違え、同四年には兼実が病悩の身を方違で女院の御堂に参宿、翌日、行歩不能の兼実を女院が御堂に見舞われるというようなこともあった（九月七日）。また寿永二年癸卯には大将軍が西方に所在のため、兼実は御堂御所に方違を果たした（正月二十六日・三月十日）。これらを見ると、九条邸から大路を隔てた南に所在のことがほぼ確認される。養和元年（一一八一）三月二十一日の深夜、またもや女院御所焼亡、女院は御堂御所に遷られた後、更に頼輔南直廬に渡り、その後しばらく楊梅壬生に仮住まいした後、同年十一月二日に何度目かの新造御所への遷御を果たしたが、うち続いた変事に心労されたのか、十二月四日に崩御を見た。六十歳。義姉とは言いながら、実母のように愛情をかけられた女院の死は、兼実には哀惜の思い耐え難いものがあった。

その後、御堂御所は故女院月忌の五日に懺法・舎利講などが恒例で催される場所になっている。女院の最後の新造御所になった本邸の方は、叡山から降りて来た慈円の居所になったり（寿永二年七月三十日・十月十八日）、東隣の兼実邸も含めて一帯が兼実一族に所縁の場所になった。兼実の堂になった御堂は恒例の念仏所となって、文治五年（一一八九）八月八日には法然が来て授戒のことがあり、兼実自身も戒を受けることがあった（建久二年八月二十八日）。

兼実九条家の周辺

兼実の九条邸の南北に頼輔朝臣《あそん》の南宅・北宅があったらしいことは先に紹介したが、九条邸の敷地内にもいくつかの居家があった。北家と呼ばれているのが兼実居住の宅と思われるが、兼実室の母である九条尼居住とも記しており（治承元年八月二十一日）、正直なところ筆者も混乱している。良経は任侍従の拝賀で諸所を巡り、最後は兼実家に来て父母を拝して南宅に帰った（治承三年十一月五日）。この家に良経は祖母と同居して過ごしているとも言っている（治承四年正月一日）。九条家の南家が良経の居所らしい。同じ拝賀で、三位中将良通は最後に両親を拝して女院のもとに帰参した。皇嘉門院の猶子になっているので、良通にとっては女院御所が居家であったが（治承二年閏六月二十二日）、女院の崩御後は頼輔朝臣南家を自邸にしている。兼実の九条邸内に「その所が無いためである」と兼実は説明していた（寿永元年正月二十四日・元暦元年正月二十六日）。義仲が後白河院の法住寺御所を急襲した事変の際に、兼実は「余の邸は大路の頭に当たっているので、大将の居所に向かった」と言っていた（寿永二年十一月十九日）。「大路の頭」とは、今や東京極大路と同様になった富小路に面していることを言っている。頼輔南家は九条大路に面していたとしても、やや万里小路に近い場所に所在していたものと思われる。

平安京東南隅の九条を居住地にしていた兼実一家は、その旧地は残しながらも、兼実自身が冷泉万里小路や大炊御門富小路に所在の邸を主な居宅にしたり、嫡子の良通が叔父定能の樋口大宮邸を居所としたり（元暦元年十月二十五日）、次子良経が舅能保の一条室町邸（建久二年六月二十五日）・北小路東洞院邸（建久三年十一月二十日）を居所にしたり、現在で言えば、田舎の家はそのままだけれど、都会に出た子供たちはそれぞれの活動に応じた拠点地で……とでも評せそうな状況かと思う。兼実一家と縁の深い頼輔も、北郊の雲林院邸を新たな居住地にしている（寿永元年九月四日）。

第二章　儀礼政治家

1　関白家の兄弟

摂関の系譜

兼実は、九歳の保元二年（一一五七）八月五日に着袴の儀を果たして、その十四日に昇殿も認められた。摂関の系譜は、現在で評すれば、良く言えば皇室、俗に言えば梨園のそれに似るところがあるので、庶民の感覚には遠いところがあるとは思うが、それにしても早速である。ようやくに幼児を脱したかと思うと、早くも家系に似合った朝臣の途に入る。翌保元三年正月二十九日に元服、正五位下に叙して禁色昇殿を許され、三月十三日に左少将、四月二日に左中将、十月二十一日に従四位下と、叙位除目の度に昇進している。閨閥においては比較にならない義兄基実・基房にもさほど劣らない待遇であるが、ここに筆者は老関白忠通の末子への愛情を感じる。家女房であった兼実母への愛着に由来するものではあろう。

保元三年（一一五八）八月十一日、忠通が関白を辞退して、嫡子の基実が関白・氏長者になった。まだ十六歳の少年である。この日は、後白河帝が譲位、二条帝が践祚された日でもある。新帝は後白河の第一子で十七歳。年齢だけでいえば似合いの天皇と朝臣と言えなくもない。その若い関白が、数年後の長寛二年（一一六四）閏十月十七日、兼任していた左大臣を辞して、義弟兼実の内大臣昇任を導いた。義弟といったけれど、実は兄基実の猶子になっていた（安元元年三月六日）。猶子になったのは先に述べた元服の日で、基実が十六歳で兼実が十歳、いかにも形式的な父子関係であるが、先例中心の公家社会では、必要な処置であったのだろう。ここにも、まだ存命していた忠通の感情が推測される。

　兼実が六歳上の義兄を父と実感したはずはないが、結論だけ言うと、兼実は、基実に対しては畏敬と感謝の感情を持っている。畏敬は、最上層貴族としての要件である公事への意識と態度、基実は、兼実にとって身近で貴重な先輩であった。感謝は、先に述べた長寛二年の内大臣昇任が具体的には基実の譲りによって実現したことへの感情である。兼実は基実の恩を時に記述するが、それは具体的にはこのことを指している。平安末期の執政兼実の日記『玉葉』は、現在に残る記録としては長寛二年（一一六四）閏十月十七日、彼が内大臣に任じた兼宣旨の記述から始まっているが、このことは、内大臣昇任が兼実にとっての朝臣の始発とも意識される出来事であったことを語っている。兼実はまだ十六歳の少年であった。この年の二月に父の前関白太政大臣忠通は六十八歳で薨じたが、前年には祖父忠実や室家の父季行も没しており、孤独の感情を覚えていた兼実には、基実の存在は、実父の愛情にも似た暖かさを覚えるものであったかと思われる。

基実は、二年後の仁安元年（一一六六）七月二十六日、二十四歳で不慮に薨じる。兼実は忌日法要には勤勉に参仕、病疾で向かえない時は「遺恨」と感じるのが常であった（仁安二年五月二十六日）。嘉応二年（一一七〇）四月二十三日の基実の遺児基通の元服では、今度は兼実が加冠の役を勤めた。兼実には恩返しの感情であった。この元服が行われた近衛殿は近衛北室町東に所在、忠通室であった源信子（國信女）の居邸である。承安二年十二月二十日、基通の任中将の拝賀の時に、基通は叔父にあたる関白基房邸には参らなかった。「なお故殿（基実）の宿意に依ってなり」（承安二年十二月二十四日）と説明しているが、血縁の近い基実と基房には生前からの確執があった。血縁の対立は激しく根が深いのが往々である。

この基通には兼実が折々に後見の役を果たす。治承三年（一一七九）十一月、例の清盛が福原から入京して関白基房以下の朝臣を一掃した事件の後には基通が新関白に任じ、兼実はその「扶者」と人口には噂される状態になる。新関白からも「故殿（基実）が薨じられた後は、一向に御辺を相頼んで過ごして来た」と告げられ、兼実も「故殿の深恩を思えば、今後も隔心なく接する」ことをあらためて自覚した（十一月二十三日）。基通弟の忠良の元服、当年十七歳での加冠にも、「後代、誇りを招く基となるか」と懸念しながらも奉仕した（治承四年二月十一日）。しかし、その同母妹の通子の高倉後宮入りのことは、伝聞には記すが降りたっては奉仕してはいない。なにかの状況変化があったのかどうか、そのへんは不明である。

基実が好意をもって内大臣にまで導いてくれた長寛二年（一一六四）、異母兄で義父にもなる基実が薨じて、公卿としての質を否応なく問われ始めた仁安元年（一一六六）、このあたりから兼実の朝臣としての生活が実質的に始まる。幸いというか、彼には漢籍や詩歌への好尚の性格があり、日記や故実書から公事作法を吸収する生来の資質があった。義兄の基房ともども、朝堂で老練の朝臣たちに対抗するには、執政職の持つ権限と故実作法を前面に押し出すことが、生きる方途にならざるを得なかったであろう。これからしばらく、朝臣としての兼実を支えた故実家の側面を語りたい。

兼実の資質

十六歳で内大臣、十八歳で右大臣になった兼実であるが、顕要の職についた見識は、若年ながらも有していた。仁安二年（一一六七）三月、後白河院も臨幸された法勝寺千僧御読経の場面、

人々の作法皆左大臣の如し。御前の座に還着せず、直に以って退出す。今日の上首、練らざるは如何。総礼の上首、練歩せざること、頗《すこぶ》る希代の違例か。（仁安二年三月二十三日）

という記述がある。なぜか摂政基房が総礼に立たず、左大臣経宗が代行したが、経宗が「練歩」しなかったことを、兼実は「希代の違例」として批判している。兼実は、左大臣経宗の作法については疑問を述べることが多く、安元元年（一一七五）正月五日の叙位の際にも、「左大臣の作法、余の習う所と相違する事等」として、十二ヶ条ほどを列記したりしている。

これも経宗にかかわる話だが、承安四年（一一七四）の相撲節会の場での右大将重盛の作法が問題になったことがある。その違例の原因は、

左府の訓を以って金言と存すの間、此の如き事あり。（中略）凡《およ》そ左府は、年齢相積むの故、頗る公事に練と雖《いえど》も、口伝を受けず、大事を学せず、仍《よっ》て訛誤の事等あるか。（承安四年十月八日）

であると記している。後に述べるが、作法には家の流儀もある。左大臣経宗の作法は単に違例・失礼というものでなく、兼実とは流儀を異にするものであったという可能性の方が高い。

仁安三年（一一六八）八月四日の朝覲《ちょうきん》行幸の場面、高倉帝の御輿が後白河院御所に着いた。

時に余以下皆悉《ことごと》く折り屈す。御輿を舁《か》き居うの時、人々皆殿に昇り、余・源藤両亜相ばかりが地に跪く。是定法なり。而るに近代は皆殿に昇る。不当極まりなきなり。下りおはしますの後、余以下が殿に昇る。

解説の要もないほどのことである。主上の御輿が院御所に着いた時、人々は皆殿に昇ってしまい、兼実と雅通・師長のみが地に跪いていた。「これが定法であるのに」と、兼実は他の朝臣たちの行動を批判している。

安元元年（一一七五）正月の朝覲行幸で、高倉天皇は後白河院の御前で笛を吹かれた。楽曲・合奏などについて、兼実は、永久の例によって行うべきであると御出以前に奏上していたのに、保安の例によって行われた。

後に聞く。余の申し状、法皇聞くに及び永久の例を用いるべきの由、隆季卿に仰せらる。而るに、件の例覚悟せずと称して承引せずと云々。未曾有々々。（安元元年正月四日）

近臣である権大納言隆季も、兼実の作法に順ならざる人物の一人であった。隆季が「保安」の例によるべきことを強く主張してそれが通った。意見を用いられなかった兼実は、「中心に奇鬱するところなり」と不満を内攻させている。

作法は儀礼の場だけのものでもない。先の千僧御読経の場面でも、摂政基房が別当隆季を招き寄せて何事かを示すことがあったが、隆季は「腰を屈せず、はなはだ無礼」の態度であった。承安四年冬除目の執筆を、頭中将実宗が消息をもって伝えてきた。

返報に云く。当時、所労ありて出仕せず。光臨せらるるの時、左右を申すべし。近代の作法、職事、大臣第に向かわず、只書状を以って万事を通ず。禮無しと言うべし。（承安四年十一月二十七日）

「自分は病気で出仕できないので、執筆に奉仕できるかどうかは、あなたが私邸に来られた時に返答する」と答えながら、内心は、蔵人頭が書信のみで済まそうとする近代の作法に反発している。初度の除目奉仕は、儀礼政治家兼実にとって晴れの登場舞台であった。消息のみによって政務を伝えるのも失礼のうちには入るのであろうが、兼実の自分中心の感情も感じられる。

作法に練習、堪能であることが、儀礼政治への参加の資格であるから、それが欠落するということは、朝臣としての能力の欠落という意味を持つ。

未練の者

今日の任人事、狼藉の間、未練の者は度を失い、いよいよ時刻を移す。（中略）今日の余の失礼、件の失錯等、偏に今年重厄の然らしむるなり。不肖を以って重職に居す、天譴《てんせき》なり。今、此の失あり。（承安四年十二月一日）

承安四年（一一七四）の冬除目で、兼実はいくつかの失錯を自覚するところがあった。用例の後に、四ヶ条ほどの事項をあげている。今年重厄にあたる年齢や、故忠通が除目執筆の時に使用した硯を基房から借りられなかったことなどを理由にしているが、故実家・儀礼政治家としての「失礼」を大いに悔やんでいる。未練の者とは兼実自身のことである。ただし、この用例を今少し皮肉に見ると、些細な「失礼」をさえ過敏に悔やむという態度を示すということで、逆に儀礼政治家の誇りと見識を表現したという意味が感じられる面もある。この除目執筆の翌日、関白基房が「作法、甚だ神妙」と褒賞してきたのを、わざと他人事のように記している。兼実の、この「それとない」態度は、いろいろな局面に観察される。兼実の人間を把握する上で、注意しておきたい要素である。同じく除目執筆にあたった場面、

今日、寒気日に勝る。水氷り手亀《かじか》む。文字一切書かれず、筆跡恥じあり。明春、和暖に属して、若し執筆に勤仕せば、此の恥じを雪《そそ》ぐべきか。　（安元元年十二月八日）

執筆の文字の不満足を寒気のせいにしている。文字が的確・流麗であるのは、好ましい作法の要件になる。この時も、翌々日に基房から「暁天に事始まる。而るに、御早筆に依りて程無く事訖《おわ》る。中心に悦するなり」などという書信を受け取ったことを、さりげなく記している。兼実がどれだけ本当に「恥じ」ていたかどうか分からない。

安元二年（一一七六）正月の女叙位の執筆に奉仕した兼実は、不慮の失を犯した。執筆作法は滞《とどこお》りなかったけれど、文書の年号を、「元年」としていたのである。翌日、下僚から知らされて、兼実は驚愕した。

未曾有の失なり。凡そ左右する能わず。去夜は一切覚悟せず。言うに足らざる事なり。不肖を以って高官に居す。故に此の失を致す。冥顕に付けて、恐懼《きょうく》を多くする者なり。当時の恥辱、後代の嘲

弄、家の為身の為、嘆息に足る。ああ何せん何せん。改め直して返し遣わし了《おわ》んぬ。（正月十二日）

単なる不注意のミスである。さほど大仰に驚愕することはないと筆者などは思うけれど、儀礼政治家にとっては、致命的と感じる失錯のようだ。「当時の恥辱、後代の嘲弄」と悔悟極まりない。儀礼政治の根本である「作法」に失礼するところがないことは、儀礼政治の要件であり、儀礼政治に参加する者の等しく願望するところである。

摂政、猶簾外に在り、御拝し了んぬ。御作法優美也。（仁安二年正月二十日）

今日、参議の作法優美、感嘆に足るべし。（安元二年三月三十日）

所作の体、太《はなは》だ以って優美、本宗の為、一家の為に大慶なり。（安元二年五月二十三日）

初例は、東宮（後の高倉帝）が後白河院御所に行啓された時に、簾の外で拝していた基房の所作を褒賞したもの。次例は、直物除目の執筆を勤めた参議実守の作法を優美と批評したもの。終例は、最勝会講師を勤めた権大僧都信円の所作を歎賞したものである。信円は基房同腹の弟で、兼実には異母弟になる。その所作優美であることが、本宗（興福寺法相宗）のため、一家（藤原摂関家）のために大慶となる。儀礼作法は、朝政の円滑のための公的能力なのである。兼実が傅として近侍する東宮の朝覲行啓の所作には、「拝の間、失錯無し。万人欣盛、実に天の然らしむる事なり」と手放しで歎賞する。

儀礼政治家兼実には、高倉帝は「我が意を得た主上」であったと思われる。

2 作法と先例

忠通の遺児三兄弟が朝政の枢要を独占し続けることのできた原因は、後白河院と平氏という二つの権勢に、摂関という守旧勢力の立場で、時に応じて迎合し協調して保全の道を得たところにあるだろうが、それ以前に、朝廷を中心とする政務が、儀礼政治という崩壊すべくもない秩序を作り上げていた要素が大きい。その儀礼は「作法」と呼ばれる儀式の場の実際行動によって行われる。「作法」は、儀礼を執行した者の経験の集積として生まれるものだから、儀礼の経験の継承が可能な立場に独占される。兼実に至る藤原摂関家が外戚政策とともに儀礼政治の確立に熱心であったのは、この理由によると思われるが、兼実は、その流れの終着といってよいほどに見識と誇りと、それが廷臣としての内容のほとんどであった人物のように思われる。「故実先例の道が兼実の全人格を規定する至高の準則で、それが平安の盛儀への復帰を理想とする復古思想に結びついている」といった把握が、早くになされていた（荻原、一九五四）。それが、今後の動乱の時代のなかで、どのように人格を形成し、行動を規定していったかを見るのが、兼実という人間把握につながると思う。

儀礼政治　「作法」を作りあげるのは、過去の経験の集積、すなわち「先例」である。先掲の用例のなかにも、すでにこれに関するものもあった。用例は無数であるが、必要な程度の紹介をしておきたい。

今日、下官、裏欵冬《やまぶき》の下重《したがさね》を着す。院拝礼の日、無骨なるべきかの由、人に示す。然れども、先例、寛治五年六条右府、染装束を着して院拝礼に列す、是れ臨時客に依りてなり。
（仁安三年正月二日）

寅刻、天地四方を拝す、恒の如し 昨日、摂政命ぜられて云く、日蝕の論あり、現否知り難し、此の事如何と云々、仍て先例を検するの処、長久三年、此の論を致すと雖も尚四方拝の事あり、仍て彼の例に準じて此の事を止めず。
（承安元年正月一日）

然るべきの人を置きながら、先例無き事を行わるの条、愚意の及ぶ所に非ず。人々皆此の旨を存すと雖も、一切その人無きを仰せ下さるの上は、申し出る能わざるか。末代の政、只小人の心に在るか、哀しむべし哀しむべし。
（承安元年九月十二日）

初例、「院拝礼の日に裏欵冬の下重を着すのは無骨ではないか」という批判に対して、「同日のうちに摂政家臨時客がある時は、寛治五年に右大臣師房が着していた先例がある」と、兼実は反論している。次例は、元正の四方拝の日に日蝕が予想される場合、拝は中止すべきかどうかという議論であるが、「長久三年にも同様のことがあり、議論の末に行った。その先例によって、今回も中止にしなかった」という内容。終例は、退下した頌子内親王に代わる斎院を卜定《ぼくじょう》しようとするが、候補になる人がいないので、「前斎院を再度卜定しようか」という議論。兼実は、院の御子のなかに人はいると思うのだが、後白河院自身が「該当者がいない」と言われるので、反論しようもないという内容である。「先例なき事」というのは、退下した斎院を再度卜定することを前例のないことだと言っている。

儀礼政治の進行の目安は、過去にあったかどうかという経験である。過去に「無難に行い得た」ということが、今回の儀礼を行えるかどうかの指標になる。物事は、初めての経験をすることによって未知なる世界を切り開いていくものだが、儀礼の世界ではそれは論外な態度である。ひたすら過去の集積を踏襲する、それが儀礼政治の本質である。ただし、中心的な執政者の意志によって、「先例」から逸脱して、新たな「先例」が生まれることもある。兼実の、斎院にかかわることに神慮を憚って口入を避ける態度、後白河院周辺の「末代の政」に対する批判、目前の課題には関係ないが、終例は、興味ある内容を含んでいる。

吉例

先例は、「ただ過去にあった例」だけの意味ではない。先例となる要件は、だいたい次のようになるだろうか。

吉例　（行われた先例の結果によるもの）
人例　（先例を行った人物によるもの）
家例　（その家に独自に踏襲するもの）

吉例には、たとえば次のようなものがある。

次に余、御書の外題を書く 此の事、昨日仰せを蒙むる。先例、能書に就きて此の役を勤仕す。而るに余筆に堪えざるなり。後代の嘲りたるべし。然れども先例納言之を書くの例、尤も以って不吉、（中略）然れば則ち大臣之を書く、皆吉例なりと云々。仍て勤仕すべき由、仰せらるなり。（仁安二年十二月九日）

東宮（高倉帝）御書始の外題を兼実が書いた。東宮傅でもあるので自然のことであるが、「不勘」の理由で兼実は辞退したかった。しかし外題を書いたのが大臣であった場合と納言であった場合の例を、その後の状況に照らして説得されると、辞退はできなかった。

人例。過去に、誰かによって初例が行われたことが先例になるが、それが先例となるためには、初例を行った人物が、誰からも認知される突出した立場を持った人物であることが必要である。儀礼政治は、つねに先例云々と微細な神経を払うものであるが、突出した人物の言動によって、旧例が一挙に消滅して新たな規範としての先例が生まれるということも往々にしてある。先述の斎院卜定の例もそうであった。後にも触れるが、兼実には、儀式の次第について答申しながら、「しかし結局は関白基房の判断がすべてであり、その判断によって作法を決められればよい」と述べたりする態度がある。先例、先例と言いながら、それを行う人物が根本の問題ということであるが、兼実には特に顕著な傾向がある。それは父である故忠通の存在である。

摂政、春日詣あるべし。御参り如何と云々。余云く、中摂政参詣の時、当時、摂政大臣たり。故殿仰せて云く、未だ上卿を勤めず、人の共となりての参詣然るべからずと云々。仍て扈従せず。先規眼に在り、なんぞ異議あらんや。

（仁安二年二月八日）

関白基房が春日参詣をするにあたり、兼実に「供をするか」と訊いてきた。かつて基房が大臣で兄の摂政基実の春日詣があった時、忠通が「いまだ公事の上卿を経験していない大臣が供をすべきでない」と述べたので扈従しなかった。「したがって、今回は私も供奉できない」と兼実は答えた。

下官、列上に加わる。摂政・左府・内府すでに列立、下官、弁に是非を示す。然りと雖も、内府立ち定まる。下官、進んで列の後より出て内府の上に加わる是れ故禅閤の仰せを、思い出でて為すなり。逐って参る人は列の後より加わるべきの由、仰せらるなり。

（仁安三年正月一日）

摂政家臨時客に参ったところ、すでに諸卿が列立していた。兼実は、故忠通が語っていたことを思い出して、列の後からまわり、内大臣忠雅の上の位置に加わった。兼実にとっては、父忠通の作法がすべての規範になっている。安元二年（一一七六）春除目の執筆に奉仕した時、「中宮宮主」の尻付に関して、不審を残すことがあった。ところが、

後日、夢想の中に、故殿仰せられて云く、自今以後と雖も、此の如く付くべし。更に失に非ず、と云々。覚むるの後、之を覚えず。涙、雙眼《そうがん》に浮かぶ者なり。

（安元二年正月三十日）

故忠通が夢中に現れて「失に非ず」と断言してくれた。忠通が夢中に現れたというのは、兼実の願望が、そういう形で自分を安心させたにすぎないものだろうが、兼実の儀礼への偏執ぶりとともに、忠通が兼実のなかに占める位置を推測させる。兼実は、折々の場面で父忠通の言動を思い出すだけでなく、父の残した日記は、彼にとって典礼のバイブルというべきものであった（嘉応二年二月十七日・承安元年正月三日・安元三年三月九日など）。

家例と呼ばれる先例がある。その家が踏襲する独自の作法というべきものである。兼実においては、先述のように、父忠通の言動が家例として多く残されている。

此の次でに、官人をして沓を直さしむ 常説は、自ら扇を以って之を直す、而るに故殿の御作法は此の如し。惣て是れ家例となすと云々。（仁安二年正月十六日）

小さな事柄である。踏歌宴の場面、官人に軾《しょく》を持って来させ、それに腰かけて沓を直すのを、常説は自分で行うのだが、父忠通は官人に直させた。それを家例だと兼実は言っている。春季仁王会定めの儀礼の後に、

次いで、下官が座を起つ 軾を撤さず。他人、皆之を撤す。故殿、此の儀無し。仍て之を撤さず、家の習なり。人々奇と難ず云々。（承安二年二月十八日）

座していた軾を他の公卿は撤したが、兼実はしなかった。父忠通の作法がそうであって、これは「家

の習」だと言う。

次で、内弁、笏を正しくして舎人《とねり》を召す 笏を口の程に当てて召すなり。而るに今は普通の如し、若し彼の家々の説か、（中略）但し、定めて習う所あるか。又、高からず。是れ彼の家の説なりと云々。（仁安三年正月十六日）

踏歌節会の場面、節会の内弁を勤めた源雅通が舎人を召すのに、笏を口の辺に当てて発声しなかった。「雅通の家の説であろう」と兼実は一応容認の姿勢を見せながら、見苦しさも批判している。

兼実は、現存する公家日記としては最大に近い分量の日記を残した。この日記の記述内容は、実のところ、過半はこのような儀式次第の記録であり、その意味で先例作法集成と言ってもよいようなものである。彼にとっての日記は、個人として家系として、儀礼政治家の立場を支える聖典であった。

承安元年（一一七二）正月三日、十一歳の高倉天皇の元服の儀を詳細に記録した後に、兼実は次のような付記をしている。

上件等の作法、何を是とし何を非とせん、真偽決し難き者なり。弘く本書の文を検し、細くは先賢の儀を訪いて、早く蒙昧を散ずべし。将に疑慮を断たんとす。仍て聊か子細を記すのみ。（同日）

子孫の愚昧を察して、頗る委細に之を注し置く。以前の秋両度の記も又斯の如し。能く此の道に練し、得心了見すべきなり。（安元二年正月三十日）

後例は除目入眼の記録の最後に付した文句である。彼自身が実践したことばかりではない。伝聞による場合も、記述は極めて精細で、兼実の公卿としての生活は、儀礼への参加と、参加した儀礼の記録が内容のすべてであったように思われる。日によっては、数日の執筆を要するかと思われるほどの記述を、彼は倦まず弛まず長年月にわたって継続している。我々が無味乾燥と感じる部分も多い、この膨大な分量の記録は、儀礼政治家としての兼実の本質を眼前に表象するもののように思われる。兼実のこの本質的な性向に、中村宏氏は「稽古的善政思想」と名付けて好意的な評価をしている（中村、一九六二・一九六四）。兼実の生涯を通じてのこの方面への勉励ぶりには、頭が下がる一方であきれ果てる感情も持つというのが、筆者の正直な感想である。

天皇と摂関をはじめとする貴族集団による儀礼政治は、先例に基づく作法の集積であり、儀礼そのものが目的である朝政には、現在から見ると、虚しく煩瑣な思いも否定し難いけれど、これは、この集団を律する基本の秩序であった。儀礼政治を遂行するためには、必要な作法に通暁していなければならないという前提があったし、それに通暁し得る環境を与えられる人間は、過去の経験の集積を継承する立場のものに限られる。兼実が、非力・無能・愚昧と自己を慨嘆しているようでいて、内心は他の一切の批評を拒絶するほどに自己の作法に峻厳な見識を持っているのは、摂関の家に生まれた者にふさわしい資質であり、その意味で、兼実は望まれる人間性を生来的に有して幸運な人生を歩み得た人物と評することもできる。兼実が、貴族集団のなかでも摂関といった最上のランクの秩序のなかで生きることを運命づけられたように、集団のなかで生きる者は誰もがその秩序のなかで生きることを求められる。

道の思想

平安末期、人間の生き方としての「道」の思想が急激に普遍化したことと、儀礼政治に象徴される貴族集団の秩序の確立とは、関係のある事柄のように思われる。このことにも少し触れておきたい。嘉応二年（一一七〇）正月二十日の賭弓《のりゆみ》に奉仕した左右大将の所作の違例が話の種になった。奏の時は、跪いて弓を置き、杖を進めて後に弓を取って座に復すのが常の作法である。右大将雅通はその通りに行ったが、左大将師長は弓を取るのを忘れ、簾中に進んだ後に随身が慌てて走って来て渡すという失態があった。

賭弓の日、左大将、退出の後、飲食不通に煩わると云々。（嘉応二年正月二十八日）

師長は、飲食も喉を通らないほどに悩苦した。用例直後に兼実も記しているように、「失礼の条、古昔以来、更に賢愚を論ぜざること」であるが、作法こそが命といってよい儀礼政治のなかでは、朝臣としての能力を問われる失態である。自分の生きる道を儀礼に定められている人間として、衝撃といってよい醜態であったことは、察することができる。

承安四年（一一七四）の相撲召合の時の事件、

右の最手助経、一子経信忽ちに名を元安と改称す。昨日、中臣末清の為に誤られ、その夜半ばかり、仏厳上人の房に行き向かい、出家入道す。生年廿五と云々。道に執する者、古今此の如し。勝事と言うべし。

（承安四年七月二十八日）

助経の一子経信は、昨日の相撲召合で中臣末清に敗れ、夜半に出家入道した。兼実は、その「道に執する心」を強く称揚している。兼実には、ひたすらに已れの道を生きる人間に、ことさら熱い視線を向けるところがある。

刑部少輔範房、卒去し了んぬと云々。俊憲の子なり。年少と雖も、才智足る者なり。朝家の為、尤も惜しむべし。

（嘉応二年九月五日）

長光入道、日来湯治の為に、紀伊国の知る所に下向す。今月三日、高野に於いて忽ち出家入道す。今日、此の由を示し送る。誠に哀しき事なり。長光、当今湯殿の儒たり。而して一恩に浴せず、空しく以って遁世、君の為世の為、第一の遺恨なり。余、此の事を聞き、悲哀極まりなし。

（安元元年十月十日）

この二つの薨去・出家の記事を見ても、兼実の哀悼の仕方が、常に「朝家の為」「君の為、世の為」といった発想を背景にすることに、注意しておきたい。これは単なる社交辞令の表現ではない。以前に、異母弟の信円僧都を「本宗の為、一家の為」と褒賞したと同じ態度である。兼実においては、人間の存在価値はただ一身にかかわらない。集団の秩序のなかで、有効な役割を果たす能力を有しているかどうかが価値になるのである。

身分の高下を問わず、その道に堪能の人物に兼実が素直な好意を表現する背景は、そういったところにある。


午刻、清輔朝臣来たり、和歌の事等談ず。近代、此の道を知るの者、唯彼の朝臣のみ。貴ぶべし仰ぐべし。（安元二年十月二十七日）

頼業真人来る。余簾前に召し、雑事を談ず。和漢の才能を吐く、あに敢えて肩を比せんや。誠に是れ国の大器、道の棟梁なり。（安元三年五月十二日）

も同様である。和歌の道・漢学の道の長者といってよい清輔・頼業を、身分を越えて嘆賞している。執政者を自らの道として歩む兼実は、秩序のなかでのそれぞれの立場で己の道に精進する人間に、我が身に対すると同じ感情を抱いてしまうのであろう。

最後に、特に興味ある用例、

故按察使重通、初めて内弁を勤めんとするの時、作法を問わんがために、故殿に参る。故殿、偽りて一寝の由を称して、之に謁せず。重通、愁いを懐いて退出す。道に執するの習い、古賢此の如し。（安元三年二月七日）

故忠通は、儀礼を執行する経験を持たない按察使大納言重通が「儀礼の作法を教えて欲しい」と言ってきたのに、「すでに就寝した」と偽って教えることをしなかった。兼実は、それを「道に執するの習い」として仰いでいる。公事典礼の作法は儀礼政治家にとっては「己の道」なのである。我が道に精進するということは、秩序のなかに、自らの生きていく手だてを見つけるということであった。

3　基房との確執

執政基房

兼実が、執政者の立場を我が道と自覚する時、同じ立場で、しかも兼実に優越して存在する人物がいた。初めは異母長兄の基実であったが、早く薨《こう》じた。次の人物は異母の次兄基房である。五歳年長の兄で、摂政として朝堂に君臨している基房に、兼実がどのような意識で対応していたか、見てみたい。

儀礼の場における摂政基房の作法を「優美なり」と褒賞することがあったことは先に紹介した。儀礼作法の実際にあたっても、兼実は、自分と同じ立場で、しかも自分に優越する立場にある基房に対して、儀礼作法の是非について意見を訊いたり、おおむねは礼を失わずに協調的に対しているといえるが、折々本心をうかがわせる場面がある。仁安二年二月、基房が「春日詣に扈従するか」と尋ねてきた時、父忠通の言葉を引いて断った話は先に紹介した。同年三月の千僧御読経の時に、左大臣経宗が練歩しなかったのを、兼実が違例として批判していた話も先に述べた。その時、「総礼」には本来は摂政が立つべきであると、兼実は基房に対する不審も表明していた。仁安三年正月二十八日に摂政基房家で詩歌管弦の会があったが、当日は別に行幸があるので便宜がなく、後日に催すべきではないかと、意見を述べたこともあった。これらのことを考えると、兼実は、同じ立場に立つ対抗者としても、ひそかに意識する感情を心中に抱いていたと、推測してよいであろう。

仁安三年（一一六八）二月十九日、六条天皇の譲位があった。帝位を践《ふ》まれたのは、兼実が東宮傅として近侍する高倉天皇である。新帝は七条御所から新内裏閑院第に向かったが、その輿に参仕したのは摂政基房であった。後白河院が「応徳の例によりて、御車に候すべし」と命ぜられたためである。応徳とは堀河院御譲位の時の礼であるが、「准拠の例にはならない」と兼実は言う。

彼は儲けの君に非ず。是れは青闈《せいい》なり。その儀、相似ざるの上、日来、独り御車に乗り給ふなり。（中略）先例を伺い見るに、十余歳の儲けの君と雖も、猶、傅の必ず御車に候する所なり。而して、下官、不肖の身を以って顕要の職に居す。御車に参るの条、尤も便無かるべきの故に、彼れ急跡を卒するか。且つは、後朱雀院も成人の東宮なり。然れども、傅小野宮右府実資、毎度行啓の御車に候す。人に依りてその沙汰あり。頗る面目を失うと雖も、身の不肖を慙じて馳せ過ぐる所なり。

（仁安三年二月十九日）

青闈とは東宮の意。東宮傅である自分を措いて基房が乗車したことに、強い不満を洩らしている。践祚の御車に乗るということは、そういう単なる行動でなく、摂政基房が「傅」の立場を遂行するということを意味する。「凡そ近代の候法、人に依りて先例を用い、事に随いて急跡を先とす。悲しき哉悲しき哉」。兼実は、この事件以降、基房に対抗者としての意識を明確に抱いていったように思われる。

基房と平氏

摂政基房に新興平氏と対立する姿勢があったことは、知られている。次にあげるのは、『平家物語』にも記述された衝突事件である。

> 今日、法勝寺御八講の初めなり。御幸あり。摂政、法勝寺に参らるの間、途中に於いて、越前守資盛重盛卿嫡男、女車に乗るに相逢う。而して摂政の舎人居飼等、彼の車を打ち破り、事恥辱に及ぶと云々。
> （嘉応二年七月三日）

表面は偶発の事件であるが、平家と和親的でなかった背景がもたらした要素があるであろう。法勝寺は六勝寺の一で、現在の岡崎動物園辺に所在した院御所である。基房は法勝寺の法会に向かっていて、今年十三歳の新三位中将資盛の一行と思わぬ衝突事件になった。『平家物語』は鷹狩から六波羅に戻る途中の侍たちとの大炊御門猪熊での衝突事件としているが、兼実の伝えるところの方が真実であろう。摂政基房は闘諍の当事者を資盛父の重盛のもとに送って謝罪したが、事はそれだけで収拾しなかった。十六日には二条京極辺に武士たちが群集、法成寺に向かう基房の行列を襲って前駆等を搦《から》めようとして、基房は御出を中止した。この時の基房の居所は、二条京極から法成寺への経路から見て、中御門南烏丸東の通称松殿ではなく、六角東洞院に所在の邸（『兵範記』仁安二年六月七日）と思われる。

末代の濫吹、言語も及ばず。悲しき哉。乱世に生まれて此の如きの事を見聞す。宿業、懺すべし懺すべし。是れ則ち乗逢《のりあい》の意趣なりと云々。

（同年七月十六日）

兼実の慨嘆する感情は激しい。十月二十一日にも同様の闘諍事件があり、兼実は「只、五濁の世に生まれしことを恨む」と記している。この時、兼実は帰邸した基房を訪ねている。兼実が何を言いたかったのか分からないが、基房は面会に応じなかった。兼実の慨嘆の心情の内面は、摂関家と平氏との衝突云々というより、公家社会が営々と築きあげてきた秩序の崩壊を恐怖するものであったように思われる。台風か大地震のようなものである。儀礼も作法も一片の価値もなく消滅する社会、儀礼政治家である兼実が暗澹とした衝撃を感じる気持は分かる。これは、摂政基房へのいささかの対立感情以前のものである。

異なる度量

同じ摂関家の血を引いて、同じ儀礼政治家の立場にあっても、基房は、兼実とやや異なる人間性があった。「連々凶日が続くが、止雨奉幣の日はどうしたらよいか」と、左少弁兼光が基房に尋ねた時、彼は即座に「百千の事無益なり。一日と雖も早速を以て先となすべき者なり」と答えた（承安二年六月十二日）。基房には、現実に即した果断な側面も持ち合わせていたと思われる。少し後のことであるが、次のような挿話もある。

隆季卿、執筆を催さるの刻、先に博陸に申して云く、「執筆の作法、相承するなし、庶《こいねがわ》くは、閣下に詣で、厳訓を蒙らんと欲す」。その答え、詳《つまびらか》ならず。重ねて又申して云く、「縦え子細を承らずと雖も、御前に於いて一反愚作の次第を読み申し、之を以って相承の号となさん」。報旨、之を許す。　（治承元年二月七日）

隆季は、兼実の記すように、この一家には疎遠の存在であろうが、基房には、作法を相承しない隆季の困惑を察して、手を取って教えることはしなくても懇願に応じてやるだけの度量の広さがある。話は、重通が内弁の作法を忠通に訊いてきた時の先述の用例に続き、「基房の態度は柔和に過ぎ、隆季に対するような軽忽の行動は弾指すべきである」と兼実は批判する。筆者の個人的な感想を述べれば、基房の方に人間的なものを感じる。

後に、兼実が基房に対して感情を露骨にした事件に、承安四年十二月、兼実が除目執筆に奉仕した時の早出事件がある。「相労すと雖も猶不快」のため、基房が除目の途中で退席した。

今早出の条、会釈無しと言うべし。関白骨肉の儀を存せず、下官已に手臂の便を失う、何せん何せん。但し、素より彼の人の教喩を思わず。只先閣の遺訓を仰ぐのみ。　（承安四年十二月一日）

関白、事に於いて会釈無きに似たり。且つは、今度の除目早出のこと、未曾有々々の事なり。古来、初度の執筆に未だ此の如き事有らず。世人、傾き奇《あやっ》しまざるなし。

（同年十二月十五日）

兼実が初度の除目執筆を勤めた時の記述で、基房が身体不調を述べて早出した。後にも述べるが、兼実が所労のために公事に失礼することは頻繁である。単に口実で称している場合も少なくない。基房が所労を押して参仕して、それでも耐え難くて退席したことを、特に兼実からさほどに非難されるのは、筆者には当然とは思えない。兼実が初度の除目執筆ということで気負っているのはわかるが、いささか自分本位の憤慨のように思われる。兼実は、後日に基房と出会った時、除目作法について十ヶ条ほど示されることがあった。それにも兼実は、「この人の言うことなどは信用できないが、昔、父に訊いたことと同じこともあるし、とにかく公事には度々参勤の人だから尋ねてみたのだ」と、捨て台詞のような文句を付けている。

承安二年（一一七二）六月、基房の室家に御産のことがあり、七夜の産養に「枉《ま》げて御芳恩を蒙りたい」と懇願された時、兼実は所労の由を述べて辞退し、再度の招請の時にも「更に以って飾りに非ず」と言って応じなかった。実際に病悩の状態を日記には記述してもいるが、後に、

執柄《しっぺい》産の儀、古来見ざるところなり。仍て今度新儀たり。時宜に依りて用いらるる所、尚甘心せられず。

（承安二年六月二十七日）

と、産養の儀礼そのものを批判しているところを見ると、内心に思うところがあったのであろう。あまり構えるところなく接している基房に対して、五歳下の異母弟である兼実の方が、やや鬱屈した感情を抱いている。五十日の産儀の時も、朝臣の家の五十日などは先例のないことで、「已《すで》に朝憲を蔑《べっ》爾《じ》するか」（承安二年八月十日）と厳しい言辞を吐き、後の姫君（寿子カ）の五十日の時にも同様の批判を明らかにしている（承安四年七月十一日）。兼実の対抗の意識は、基房が摂政に任じたあたりから、早くも根ざしていたようである。底に鬱屈するものを抱き、不信感にも昂じる気配も見せながら、執政者としての基房の作法には、兼実も一目置かざるを得ないところがあった。兼実の初度の除目執筆の時に早出した基房に、内心憤懣やるかたない感情を抱きながら作法の教えを乞うた話は先述した。この後も、例えば「今夜、関白に問い申す事等」として、二十ヶ条近い質問を発したりすることもあった（治承元年正月八日）。

基房に対して一目置く態度に、微妙に屈折した変化が見えるようになる。たとえば、すでに儀礼政治家として認められた存在になっている兼実に対して、主上や院からの諮問があった時に、さまざまに先例を引いて述べながらも、

但し関白の御定めに随うべし　（治承元年六月二十一日）
且つ又関白に申すべし　（〃）
殿下に申して、御定めに随うべし　（同月二十七日）

といった付記が、折々に目立つようになる。このことをどう説明したらよいだろうか。基房を承認する態度が、少なくも公事作法のこの面においてだけは謙虚に認めるものになっていった、そういうことだろうか。筆者は違うと思う。折りしも、この年四月には安元の大焼亡と言われる大火があり、六月には急遽福原から入洛した清盛によって院近臣たちが追捕された、いわゆる鹿ヶ谷の事件が起きて、騒然とした世情を迎えつつあった時である。兼実における他の行動とも関連あることなので、後にまとめて述べるけれど、兼実には一種の責任逃れの態度がある。異母兄基房を前面に押し出すことで、目に見えない危険に用心深く対処しようとしている、そういう態度に筆者には見える。

4　新興平氏

期待と落胆

兼実も含めて、朝堂の公卿たちが直視せざるを得ないのが、新興平氏の勢力であった。秩序の崩壊をなにより畏怖する兼実にとっては、内心、最も嫌悪を誘う存在ではなかったかと推測される。ところが当初、兼実の日記には予想されるほどの記述はなかった。仁安二年（一一六七）二月十一日、内大臣清盛が太政大臣に任じた時にも、特に注意を引くような記述もなかったし、翌年二月に清盛の病悩出家が伝えられた時も、

前大相国の所労、天下の大事、只此の事に在るなり。此の人夭亡の後はいよいよ以って衰弊するか。

（仁安三年二月十一日）

と、清盛の存在を評価するかのような表現をしていた。芳賀幸四郎氏の解釈では、「上皇の専恣をおさえる存在として、清盛にむしろ期待をよせていたのではないか」とのことである（芳賀、一九六二）。その数日後に、六条幼帝の譲位、高倉帝の践祚がなされた。五歳の上皇も前代未聞のことであるが、この時も兼実は格別の批判をしていない。践祚の御車に摂政基房が同車したことで、初めて批判の記述を日記に残したのは、この時のことである。高倉帝の東宮傅でもあった兼実には、旧来の公家政治の枠内という前提ではあるが、清盛によって、兼実も立場を確保できる新しい秩序を期待する心情があったのであろう。清盛は病を機に出家、翌嘉応元年（一一六九）以後は福原の別荘で隠遁生活を送ることになる。

嘉応二年（一一七〇）九月、清盛第に来着している宋人を見るために、後白河院が福原に赴かれた。兼実は「我が朝延喜以来未曾有の事なり。天魔のなす所か」と過激な批判をしている。実を言うと後白河院はこれまでも度々福原には遊んでいる。この時にこれほどの非難をするのは、上皇の宋人との対面が理由になっているが、どうも釈然としない。権威の一角であった上皇と平氏の結び付きを落胆する感情が本音であったように、筆者には思われる。承安元年（一一七一）十二月に新女御徳子入内の雑事定めがあったが、その数日前、院より参仕の仰せがあった。兼実は領状の旨を答えたが、それは「世間の恐れ有るに依りて」であった。雑事定めが終わった後、当日の記録の末尾に次のような付記をしている。

此の女御は平入道の姫なり、而るに重盛の子となし、また院の子となす。永久の例に依りて沙汰あるなり。凡そ毎事殊勝、詞を以って言うべからず。言なし言なし。（承安元年十二月二日）

永久の例とは、大納言公実女（藤原璋子、後の待賢門院）が、白河天皇の養女となって鳥羽天皇の後宮に入った、永久五年の入内のことを指している。同様に後白河院が清盛の女徳子（後の建礼門院）を養女として高倉帝後宮に入れた。そのことを、兼実は賛しているのか批判しているのか、今一つ明瞭でないところがあるが、「世間の恐れによって参仕した」という消極の態度もあり、「言なし言なし」は失望で表現の言葉を失っていると解釈してよいように思われる。清盛に、兼実なりの秩序を期待するものがあったとすれば、後白河院と清盛の接近は、兼実にとっては、希望していた新しい可能性を閉ざす意味を持っていた。この月十四日の入内の儀が終わった後、兼実は、「今度の例は尤も忌み有るに似たり」と明言している。

兼実の平氏に対する反発の感情は、この頃から次第に明らかになってくる。建春門院（平滋子、時信女、後白河院女御）の密々三ヶ日の八幡参籠を「近代の事、此の如し。太だ見苦しき事なり」（承安二年十二月十四日）と述べ、重盛の家人が絡んだ南都の衆徒蜂起には、「大衆の訴え、道理のまた道理なり」（同年十二月二十四日）と肩を持ち、承安三年正月の叙位で宗盛の四歳の息が叙爵されたことを

「童の加階、聞かざる事なり」と批判し、翌年七月の除目で重盛が右大将に任じた時には、「将軍は顕要の職なり。古来その人を撰びて補し来たる」と述べ、「今、重盛卿、当時に於いて尤も仁に当ると言うべし。ああ悲しき哉悲しき哉」（七月九日）と、皮肉を交えた批判を明瞭にした。重盛が大将の器でないとの認識は、後にも明瞭に記している（安元元年四月二十三日）。安元元年（一一七五）三月九日に催された清盛室の御堂（八条壬生堂）供養では頭痛のために途中退席、「凡そ、今日の事、希代また希代、珍重また珍重なり。末世の事、毎事、弾指すべし。言なし言なし」などと、批判は徐々に度を加えている。

清盛への追従

けれども、兼実の表面の態度にも注意を払う必要がある。たとえば重盛が右大将に任じた時には、「その仁に非ず」と述べながら、一方では「右大将のもとに悦す由を云う」などのことを直ちに行っているし、先述の清盛室の御堂供養でも、本当に弾指すべき事柄であったら、最初から参仕することもなかった。今は中宮となっている徳子のもとにも、元正の挨拶にことさら参る。

> 年来強いて参らず。而るに元三の間の不参、事に於いて恐れ憚る所あり。仍て参入す。追従の甚しきなり。弾指すべし弾指すべし。（治承元年正月一日）

追従の行動を、内心「弾指すべし」と自ら非難する。自分で嫌悪するような行為なら、得意の仮病を使って誤魔化せばよいだろうに、それもできない。兼実は、自らの本心を表面的には隠蔽して、権勢に決定的に対立するのを避ける姿勢を、上手に取り続けている。

治承元年六月九日、新三位中将隆忠（基房男）室の御産と聞いて、兼実は、使者を遣って「悦び承る」旨を伝えた。隆忠室が清盛女だったからである。同月十八日、右大将宗盛のもとに厳島社の額を書いて送った。来月十日に清盛の供をして参詣と聞いたからである。右大将宗盛が、内裏女房若狭局（建春門院乳母）を通じて侍従良通との婚儀を申し入れてきた。宗盛は女子を持たなかったため、少将隆房（隆房は宗盛妹の夫）の女を養女にしていた。その養女との婚姻を求めてきたのである。

之れに従わんとすれば、家を堕すの誹り有り。之れに乖《そむ》かんとすれば、身を失なうの恐れ有り。進退、惟れ谷《きわ》まり、已に方略を失う。但、報じて云く、件の少男、更に進止するに非ず。偏《ひと》へに女院の御左右なり。早く事の由を申して左右を示すべしと、云々。倩《つらつ》ら之れを思うに、世間の体、是非するに能わず。弾指すべし弾指すべし。（治承元年十月十日）

「件の少男」とは嫡男良通のことである。良通は今年十一歳。一昨年に正五位下に叙されて廷臣の道を歩み始めたばかりである。宗盛の養女の年齢は不明であるが、この年齢でまともな婚姻が可能なのであろうか。要するに形式さえ整えばそれでよいということであろうとは思うが、政略も極まる。平氏からの誘いの手に、態度の糊塗《こと》に窮した兼実は、良通が女院（皇嘉門院聖子）の猶子となっているのを口実にして、「早速に女院にお願いしてみる」と逃げたが、結局は拒み通すことはできないであろうと、自らの不甲斐なさを腹立たしくも思っている。翌々十三日に侍従の祈りを始めたというのは、仏神に方策をゆだねたものであろう。彼は、仏神の冥助を信じている。その「聖観音供」という修法はどういうものであろうか。

大納言実定が別当三位（内乳母、邦綱女）を娶ろうとしたが、当夜になって清盛の制止にあい、空しく迎えの車を帰して世間の嘲哢を受けた（治承元年十一月十一日）。公私ともに、入道清盛の鼻息をうかがわねば、何も為し得ない状況であった。良通の縁談は婉曲のうちに破談となった模様である。良通は十一月十五日の除目で右中将に任じた。高倉帝の意向が伝えられ、女院からも院に奏請されたにもかかわらず、紆余曲折があった。後白河院と関白基房の意向が明瞭でなかったためであるが、二十四日になって、兼実のもとに良通任中将の聞書が到来した。この背後には、入道清盛の意志が少なくとも消極的でない形で関与していたであろう。平氏勢力への対応が、いずれ韜晦《とうかい》を許さぬ選択として兼実に迫る。

5　後白河院

保元・平治の騒乱が導いたものとして確かなことは、武門平氏の台頭とその権勢確立である。まさに平氏の一人勝ちである。結果として見れば、この騒乱はまさにそのために起きたと評してもよい。

そして今や、清盛はその女を皇室に入れて、外戚政治の主人公になろうとしていた。走狗が主人に噛みついて、主客転倒しようかという状況である。この経過のなかで、唯一の抵抗者の立場にあったのが後白河院であるが、騒乱の渦中においてもその姿が見えにくかった。後白河院とは、どういう主権者だったのだろうか。

遊興の四宮

後白河院は、鳥羽院第四皇子として生まれた。母后は藤原公実女で、白河養女として鳥羽後宮に入った璋子（待賢門院）である。鳥羽と璋子との間には六人の皇子女が生まれた。長子の崇徳が帝位を践んで帝になるが、この崇徳には璋子と白河との間の落胤であるとの噂があった（『古事談』第二）。噂の真偽のほどは確かでなく、それが原因であったかどうかも分からないが、璋子への寵愛は、院近臣である藤原長実女の得子（美福門院）に移り、得子が生んだ皇子がただちに東宮になり、即位して近衛帝となった。鳥羽第四皇子だった後白河は、崇徳の後継の可能性もあったが、近衛の践祚によって帝位の途は閉ざされた。譲位した崇徳にも重仁親王が誕生して、四宮には皇位継承の可能性はほとんど消滅した。ところが、早くから病弱であった近衛帝が、皇子もないままに十七歳で崩御、思わぬ事態が進展することになる。崇徳院皇子の重仁親王と美福門院が養子にしていた守仁王（後白河男）とが新帝の候補になっていたが、結果は、皇位に縁のなかった四宮雅仁が新帝に選ばれた。この辺の真相は不明であるが、雅仁の「乳母夫」である信西の策謀とする見解が示されている（元木、二〇〇二）。保元の乱後の院近臣信西の強権を思えば納得できる意見ではあるが、この段階でどれだけ策謀の余地を見得るであろうか。崇徳の院政を忌避しようとする美福門院の感情を推測する方が納得しやすいと思うが、いかがであろうか。

ともあれ、帝位の途からは離れていると思われた後白河に、思わぬ事態が現実になった。この時点での後白河がどのような状態であったか、正確には説明し難いが、「目に余る道楽者」「並みはずれた遊興の徒」で、父である鳥羽院にも、「とても即位の御器量ではない」と見放されていたという（『愚管抄』巻四）。これにたいして、安田元久氏は、「宮廷生活の美徳にたいする反骨精神」の所産として、後白河を擁護している（安田、一九八六）。後白河の遊興は、後に完璧な『梁塵秘抄』を残し、生涯に渡って三十四度の熊野御幸を実行した気質などから見ても、単なる遊興の徒でなかったことは確かであるが、どこまで筋の通ったものであったかどうか。

後白河は二十九歳の壮年で帝位を践むことになった。早速に待ち受けていたのが保元の騒乱であった。新帝が語られるような遊興の徒であったら、その強烈な個性のもとに騒乱にかかわるような行動があってもおかしくないと思うが、まったく伝えられるものが無い。騒乱の経緯からその後の施政まで、語られるのは近臣信西にかかわるものばかりである。その後の平治の乱においても、状況は変わらない。後者は、共に近臣であった信頼と信西との確執であり、そのなかで後白河がどのように騒乱に関与したかが、ほとんど語られない。まったくの局外者ではなかったかと思われるほどの、存在感の希薄さである。後白河は在位四年で皇子守仁（二条帝）に譲位した。中継ぎの役目通りである。測ることもできない大物なのか、顧慮の必要もない小物なのか、見当もつかない。

識者によると、測り難い大物というのが正解らしい。二条帝が永万元年（一一六五）に二十三歳の若さで崩御、二歳の六条幼帝を帝位につけて、いよいよ後白河院政が始まる。後白河の本性が次第に見えてくる。上皇はまず平時信女滋子が生んだ皇子（高倉帝）を東宮に立て、女御滋子を通じて、清盛との信頼関係を築いた。両者の接近は政略的な必要もあるが、権勢欲があって旧来の制法にこだわらず自己の意志を通していくといった性格の共通による要素も大きいという（安田、一九八六）。理由はともあれ、対立するはずの権勢が協調することになると、そのしわ寄せはもろに藤原摂関家に及ぶ。清盛女の盛子が嫁していた基実が若くして薨じた時、基実の遺領はその室が伝領するものとして、事実上平氏が横領してしまうといった策謀があった時も、上皇はこれを黙認した。対立すべき二つの権勢が協調しては、朝臣たちは黙して従うしか方途がない。

権勢からの孤立

黙して従うしかない平氏には、圧倒される武力がある。本来ならそれを制御して然るべきであるのが、旧秩序を代表する後白河院の立場である。かつては好意を示すことがあった平氏に対しても、あるべき立場を越えたという批判の気持を内向するようになった兼実には、あるべき立場を忘れた後白河の姿勢に憤懣を抑え難いものがある。防御本能の強い兼実は、目前の権勢を露骨に批判するような不用意なことはしないが、朝政の衰微や混乱を嘆く記述で、後白河院への批判を示し続ける。

近代の朝務、掌を反すが如し。朝に成り暮れに敗るとは、実に此れを謂うなり。

（承安二年十二月二十八日）

正面きっての非難は不能だから、院近臣の隆季などの不忠・不遜の所行を糾弾するといった表現になる（仁安二年正月二十八日）。承安元年（一一七一）十月二十三日、院が側近の公卿たちを連れて、清盛の福原別業に赴いた時、兼実は「記すに及ばず」として記述を省いている。先にも紹介した、宋人が来着しているというので院が下向した時は「天魔の所業」と非難した、それに通じる感情である。宋人云々よりも後白河院が清盛と友誼の関係を結ぶ、兼実の感情はむしろそのことにあった。このことに関連して、高橋昌明氏に次の発言がある（高橋、二〇〇七）。

清盛が福原に退隠して後白河との距離を保とうとするなら、後白河側は幾度でも福原に出向いて、その間を詰める必要があるだろう。内実はどうであれ、院と清盛の密着ぶりを内外に宣伝する機会でもある。なによりも、かの地滞在中の清盛の応接のさまざまを通して、世間に両者が君臣・上下関係にあると再認識させ、清盛自身にも思い知らせる必要がある。

とすると、単に友誼の意図ということでもないのであろうか。

後白河院批判の記述は続く。承安二年五月、伊勢社勅使の駅家延期の処置を「還りて人領の煩費となり、また神事の擁怠となる」と非難したり、承安三年三月、院祗候《しこう》の入道西光の浄妙寺堂供養に院以下の朝臣が向かうのを「弾指すべきの世」と批判したり、同年五月、院中で催した鵯合《ひよどりあわせ》の遊興の華美を「その費《ついえ》勝げて計るべからず」と述べたり、その感情は、徐々に表面の記述にも表れる。

鴻儒《こうじゅ》長光が沈淪するのを「君、臣を知らざるの然らしむる」（安元元年正月八日）と批判する。彼の出家を「君の為、世の為、第一の遺恨なり」（同年十月十日）と記述して、兼実はその憤慨が「公憤」であることを装っているが、長光の沈淪を慨嘆する心情は、実は自らを思う私情でもあった。平氏による新しい秩序への期待は、公家社会の旧秩序のなかでは期待が薄いある現実（兼実執政）へのひそかな願望と裏腹の感情でもあった。ところが旧秩序の代表的存在である後白河院が、表面平氏と親和関係を結ぶ状況になっていくと、兼実は拠り所を失っていく感情を持つようになる。

高倉帝親近の感情

安元の頃から、兼実の日記に詩歌管弦にかかわる記述が、やや目立つようになる。管弦はおおむね高倉帝のもとに参内した時のものである。

> 深更に及び、女房安芸 当世、箏無雙の上手なり を招引して箏を弾ぜしむ。余、時々琵琶を和す。又、主上笛を吹かせ給う。御意気、太《はなは》だ神妙なり。（安元元年閏九月七日）

先述した、成人に劣らず「失錯無く、万人欣盛」であった朝覲行啓以来、いやそれ以前に東宮傅に任じた時以来、兼実の頼むところは高倉帝の存在であった。高倉帝が平氏を母とし、平氏を后とする天皇であることは自明であり、兼実が、平氏にやや柔軟な心情を持っていた理由の一つもここにあった。その高倉帝践祚の御車に、傅兼実ではなくて摂政基房の同車のことがあってから、兼実の基房に対する対立心が鮮明になっていったことも先に述べた。兼実が頼み所としていたのは、異母姉皇嘉門院を除いては高倉帝であった。高倉帝への親近をこのような風雅の道に限定しているのは、高倉帝が朝務を左右し得る立場にないという現実もあるが、後白河院・清盛・基房が目に見えない暗闘に火花を散らしているかに見える情勢のなかで、権勢の行方がどのように推移していくにしても、高倉帝に親近な儀礼作法に堪能な朝臣の立場であることが最も危険に遠いという感覚によるものではないだろうか。兼実の心性にはそのような部分がある。

兼実の和歌活動

この頃、兼実は、私邸では和歌会をしきりに催すようになっていた。清輔を師として和歌の道には励んでいたようだから（治承元年六月二十日）、今突然の現象ではなくて、安元から治承頃の兼実の和歌庇護の活動は、和歌史の上でも評価される結果を見せていた。それが治承三年の歌会を境に途絶してしまう。兼実の和歌については後章にまとめて報告するが、この辺の事情について、筆者はやや世俗的な推測をしている。高倉帝との管弦、私邸での和歌・蹴鞠（安元二年の四月から五月頃に特に見える）、権勢の帰趨揺れ動く状況を察知した兼実が、その渦から意識的に（あるいは本能的に）身を遠ざけた、そういう行為ではなかったかと感じている。芳賀幸四郎氏は「こうした現実にすねて、いよいよ政務には傍観的となり、また韜晦的態度をとり、憂悶のはけ口を和歌と宗教に見出すようになった」と説明していたが（芳賀、一九六二）、そういう自棄的なものであったろうか。兼実が、公事作法においても、ことさらに摂政基房の判断を是とする変化が見えてきていたことは先述した。筆者には、それらはすべて危険を回避する同根の姿勢のように見える。

兼実の宿痾

兼実の人生における顕著な特徴の一つに、その絶えざる宿痾がある。次例のような記述が再々に見える。

行事弁重方来る。余、所労出で来持病なり。仍て、「今日の定め、出仕する能わず。若し減ずるを得ば、当日と雖も定め申すべし。減ずること無くばその旨を告ぐべき」の由、人を以って仰せ了んぬ。

（仁安二年七月二十二日）

嘉応元年（一一六九）六月十七日の後白河院出家の日記の冒頭には、「下官、去る正月より所労に依りて籠居、尚不快と雖も、天下の大事たるに依りて、相扶けて出仕した」と記述している。このように長期に及ばない場合でも、所労によって出仕不能というのは、兼実には通常のことである。生来の病痾を嘆き（承安三年八月十五日）、儀礼に参加できなくて「鬱憤少なからず。遺恨尤も多き」（承安四年八月二日）思いに切歯したのも嘘ではないが、朝堂最若年の公卿の慢性的な病悩は、朝臣としての兼実の評価に消極的な意味を持ったであろうことも確かである。承安三年正月五日の叙位の日、突然に「風痺発動」して出仕できなくなった。夜になって中納言宗家が訪ねて来て障子を隔てて談話したが、「今日の参否を人々は不審に思っている」と宗家は語った。この日については、兼実自身が「神心苦悩、心緒を尽くす能わず」と記しているから、嘘ではなかったのだろうが、「所労の絶えない」兼実には信を置きかねる感情が朝臣たちにはあった。

治承元年（一一七七）四月二十八日、樋口富小路辺に発した火事は、折りからの東南の風で洛中をなめつくす大火となった。火勢は内裏の閑院にも近く、高倉帝は急遽正親町東洞院の邦綱第に行幸された。当日も翌日も、兼実は「疾厚きに依りて」出仕せず、内裏と関白にその旨の書信を送っている。兼実の疾がどの程度のものか知らないが、緊急の事態には万難を排して身命を思わず駆けつけるのが、朝臣の態度というものであろう。同年五月十九日、明日の合議に兼実は所労不参の由を申していたが、殊に院宣があり、「なにを措いても院参あるべし」と基房からも光能からも書面で伝えてきた。基房も「近代の事是非に迷う。只無為を以って事となすべき事か」と忠告してきた。兼実は答えた。

相扶けて早く参るべし。但し、所労の条、矯飾に非ず。今此の仰せに領り、恐れをなすこと少なからず。（治承元年五月十九日）

翌日の出仕の際にも、「脚気堪え難く、行歩堪えず」と弁解のように記しているが、この仗議が前天台座主明雲の処置に関するもので、兼実がことさら関りを忌避したい内容のものであることを考えると、兼実が口実を設けた可能性は強い。

ともあれ、生来の宿痾に悩みながら、あるいは時に宿痾を口実にしながら、朝臣としての態度も恪《かっ》勤《きん》といえない公卿は、どの権勢からも信を置きにくいものがあったであろう。新田英治氏の「平氏とむすんで執政となる道をとらず、政治の中心から一歩退いてつねに批判者的立場にあった」（新田、一九七二）との意見は、残念ながら好意にすぎる評のように筆者には感じられる。文治二年（一一八六）に摂政に任じるまで、十八歳から三十八歳まで二十年におよぶ右大臣在任も理由のあることであったと思う。安元三年は八月四日に改元して治承元年となった。いよいよ源平争乱の時代、儀礼も作法も価値を失う時代を迎えて、儀礼政治家兼実はどのように自らの人生を支えていくのであろうか。

第三章　動乱の時代

1　武門と宗門

治承改元

安元三年（一一七七）は、八月四日に年号が治承と改まった。その詔書にいうように、この年四月二十八日の深夜亥刻（午後九時）に起こり、京中の家屋を多く焼亡させた大火が、改元の理由であった。火は大内裏の諸殿舎にも及んでこれをほとんど消失させるなど、まことに未曾有の大火であった。

凡そ、東は富小路、南は六条、西は朱雀以西、北は大内、併せ以って焼亡す。古来、此の如きのこと有らず、云々。（中略）五条以南の火烟、八省諸司に及ぶの条、未曾有、未曾有。凡そ余焔の体たるや、直なることに非ざるか。火災盗賊、大衆兵乱、上下騒動、緇素《しそ》奔走、誠に是れ乱世の至り

なり。（治承元年四月二十八日）

大内裏の南の左京が二条から六条のほぼ全域にわたって猛火に包まれ、火炎のなかでの略奪・強盗、僧兵の跋扈で混乱を極めたという。緇素奔走とは、俗も非俗も問わず混乱に逃げ迷ったとの意である。洛南九条の邸宅を居家としていた兼実は、幸いにこの火災の難はとりあえず免れることができたけれど、この大火が前哨であるかのように、治承は保元・平治にまさる動乱を象徴する年号になった。

その二月十日、兼実邸を訪ねた泰親は、熒惑《けいわく》が逆に大微に入るという天変を感知して、「平治のような天下の大事が生じるのではなかろうか」と兼実に告げている。その天変とは、後から見れば、六月一日に発覚した鹿ヶ谷の事件を指していることがほぼ確かである。陰陽の道に通じる陰陽師は、このような天変から異変を察知する能力を持つと信じられており、この時の泰親の予言はそれを地でいったことになる。兼実の日記における惑星記事について総合的な報告をした湯浅吉美氏は、この前後の表徴に「恐れや不吉視が独り兼実のみのものではない」とか「このたびのことはあまりに顕著であった」などのコメントをしている（湯浅、二〇〇四）。しかし誰もが漠と感じる切迫した雰囲気の指摘は予言ではない。「このたびのこと」が鹿ヶ谷事件を指すのであれば、それをこの時点でなんらか具体的な形で示さなければ予言とは言えないと思う。

南都北嶺の騒擾

この頃、後白河と清盛が協調して確立されたと思われた権威の様相が、実のところは綻《ほころ》びを見せ始めているという状況があった。権力を志向する流れは、それが好ましいと思う形を現実にした途端に、更なる欲望に向かっていくものである。満月は、それ自体が新月への一歩であると言ってよい。この新月への動きに、さらにいささか複雑な様相を呈させたのが、この頃に顕著になった寺社勢力である。寺社が武力的勢力でもある性格は前代でもあったが、それがより強力な武力集団になったことについては、保元・平治の乱で実質的な中心であった武門（源氏・平氏）の動きを見たことが、契機になったのではあるまいか。寺社による強訴は、嘉応元年（一一六九）暮れに、延暦寺が尾張守藤原家教の目代政友と知行国守藤原成親の配流を求めてきた事件などを発端とするであろうか（『兵範記』十二月十七日）。神輿を奉じた僧兵・神人たちは、訴える対象である院御所を避けて、警備の手薄な閑院内裏を襲撃し、神輿を放置して引き上げた。対処に苦慮した後白河は、院近臣である成親の備中への配流を余儀なくされた。事件の処置はその後も二転三転するが、上皇の意向までも左右する新たな武力集団がここに生まれた。

治承の動乱は、上皇・平氏にならぶ武力集団として台頭した寺社勢力との再度の対立から始まった。治承元年四月十三日の早朝、兼実は次のような報に接した。

去る夜半より、台山衆徒、洛に参り祇陀林寺に集会、即ち陣口に参らんとするの間、官兵のために射散らされて東西に分散し、神輿等を路次に捨て置くと云々。件の神輿には矢を射立つと云々。古来、衆徒騒動ありと雖も、未だその矢神輿に中《あた》るの例無し。尤も懼《おそ》るべし懼るべし。

祇陀林寺は中御門南京極東、現在で言えば京都御所外の東南に所在した寺であるが、そこに集結した僧徒などが閑院皇居に向かおうとして、守護の武士たちとの間に衝突が起きた。僧兵の強訴は近来は常のことだが、「奉じた神輿に矢を射立てるとは神慮を恐れぬ暴挙である」と、兼実は記述している。翌十四日にも山僧の再度下向の風聞があり、主上は急遽法住寺殿に行幸された。このような騒動で皇居が遷《うつ》るなどとは、兼実には信じ難いことであった。急遽の事態で関白基房も遅参、主上は腰輿に御され、殿上の雑具などは人夫がこれを負うなど、周章のさまは内裏炎上のようであった。仏法王法滅亡の期に至ったかと兼実には思われた。まことに「夢か夢に非ざるか、言いても余りあり、歎きても益なし、左右する能わず」という心境であった。

事の起こりは、加賀国守師高が白山の末寺を焼亡させたところにある。白山の僧侶たちの訴えにより、目代師恒が備後国に配流となって一旦は決着したかに見えたが、僧徒たちはなお納得せず、国司師高の配流を要求して、叡山の大衆たちが下山する気配を見せていた（三月二十一日）。その道に官兵が向かって入洛を防ぐべきところを、武士たちは御在所近辺に参集しただけで、皇居が混乱に巻き込まれる状況になった。結局、内々に師高の配流と神輿を射た者の禁獄を座主に伝え、再度の下山はくい止め得た。その御教書は四月十四日に座主のもとに達したが、御教書の内容は「文章狼藉、理致不明」であると兼実は批判している。兼実が最も批判するのは「神輿破損の先例が度々に及ぶ」ところで、そのようなことはかつてなかったことであると痛罵している。兼実は自邸に閉じ籠って局外中立の立場を守っているが、内心は天台の方に心を寄せている。

四月十二日の大衆下山の騒擾《そうじょう》を直接の罪科として、天台座主明雲僧正の解却・職掌停止の宣旨が下った（五月五日）。新座主には七宮覚快法親王が任命され、前座主明雲の罪名の勘申を命じるとともに、知行所を没収した。兼実は「凡そ此の間の沙汰、夢か夢に非ざるか、惣て言語筆端の及ぶ所に非ず」（五月十一日）と慨嘆し、感情を隠していない。五月二十日、明雲の罪名についての陣定があり、兼実にも参仕が強く要請された。「所労、参任に耐えず」として一旦は断ったが、「主上の譴責《けんせき》もあるのでなんとかして参内するように」と関白基房から書信を貰って、「所労の条、矯飾に非ず」とか「脚気堪え難く、行歩叶わず」などと愚痴をこぼしながら、不承々々に参内したことは先に紹介した。病疾に悩んでいたというのも嘘ではないと思うが、兼実には、天台座主の罪名を決定する場に出るようなことは極力避けたいという心情が強かった。

伊豆に配流と決まった明雲を大衆は勢多辺で奪い返し、再び山上に戻った。兼実は、「凡そ言語の及ぶ所に非ず、偏に天魔の為す所か、一宗滅亡の時すでに至る、哀れみても余りあり」（五月二十三日）と嘆いているが、大衆の暴挙を非難するというより、この事件のために天台の宗門滅亡を危惧する感情である。後白河院を中心とした勢力は、天台の末寺荘園を停廃し、近国の武士を糾合して叡山僧徒の駆逐を意図した。東西坂下より山上に責め上る計画で清盛は院御所に召されたのだが（五月二十八日）、事は予想外の展開を見せる。鹿ヶ谷事件と呼ばれる事柄の成り行きである。平氏にとっても望外の顚末で、平氏と叡山という武力集団の連携と、上皇を中心とする朝廷権威の危機的な凋落という、思わぬ結末になった。事態の急変のなか、兼実は「去夜より所悩倍増、為す術を知らず」（六月三日）という状態であった。こういう危急の時に「所悩倍増」となるのが彼の常である。兼実の評伝を記述する立場として筆者はこのようなことを言いたくはないのだが、折々たしかにこのような「偶然」がある。

北嶺の騒擾に同じく、南都にも大衆蜂起の事変があった。七月十七日、奈良の大衆が範玄律師の房を襲った。範玄は「法皇第一の近臣」であったというから、鹿ヶ谷事件以後の院勢力の凋落に合わせて、院の権勢を笠に着て振舞っていた範玄への反発が表面化したのであろう。南都の衆徒は、四十の罪条をあげて範玄の配流を訴えてきた（七月二十七日）。治承と改元された八月四日の当日、兼実は、女院御所で奈良僧都良円（兼実男）に会い、会談した。正月頃から不穏の空気があったが、七月十六日の範玄の房への襲撃とともに、今度は範玄方の大衆が別当僧正信円（兼実異母弟）・僧都良円の房を襲うという風聞もあり、「寺中さながら戦場のごとくで、かろうじて逃げ上ってきた」と言う。結局、範玄律師の解却・寺務停止となり、僧都良円は元に復帰して一応の決着をみた。

これらの宗門の騒擾にあたって、朝権に対立しても支持を表明することはないけれど、兼実は常に心を寄せる態度を持っている。彼には処世にあたって神仏の冥助を期する心がもともと強くあったという世俗的な理由だけでなく、浄土での救済を願う仏心も平均の貴族以上には持っていた。前大僧正覚忠（兼実異母兄）の入滅近い時期、その病悩に心を痛めていた頃に、それも契機になったのであろうが、毎年七日間の念仏を一生退転なく行うことを、決心した。

今日より十五日に至り、念仏すべし。是れ、一期を限りて修する所の行業なり。去年、此の願いを立て了んぬ。病身の身弱く、頗る堪え難きと雖も、仏法のために身命を惜しまざるの謂なり。余、敢えて長命を欲せず、唯志す所は西方に往くに在り。

（九月八日）

九月八日から十五日までの七日間、毎年の念仏を恒例にするという。ただ西方浄土を願っての行業であるという。どれほどの宗教心なのか、今は判然と評せないが、一応、記憶にとどめておくことにしておきたい。

鹿ヶ谷事件

先にも述べたが、権勢というものは、独自に拡大していこうとする性格を基本的に持っている。それが具体的な衝突として生じたのが鹿ヶ谷事件であるが、これには複雑な内情が絡み合っている。問題の発端は、先に述べた延暦寺の強訴から始まっている。延暦寺の末寺にあたる加賀国白山宮の鵜川湧泉寺を、国守の藤原師高の弟の目代師経が焼き払うという事件が、日頃から鬱積していた国衙《こくが》と荘園の対立もあって紛糾し、ついには京に波及、本寺たる延暦寺の衆徒が師高・師経の処罰を要求して、日吉神社の神輿を擁して強訴に及ぶという事件になった。師高・師経は後白河近臣の西光の息たちである。西光は信西の乳母子で、平治の乱で信西が没した時には最後まで従い、最後の御恩で法名西光を得た人物である。後白河は、院近臣への糾弾を自身への敵対として、僧徒集団の鎮圧を計り、平氏の軍勢に迎撃させたが、衝突のさなかに武士の射かけた矢が神輿に当たって、朝廷側は不慮の神罰に畏怖するという事態にまでなった（治承元年四月十三日）。

そのために後白河は師高を尾張国に配流という屈服を余儀なくされたが、紛糾の責任者として座主明雲を拘束して伊豆への流罪を命じた。その明雲が、瀬田付近で叡山の大衆に奪取されて、後白河は延暦寺総攻撃を命じた。その主要部隊として平氏の軍勢が徴発され、清盛も福原から入京した（五月二十七日）。新たな局面を迎えると見えたその瞬間に、事態は思いがけない方向に一挙に動いた。鹿ヶ谷事件である。

兼実の日記によれば、五月二十八日に清盛入道が参院して上皇と対面のことがあり、台山の衆徒を攻める話があったが、清盛は「不悦」の様子であった。話が進まないだけでなく、清盛は妙に不機嫌な様子でもあった。その理由はすぐに明らかになる。翌日早暁、清盛は西光法師を捕えて八条殿に禁錮、ついで権大納言成親も捕縛された。共に院近臣である。後白河院を中心にして平氏打倒を画策する動きがあることが、すでに清盛の耳に入っていた。上皇と清盛との会談が和やかに進行するはずがない。清盛の「不悦」はむしろ怒りを押し殺した態度といってもよかった。清盛はこの謀議に上皇自身が加わっていることも知っていた（治承元年六月二日）。

武士洛中に充満し、禁裏に雲集す。但し、院中寂寞と云々。縡《さい》、常篇を絶し、記録に遑《いとま》なし。猶院の近臣等、悉く搦め取るべしと云々。（治承元年六月一日）

縡とは、事とか気息といった意らしい。洛中が武士たちで騒乱するさまが常軌を逸していたということだろう。雲集した武士たちは、延暦寺に向けて東西の坂を駆け上る軍勢ではなく、後白河院御所周辺を包囲して、院に結びつく勢力を掃討する部隊になった。混乱のなかで西光法師が禁獄され、その日の夜半には斬首、その自白に従って多数捕縛の報が伝わった。西光はこの年初来の台山との紛糾の因となっていた加賀守師高の父で、第一の院近臣であった。上皇周辺で反平氏の活動の中心になっていた成親も備前に配流となり、ただちに武士三人を付けて追放された。配流の途次で処断との情報もあった。平氏勢力に対抗する拠点と見えた後白河院の片時の間の凋落は、兼実に伝統的権威の虚像をあらためて見せつけた。叡山の大衆は垂松《さがりまつ》辺に下山、清盛に使者を送って感謝の念を伝えるとともに、「共同の敵を伐つ」一方の支えとならんことも申し入れたという。

以上は、鹿ヶ谷事件についての普通の解説であるが、前後の資料などを見るにつけ、真相は謎に包まれているという思いが、筆者には強くなる。結果から見れば、協調路線を続けてきたと見えた上皇と清盛が、結局は決着を付けるべき対立者であった本質を露呈したことと、それを清盛が強行したという事実だけが疑いない真実として残る。後白河の方も、台頭してきた寺社勢力を武門平氏と衝突させることで、二つの勢力の脆弱化、あるいは消滅を、ひそかに願望していたふしがある。後白河あるいはその近臣集団の願望がどこにあるかと考えると、協調するかに見えた勢力と、新たに台頭してきた第三勢力とを対抗させながら、自分だけが漁夫の利を得るといった画策があった可能性は十分にある。鹿ヶ谷事件そのものが、後白河の意向に反逆を示した事件とも説明できる。元木氏は「延暦寺との合戦に紛れ、延暦寺側の攻撃を装って清盛に危害を加えようとした」と推測している（元木、二〇二二)。石母田正氏は「平氏は鹿ヶ谷の事件の発覚を利用して、従来院政のためにできなかった叡山との提携をつくりあげようと努力し、それに成功した」と説明したが(石母田、一九六四)、「叡山との提携」のためにこの事件があったとは考えにくい。結果としての所産ということではないだろうか。いずれにせよ、真実は深い闇のなかである。

『平家物語』が語る鹿ヶ谷事件を単純に信じていた四十年ほど前に、鹿ヶ谷から俊寛山荘跡と伝える稜線の山道を経て、三井寺に至る山越え道を辿った経験がある。俊寛は後白河の近習僧で、その鹿ヶ谷に所在の山荘で、ひそかに平氏討滅の密議が凝らされたと語られている。本書を記述することになって、ふと思い立って昔の道を辿ってみる気になったが、今ではかなりのレベルまで急傾斜の坂道の両側に住宅が建て込んで、老爺には、山道入り口の石碑までで、後が続かなかった。しかし、細い山越え道の傍らは、木こりの山小屋ならともかく、高位の僧侶の山荘などはとても想像できない。しかも、後白河院も折々ひそかに御幸されて謀議に加わったとは、あまりに非現実というのが、筆者の感覚である。とは思いながらも、ひそかな感慨とも無縁ではない。歴史への郷愁とはそんなものであろう。

俊寛僧都山荘跡石碑

政治家としての兼実は、藤原摂関流の公卿として、望ましい性向と資質を有していたと言ってよいであろう。彼は五歳年長の異母兄基房にも親和して、堪能な儀礼政治家たらんと心掛けていた。正月八日の御斎会の夜、参内した兼実は、同席した関白基房に公事に関する二十項目以上の質問をして、返答を一々日記に書き留めている。三月七日、大外記頼業が息男良業の（任外記の）拝賀に兼実第に来た時、兼実は頼業を簾前に召して雑事を尋ね、彼の学識に感嘆した。

和漢の才を咄し、天下の動静を談ず。その才、神と謂うべし、貴ぶべし、と云々。

故実家の本性

兼実の儀礼政治家としての資質は先天的なものであった。故実に通じた才能であれば、身分の高下を問わず高い評価で遇する気持を持っていた。だから、たとえば大納言実定が、還任の後に公事に不審のことが多く、「折々ご教示を得たい」と願ってきたことなどは、兼実には最も自尊心を満足させる事柄であった。実定に「自分も本意のことだ」と答えながら、また内心では、「家の説は、更に口外能わざること」なので、「之れをなすに如何」と困惑してもいる（三月二十八日）。故実家の本性というべきか。

その故実家の本性によっても、同じ摂関家の異母兄基房が、兼実にとって身近に安心な指標であった。六月二十一日、高倉帝から御八講のことについて条々の下問があった時、兼実は、一々の問いに

「件の趣を以って関白に申すに、関白、然るべきの由を称さる」「関白の御定に随うべし」「関白に申すべし」「関白の仰せあり。此の旨を以て内に申す」「尚作るべくば、相違を注し出して、殿下に申すべきことか」などと記している。十二月二十六日には、今年六歳になる関白息童（師家）の着袴があり、兼実は灸治を扶けて参っている。同じ摂関家流の公卿として、親愛・協調の姿勢を保っていると評し得るであろう。

しかし、先述もしたように、親愛・協調の姿勢は保ちながら、摂関を争う立場としての意識も底にはあった。四月三日、基房が書を送ってきて、橘氏是定を譲りたい旨を伝えてきた。橘氏是定とは橘氏のうちに任官・叙位を推挙する公卿を欠く時、藤原摂関家の当主が代わってつとめるというものである。基房は「上臈大臣の定める行事として、故六条摂政の譲りによって多年自分が沙汰してきたが、この際、兼実に譲りたい」というのである。申し入れを受けた兼実は、「畏り承り了んぬ。御定めに随うべし」とは答えながら、内心は、

此の事、摂籙《せつろく》の最前に譲らるべきなり。而るに、数年の間、その事の沙汰なく、今に至りて、忽然として此の議が在り来る、頗る奇となす。然れども、遁避すべきことに非ず。仍て、命に随うべきの状を答うのみなり。

であった。本来なら基房が関白に任じた際に果たされるべきことで、今頃になって……という鬱勃《うつぼつ》た

る思いなしとしない。機を見るの姿勢は、それを狙い得る立場にある者として批判されるべきものではないと一応は評価しておこう。関白基房にもいささかの思惑はある。兼実嫡男良通の任中将にあたって、次のようなことがあった。

良通中将の事、先日、内、院に申さる。院、御報に云く、尤も然るべき事なり、但し関白に仰せ合わされて、沙汰あるべし、と云々。御気色宜しきに似ると雖も、頗る分明ならず。今度、叡情より起こる事、都て行うべからざるの由を思し食す。仍て沙汰なし。尤も遺恨に思し食すの由、天気有り、と云々。子細を承るの処、弥《いよい》よ愁緒を増す。（十一月十八日）

このことは、高倉帝から上皇に伝えられたが、後白河院は「尤も」とは言いながら、「関白にも相談有って然るべき」と答えてどこか釈然としない。この紆余曲折の背景に、後白河院・関白基房の思惑がいささか絡んでいるらしいことは先に述べた。

超越、すでに三度

異母兄基房に関係すること以外での朝堂に列する公卿としての憤懣は、右大臣に在任して十年余り、停滞が続く官途にある。正月二十三日、召しによって参院した兼実に、後白河院は、内大臣師長（頼長男、兼実の叔父）の太政大臣任官を告げた。太政大臣に任ずる者は「朝庭に仕えず、期する所無きが如し」だから、形の上では超越されたといっても、「汝、この事を愁うべからず」と言われる。兼実は、恐縮して「左右、只御定めに在るべし」と答えるが、釈然としない思いは、消し去ることができない。

左府及び余、下臈《げろう》に超越される事、すでに三箇度、希代の事か。（三月五日）

と記述せざるを得ない。左府は師実男の経宗、特に何の恩讐もないが、老臣を引き合いに出して多少は公憤の意味を持たせた。太政大臣師長については、座主明雲の罪名を議す仗議でも「太相国上卿の間、毎事未練、存知せざるに似たり」（五月二十日）と酷評したりすることがある。太政大臣とは「朝庭に仕えず、期する所無し」の官ではなかったか、底流する感情は否定し難い。空席となった内大臣には重盛が昇ったが、これについても、「兼宣旨無くして大臣に任ぜらるる事、未だ聞かず。末代の政、只犬馬の戯の如し」と、批判を隠さない。故実無視と平氏への反発と、両方が重なった感情である。

客観的に見て、兼実の官途の停滞は、ある程度やむをえないところがある。一つには、忠通男の基実・基房・兼実兄弟の昇進がもともと早過ぎた。兼実が右大臣に任じた仁安元年（一一六六）、彼は十八歳の青年だった。この治承元年においても二十九歳で、参議以上では最も若年でありながら、序列四位の地位にある。今でも破格の地位にあると言ってよい状態であるが、それとは別に兼実における個人的事情がある。それは、前章でも述べたことだが、彼の生来の病疾である。実際に彼は、これほどの病身を不思議に思わざるを得ないほど、慢性的に疾患に悩まされている。「浴の後風気発動、仍て不参」（二月四日）、「此の両三日、風病不快、仍て不参」（二月二十七日）などは常のことで、治承元年は全体としてはまだ病悩を訴えない方であるが、次のようなことが往々にしてあった。
三月八日、内裏より頭中将光能を使いとして、神宮上卿ならびに祈年穀奉幣奉行の仰せが伝えられた。左大臣経宗が腫物によって奉仕できなくなったためである。兼実も、所労によって不能の由を奏していたのであるが、再度の仰せに、次のように答えた。

殊に仰せ下さる旨、左右を申す能わず。但し、当時病席に沈み、東西を弁ぜざるが如し。何んぞ況や公事を奉行するにおいておや。今暫く、叶うべからず。是れ偏えに遁避の儀に非ず。所悩平減の後に於ては、早く沙汰を致すべし。只今の如くは、病に臥し乍ら、公事を受け取り難し。相計いて然るべき様に、沙汰を申さるべし。

「再度の仰せでお答え申しようもないが、病のために意識も不明の状態である。病悩が少しでも快復に向かえば、早速に参上して職務を果たすつもりである」と言う。右のように奏上して、兼実は、割注で自分の状態を記している。「この五六日は風病の具合が更に良くない。薬湯を企てるが症状はさらに悪化して、現在では起きることも歩行することもできない。それでこのように申した」。兼実が自分で言うのだから嘘はないだろうと思うけれど、こうした状況が頻繁なので、他人には懐疑をもって受け取られた面があったようだ。この神宮上卿の件についても、六日後の十四日、再び光能が来訪して、「今度も強いて辞退を申されていることについて、主上は遺憾に思われている」との叡慮を伝え、光能自身も「帝のご機嫌はすこぶる悪いから、なんとか勤めておいた方がよいのではないか」と忠告している。兼実は「綸旨重畳にして奉行を辞退できないが、出仕そのものができないのだ」と陳弁し、「光能はどのように奏上しているのか」という感情まで持っている。この件は、院の福原からの還御の後、実定が替わって勤めることになって一応落着した。この時、光能や定能などは、帝の気色が「御不快」ではなかったことを、念を入れて兼実に伝えている。ということは逆に、兼実の病疾に関して、いささかならず不審がられる状態があったということでもある。

四月二十八日夜の大火の際も、「病が厚くて出仕できないので、深く恐懼している」旨を内裏および関白に申して、籠居につとめている。書簡を受けた公卿は、関白をはじめとして「存命が第一のことだから」と表面的な返事を寄越している。おそらくは真摯な見舞いとはかけ離れた感情の返信であったろう。五月一日も勧学院焼亡のことで関白と書信をやりとりして、「このような時に所労で参入できない。恐懼この上ない」と述べ、翌日は「病はいまだ快復とはいえないが、やっとのことで念誦をした。天下の不静を謹慎するためである」と記述している。兼実の病疾は、かなりに身勝手な現実逃避の手段であった可能性がある。事実がたとえそうでなかったとしても、現実に求められる職責が果たせない朝臣に不信の感情を持たれても仕方がないところがあったであろう。

治承元年五月二十日に前座主明雲の罪名に関する仗議があった。兼実は、脚気無術のために不参と伝えていたが、頭中将光能はそのために勘責を受けており、「なんとか参加された方がよい」と関白基房からも忠告を受けた。兼実は、「所労のことは矯飾《きょうしょく》でない」とか「脚気堪え難くて行歩が叶わない。今この仰せを受けて大変恐縮している」と答える。しかし日記には、「此の事の次第、未だその意を得ず」と内心の不満を記している。その不満のためであろう、この仗議について、これは「素より仗議に及ぶべからざるか。政道の体、後鑒《こうかん》恥有り。憐れむべきの世なり」（五月二十二日）と感情をぶちまけている。兼実の不出仕の内実は、仗議の内容である前座主の罪名を勘ずることがまず不本意で、それに自分が関わることが次に不本意であったようだ。語るに落ちたと言うべきか。

兼実の脚病もまったくの虚偽ではないらしい。日記に伝えるところを見れば、五月末日から六月上旬にかけて、しきりに病疾に悩んでいる。六月四日には、医師を呼んで、重疾を薬湯によって治療するか、灸治によるか相談したりしている。折りしも鹿ヶ谷の謀議の発覚によって、天下騒動の状態にあった。皮肉に言うと、兼実は、こういう時によく病気になる。そして、例えば前大僧正覚忠の疾を聞いては、「所労を相扶けて」見舞いに行ったり（九月七日）、嫡男良通の任中将拝賀の際も、日来から寸白《すはく》を煩っていたが「相扶けて」出立の女院御所に出向いたりしている（十二月二日）。兼実の病患にはかなり恣意的な部分があることは、否定できないと思う。

2　平氏権勢と藤原摂関家

治承元年の六月一日に法皇近臣の西光法師が捕縛され、鹿ヶ谷の謀議が発覚して院近習の多くが処罰を受けてから、後白河院の威信は凋落してしまった。残る権威は旧来の藤原摂関家のそれであるが、これも入道清盛が武力で強圧する隠然たる平氏権勢の前に、現実の影は薄くしつつあった。しかし兼実にとっては、平氏の圧力はひしひしと感じるものの、摂関の権威の排除を姿勢とする白河院以来の院政の凋落は、どちらかといえば歓迎されるものであった。治承二年の兼実は、例年ほどに病疾を訴えることなく朝政に参加しているように思われる。

九条家の始発

朝臣としての兼実の基本姿勢は、藤原摂関家の嫡流である異母兄基房に協力して摂関家の権威を守りつつ、嫡男良通も朝臣として成長してきた我が家九条家の立場の保全と安泰であった。関白基房に対しては、基房室の着帯には請いに応じて早速に帯を献じたり（三月二十日）、基房嫡男の師家の元服に基房の要請を快諾して加冠の役に奉仕したり（四月二十六日）、七歳の新中将師家が拝賀で女院（聖子）の許に来ると、贈り物に琵琶を進めたり（六月十九日）、基房が咳気に苦しんでいると聞くと早速に書状を送って見舞ったり（八月二十日）、ことさらに親愛に意を用いている。基房の方も正月五日の叙位で良通が従四位上に叙せられると、早速に祝賀の書状を送って来たり、春日祭使に定まると、基房・師家親子して童装束を送ってきたりなどの細心の配慮を見せている（十月二十八日）。祭りの当日

にも、

> 関白、書を送られて云く、昨日、天晴れにして風静か、神感炳《あきらか》なり。何ぞ況んや、供奉の上下皆以って美麗、毎事珍重の由、感じ奉ること少なからず、云々。
> （治承二年十一月一日）

と過分の褒賞をしたりして、兼実との関係を顧慮する態度を見せている。平氏権勢の圧力に抗して、共に支え合おうとする時、藤原摂関家を継承する公卿たる兄弟の間には、自然にこのような感情と姿勢が生まれていた。

兼実は今や実質ナンバー2の公卿である。儀礼の故実において、折々基房の教示を尊重する態度は変わらないが、中心の公卿としての意識と自覚はより強く感じるものになっていた。彼があまり病疾を口にしなくなった理由も、執政の臣に近付いた意識による要素があるだろう。正月二十六日の春除目で執筆に奉仕、後日、主上から次のような仰せがあった。

> 関白参られず、事に於いて便宜無し。而るに多く驚奏の事有れども、儀式を失わず、また執筆に停滞無きの間、早速に事終わる。かたがた以って神妙に思し召す。余は敬屈し畏まりこれを申す。
> （治承二年二月二十九日）

関白基房が不在の公事に急遽奉仕して、進退遅滞なく儀礼を遂行して早速に終わったことを「万事神妙」との恩言を賜わった。「思し召す」とは、仲介の女房が主上の感情を自分の立場で表現したものである。基房が何故除目に支障があったのか、そこら辺の事情は分からない。

親近の異母兄基房は、状況によれば覇を争う対立者にもなり得る。権勢への途はそれがむしろ自然であると言ってもよい。基房家に祗候する資泰が、春日祭使（良通）への対捍《たいかん》が理由で女院（皇嘉門院）の籍を除かれた時、兼実は弁護したが結局実行された。基房は表面穏やかに納得したが、内実は「鬱憤」の感情があり、翌々日に兼実が基房第を訪問した時は病気を理由に対面を断られた（十一月七日）。良通が三位に叙せられた時は、基房も承知しているはずなのに、故意に知らぬ態度を取った（十二月二十四日）。十一月十二日に誕生したばかりの皇子（安徳天皇）が早くも東宮となって、母中宮とともに入内することになった時、基房室が乳母となって御車に候すという風聞があった。このことは結局、現実にならなかったが、兼実は遠慮のない批判を加えている。

凡そ古来、執政の室乳母となるの例を未だ聞かず。而るに身を棄て権勢に諛するの間自然にその事停止す。是れ氏の大明神の冥鑒《めいかん》か。末代と雖も、家を堕し名を棄てる事は、能く用心有るべき事か。今日、関白借し給へる帯を返上し了んぬ。（治承二年十二月三十日）

「帝の外戚たる身が、摂政・関白となって政務を補佐するのは当然であるが、その室が乳母になるなどとは聞いたこともない」という兼実の言は正論なのではあろう。結局沙汰止みになったのを春日大明神の冥鑒と解するのは如何かと思うが、それはそれで兼実の信仰心の問題なので、ここでは立ち入らないでおく。例文の末尾が、関白基房が貸してくれた帯を「返却」したことで終えているのは、なかなか興味深い。平氏の権勢に密着する姿勢を明瞭にした基房への、ある意味訣別の意思表示が示された表現かと感じる。

吉事は近日を先とする

後に木曾義仲の強権が実現すると、ただちにこれに連携してはかない権勢に酔った基房の心性を考えると、現在の平氏政権への接近姿勢がどれほどのものかと思うけれど、それを批判する兼実の態度にもそれほど純粋に藤原摂関家の誇りと自律の精神があったか、これにもいささかならず疑問の要素がある。例えば、平氏政権の基盤の要素になる皇子誕生の折りには、兼実も「人々の気色太《はなは》だ以って歓娯、尤も然るべし。誠に是れ天の授く所、社稷《しゃしょく》の霊なり」（十一月十二日）と、手放しで祝意を表していた。新皇子立坊の議が、福原より入洛した清盛の指令によって時忠から急遽奏上された時も、関白とともにむしろ賛意を表していた。

　愚案するに、四歳の立坊然るべからず。但し、吉事は近日を先となす。中に就いて、末代の政は毎事急速なり。この事に至りては、強いて四歳を待つべからざるか。月の吉凶は強いての沙汰なり。只歳の内に行わるるの条、乱世の政に叶うべきものか。

（十一月二十九日）

四歳で立坊が旧来の先例であるが、平氏が望みを託す新生幼児の立坊を、先例万能主義のこの公卿が、「吉事は近日を先とする」との論理を持ち出して認めようとしている。先に筆者は平氏の権勢にすり寄るか摂関の誇りを僅かに支えるかというところに、基房と兼実との違いを認めようとしたのに、これでは本質的な姿勢は少しも変わらないではないか。「乱世の政に叶う」は、誕生したばかりの幼児が春宮になるという珍事も、この希望を失った乱世には似合いのことではないかという兼実の呟きであるが、こんな独り言をひっそりと呟いても何の意味もない。翌三十日には、関白基房と前太政大臣忠雅が参院、中宮大夫時忠・職事光雅などとともに立太子の内議があった。かつて道長女彰子に一条帝皇子が誕生した時のように、朝野の貴顕は、新皇子立坊を絶好の機会として入道清盛の意を迎えるに汲々としているように見える。兼実もその朝野の貴顕の例外ではない。前相国忠雅の行動を不審とする兼実の記述にも、その心を悟られるものがある。

間もなく、兼実に、その心を動揺させるニュースが伝わる。兼実を「新皇子の傅《ふ》」に任じるとの噂がもっぱらで、しかもこれは清盛の指示によるものでもあるという。またある説では左大臣経宗が任じるとの噂もある。兼実は「余、所望の事を出す能わずと雖も、不審に依りて」と断りながら、頭中将定能を呼んで真偽を糺《ただ》した。事実は、内大臣重盛が任ずべしと定められたのであるが、自らは辞退して左大臣経宗の任官を推薦したということであった。重盛の意見なら他人が左右できることでないし、だいたい「自分の懇望することではない」と兼実は日記に記述している。十二月八日は若宮の親王宣旨の日であった。人々に参入の催しが伝えられるが、兼実のもとには何の音沙汰もない。催しもないのに「強いて入るべからず。仍って参入」しなかった。翌九日は親王侍始の日である。人々には別して催しがあるというが、兼実には特に召しはなかった。問い合わせると、「立太子定めに出席するもののみに院から催しがあるのだ」と、左衛門督時忠は言っているという。兼実は「後日不参の過を遁れんために、尋ねただけのことだから」と言って参入を見送る。兼実には疎外の思いがひしひしと身に浸みてきている。基房室が新皇子の乳母になるという話に口をきわめて慨嘆したのは、そうした感情の裏返しである。

十二月十五日、立太子冊命の日。関白基房は自ら望んで儀礼に奔走しているらしい。前太政大臣忠雅も、万事に口を入れて奉仕にこれ勤めているらしい。「東宮の事、殊に前官の人々を忌まる」はずなのにどういうことか。「人以って奇となす」と記すが、奇となしているのは兼実自身である。

余、此の両三日脚気倍増、出仕に堪えずと雖も、殊にその催し有るの上、今度坊官の運に当るの由、世人之れを称す。而るに忽ちに以って他人を補せらるべし、と云々。今日出仕せずば、此の意趣有るに似たり。事の体穏便ならず、還って以ってその憚り有るの故に、破りて以て出仕する所なり。末代の法、孤露の身、事に於いて面目を損ず。但し、坊官は全く懇望に非ざる者なり。是れ以て出仕するのみ。

東宮傅の官を「懇望するに非ず」と何度も繰り返しているのが、かえって怪しい。重盛の譲りを受けて東宮傅となった経宗に対しては、「面縛の人、傅に任ず。未曾有の事なり」と、口を極めて非難している。そして、傅になどという風聞があったその本人が仗議に参内しなかったら、「なにか宿意があってのことかと誤解されるから」それを懸念して参るのだと言う。この持って回った釈明に、彼の本心の在るところが悟られると思うが如何であろうか。立坊の場所は、初めは上皇の三条烏丸殿の予定であったが、清盛の指示で急遽六波羅邸に変更になった。後白河法皇もその六波羅第に渡御されるという。鹿ヶ谷の事件で内面の決裂はほぼ明らかになっているのに、なお表面の対面は保っていたいらしい。

十二月二十四日の京官除目では、頼政も三位に叙していた。自家の歌会にもよく参加して親交のあった頼政の慶事なのに、兼実は、今度の除目の「第一の珍事」と評している。この除目では兼実嫡男の良通が十二歳で三位に叙した。これを「希有中の希有」として感悦の感情を示しながら、頼政の老齢の面目には必ずしも好意を寄せていない。これが入道清盛の一言で実現した経緯を、「時人耳目を驚かさざる者無し」と書きとどめている。基房といい、忠雅といい、頼政といい、権力側から何らかの好意を示される存在に対しては、兼実は動かざるを得ない感情を覚える。その根にあるものは疎外の意識である。兼実の心内は流れに取り残される不安に居ても立ってもいられない、別の言い方をすれば、強権に疎外される不安に恐々としていた。多賀宗隼氏は、摂籙家である兼実の「矜恃による静観」の態度を指摘している（多賀、一九七四）。好意的な評言であるが、真実をついた見方かどうかは、読者の判断に委ねたい。

九条家の意識

兼実の心性のなかに、自らを支える新しい意識が芽生えていた。藤原摂関家というだけでなく、自らが切り開く「九条家」の意識である。その意識を導き支えたのが嫡男良通の成長である。前年に右中将に任じていた良通は、十二歳の今年、頭中将定能を介して天皇に懇請、兼実自身が奉仕した正月五日の叙位で従四位上に叙された。さらに、関白基房の配慮によって十一月一日の春日祭使も勤めることになった。兼実の祖御堂関白道長の日記にも、嫡男頼通の春日祭使奉仕が記念的に記録されていたけれど（『御堂関白記』寛弘元年二月六日）、兼実にとっても、藤原氏の正祭への祭使奉仕は、良通の公卿への階梯として記念かつ感激の事柄であった。それは、祭使出立の二十九日から帰洛までの三日間だけの行事の子細が、国書刊行会の活字本で二十頁（一万六千字）も要して精細に記録されていることからも分かる。兼実は記述する。

日来連日降雨なるも、三ケ日の間、天晴れ風和《なごやか》かなり。また供奉の上下の中、一塵もつつがなし。皆これ大明神の冥助なり。何ぞ況んや孤露の身を以て苟くも数代の跡を逐ぐ。一悦一恐、神明三寶に於て、弥よ謹慎の思いを致す者なり。（治承二年十一月一日）

「孤露の身」は兼実自身のことである。基実・基房とは、異母ながら同じ兄弟として顧見も受け、敬服して連携することもあったが、兼実は「孤露の身」の意識を持ち続けていた。

たらちねもまたたらちねもうせはて、　たのむかげなきなげきをぞする
みなしごのたぐひ多かる世なれども　ただ我のみと思ひ知られて
（『拾玉集』一〇四・一〇五番）

兼実の同母弟、慈円の述懐である。基実が早くに薨じて、基房が敬愛には価《あたい》しない対立者になった時、兼実を支えたのは法性寺関白忠通を継ぐ家の意識であった。兼実に家を興すという意識がどれだけあったかは別として、忠通男としての家＝九条家が自らに始まった自覚だけは、かなりに鮮明にあったように思われる。その兼実にとって、家の継承を期待する嫡男良通が、幸いなことに儀礼政治家兼実の資質を期待以上に引き継いだ少年であった。良通が朝堂公卿として登場する願望も思いの外に早く現実となった。良通の三位のことは、良通を猶子にしている皇嘉門女院（兼実異母姉）から後白河院に懇請して、「頗る許容の気有り」（十二月二十一日）と伝えられていたが、十二月二十四日の、それも兼実自身が奉仕する京官除目において、実現した。除目の後の退出の途次、慶びのために後白河院御所を訪ねると、「昨夜まではまだ確定的でなくどうなるかと思っていたが、実現してよかった。ただし、今は勤行の最中なので残念ながら対面できない」との仰せ、原文の「可見参之処、行法之間自不申、尤遺恨」の意味合いが少し気になるが、感激に震えている兼実は心からの拝舞を行って退出した。

良通、生年十二歳。家の例、多く十四歳にして三位に叙す（大殿以下故殿に至る、此の如し。）余、十二歳にして三位

に叙す。時人、之れを早速なりと称す。愚息をして此の跡を堕としめず、誠にこれ希有中の希有なり。
去月春日の使を勤仕の間、旁《かたが》た神慮に叶うの証等有り。今この恩に浴す、豈神徳に非ざらんや。

良通叙三位には、後白河院が「歳内の叙位の内に必ず入るべし」と、高倉帝に申し入れたという事情がある。後白河院も女院から懇望されたということであるが、法皇のこの恩顧には意図的なものを感じる。

王化已に廃る

話は少し戻るが、この治承二年も、延暦寺の僧徒による騒擾は収まっていなかった。二月一日に後白河院は園城寺で灌頂《かんじょう》伝授を受けることになっていたが、延暦寺衆徒はこれを不満として、御幸以前に三井寺を焼亡させると騒いでいた。清盛が衆徒を鎮圧する気持を持たなかったので、騒ぎは収まらず御幸も中止となった。兼実は「王化已に廃る、誠にこれ乱世の至なり、悲しむべし悲しむべし」（二月五日）と嘆息している。五月十六日には、二十日に始まる最勝講に延暦寺僧徒を呼ばなかったのを不満として再び大衆が蜂起した。延暦寺僧徒を除いたのは後白河院の指示であった。前年の鹿ヶ谷の事件以降、平氏と延暦寺、本来は対立すべき内外の勢力が協調して、むしろ法皇を圧迫する存在になっていた。孤立を深めた後白河院は、本来は対立的な立場であるはずの摂関権力に期待を託さざるを得ない状況になっていた。良通の叙三位をめぐる兼実への好意的態度は、そういう法皇の内心を反映するものと解釈して間違いあるまい。

兼実家歌会

治承二年の兼実周辺において、今一ついささか目につく現象として、この時期、集中して頻繁に催された歌会がある。正月十日の立春の日に「歌人一両が期せずして会し、歌会・連歌を催した」との記事が見えるが、題を定めて披講するなど、予定された歌会のようにも思われる。それに続いて、正月十五日・二月二日・五日・九日・十二日・閏六月二十一日・八月二十九日・九月五日と不定期の歌会のほか、三月二十日からは旬日毎に題二首の百首歌（第十度は六月二十八日に結願）、九月二十日に百首歌合と、兼実における和歌行事が顕著にこの時期に集中している。前年に師としていた清輔が死去した後、二月二十六日の隆信を介しての俊成との接触が契機になって、和歌への関心の時期がひとしきり続く。それらを含めての兼実の和歌についての説明は後章に記しているので、ここではその傾向の指摘だけにとどめて先に進みたい。

3　清盛のクーデター

治承三年（一一七九）の初め頃、院に親近する立場にあった兼実は、対立する平氏勢力に対して、当然のことながら好意的な態度を持っていなかった。平氏もまた、前年末の新皇子（安徳）の親王宣旨や侍始にも兼実を呼ばず、東宮傅との噂もただの噂に終わらせたところを見ても、兼実に好意的であるとはいえない状態だった。畿内の立太子に対しても、関白基房や前太政大臣忠雅が奔走するなか、初めは新生幼児の立坊を認めていた兼実も、「太《はなは》だ甘心せず」（治承二年十二月十五日）と意見を変えていた。基房が室を東宮乳母としたことに対して、「誠に是れ時務に順うと謂うべし。賢なる哉賢なる哉。竊《ひそ》かに弾指すべし」（二月十日）と批判を隠さない兼実には、阻害された者の僻《ひが》みではあるが、平氏権勢への反発が基房より薄いということはあり得なかった。年初における権力の構図は、兼実を加えるとしても、平氏・基房と院・兼実という関係でむしろ理解できた。

面目足るべし

治承三年は、前年にもまして兼実が家を意識した年である。この年、三十一歳の右大臣である彼自身には目立つ変化は何もなかったが、嫡男の良通、さらに次男の良経には目まぐるしいほどの変化があった。この年正月一日の院の拝礼に父に同道した良通は、翌日の朝覲行幸には一人で帝に供奉し、二月五日には着陣の儀も立派に果たした。良通に二歳年下の弟も、四月十七日に元服して良経と名付けられ、関白猶子となって従五位上に叙された（平氏への接近を通じてやや違和感のあった兄弟であるが、形式的な血族意識は存していたのであろうか）。兼実は、さらに良経に侍従ならびに禁色のことも望んだが、これも容易に現実になった。後白河院が兼実の懇望を容易に受け入れたからである（四月十四日、八月九日）。今度もまた、兼実が奉仕した十月九日の除目で、良通は従二位に叙され、良経も侍従に任じた。これらは、院に懇望することはあったが、兼実自身、早々のうちに実現するとは思ってなかった事柄である。

中に就いて良通に於ては、今度正三位に叙されて面目足るべし。基通、権門の親昵たり。定めて鬱する所有るか。そもそも今度の良通の加級、兼ねて申し入れず、また思いも寄らず。暗に此の恩有るの条、若し超越の条いとをしに依るか。全く愁思せざるの処、遮るに以って欝を塞るの条、過分の朝恩なり。何ぞ況んや良経の侍従に任ずるは、今度の除書に超越、ただ恩賞を愁うにあらず、ただ悦ぶべき者か。

（治承三年十月九日）

除目に一喜一憂する下級貴族の生活と無縁に、申し入れてもいなかった昇叙・任官が実現する。兼実にとっては望外というべき事態である。叙位・任官で超越されたことを気の毒に思って、法皇が格別に配慮してくれたものだろうかと兼実は推測しているが、当事者になると鈍感になるということなのだろうか。兼実にとっても予想外であった二人の息男の恵まれすぎた官途は、後白河院の過分な恩顧によるものであるが、平家一門と対立する後白河院の孤立の感情が摂関家流への意図的な恩顧（接近）として表れたものであることは、先にも述べた。

法皇の恩寵は、兼実の義兄である関白基房にはさらに顕著に表された。良経が侍従に任じた十月九日の同じ除目で、基房男の師家はまだ八歳の少年であるが、従三位に叙して中納言に任じた。

年齢八歳、古今に例なし。今一両年を経て任ぜらると雖も、何の怨み有らんや。但し今年春日使を勤むべし。而してその事を勤めんために、また明年の上卿を勤めんがために、急ぎ任ぜらるところなりと云々。兼房・基通・隆忠・良通、皆超越せられ了んぬ。各更に愁いとなすべからず。摂籙の嫡子、先代相争うの人無きの故なり。

（治承三年十月九日）

異例な叙位・任官は、今年の春日祭使や来年の公事の上卿を配慮しての処遇かなどと推測しているが、これまた当事者意識の鈍感である（否、内心では十分に事情は把握していたと思うが……）。兼実でさえ「当時摂政の息、左右のこと無きと雖も、年齢八歳、古今に例なし」と述べた偏頗《へんぱ》な顧見は、後白河院に対立する平氏を刺激するに十分な事柄だった。このことに関連して、後述の、清盛のクーデターと呼ばれる突発事件が起きる。

弱者の連携

清盛の娘、平徳子の生んだ新皇子（安徳）の五十日儀が内裏で催された時、兼実は「古今に例有らず」（正月六日）と批判した。正月二十九日に参内して退出しようとした時、内裏女房から「未だ東宮を見奉らざる、尤も不敵なり」と言われて、女房の若狭が抱く幼児を見た。二月二十二日の春宮の御百日には帝からの召しがあったが、「聊《いささか》か慎むべきこと」があり、所労と称して参内しなかった。新皇子の誕生で、今上帝（高倉）も、兼実には平氏一門に異ならずと意識された。二月十四日の官奏に「奉仕すべし」との仰せが伝えられたが、彼岸の所作のために参仕を断った。「私の要事を以って公事を遁ぐべからず。しかれども、是れ仏事たるの上、官奏必ずしも日を指すべからざる」故とする。兼実にとっては、仏事が公事に優先する。朝臣としては好ましい態度とはいえない。三位に叙した頼政が拝賀に訪れた時も、自家の歌会で親近した関係であったのに、「浴湯の余気不快により、之れに謁せず」（四月二日）であった。七月二十九日、入道内大臣重盛が薨じた時はどのような感情も記述しない。兼実の平氏への反発はかなりのもので、それは平氏側にも薄々感じられていた。問注のために使庁にやった国貞丸（兼実の車副）はそのまま使庁に籠められてしまった。平時忠が検非違使別当なので、「訴えるに所無し」（六月二日）であった。

　兼実の両息、良通と良経が順調に官途を得た治承三年も、兼実家の空気は「希望に満ちて」とは表現しにくい状況であった。先述したように院の好意的態度はあるが、これはいわば弱者の連携である。平氏と、平氏勢力圏となった天皇と、この二つの権勢からはみ出た疎外感は軽くなかったように思われる。兼実は、この年五、六月の二ヶ月間、所労のために日記を書けず（五月二十五日）、八月二十七日の院御逆修に久しぶりで院参した時には、「去る二月以降、湯治幷びに所労の間、今に出仕せず」と記している。病悩のことも嘘ではないと思うが、病悩の一端は中心から外れかけている孤立感に原因がある。兼実は思う。朝政は平氏のような武門によって壟断されるべきでない。本来、朝権は摂関の権威とともに並び存すべきものだ。この年の七月、主上が重い病悩に臥されることがあったが、その時、内裏で御占を行ったところ、南東の神明の祟りと出た。南は春日で東は吉田、あるいは皇居の東は東三条殿（藤原氏代々の邸第）で角振両神が鎮座している。「氏の神豈《あに》その鬱無からんや」（七月二十六日）と内外で囁かれたという。兼実の思いも近いものがあった。

　六月十七日、白川殿と呼ばれて今上准母にもなっていた故基実室の平盛子（清盛女）が二十四歳の若さで死去した。基実が不慮に薨じた時、清盛は、春日明神から「暫く宝山を守護すべし」との夢想を得たと称して、故摂政の資財所領等を盛子が一時伝領したので、「異姓の身を以って、藤氏の家を伝領す。氏の明神之れを悪み、遂に此の罰を致す」との噂があった。夢想の「暫く」が事実なら、伝領の人が没した今は、資財所領などは氏長者の許に戻されるべしと思うが、まったく「公家の伝領する」状態になってしまった。

藤氏の家門滅し尽くし了んぬ。末代の事、神明天道沙汰の限りにあらざるか。（治承三年六月十八日）

公家とはいいながら、平氏に後見された朝権であるから、平氏による体のよい横領である。兼実は暗澹とした思いで希望を見得ないでいた。五月と六月、まるまる二ヶ月間の籠居には、この失意も原因があると思う。

五節、驚愕の夜

兼実が失意で離れていた二ヶ月の空白が、逆に兼実に幸運をもたらした。分からないものである。十一月十四日、豊明節会の夜、関白以下の朝臣が妓女の艶姿に酔い、宴席で浮かれている間に、福原から急遽入洛した清盛によって、朝野を揺るがすクーデターが断行された。報に接した兼実も、「天を仰ぎ地に伏せ、猶以って信受せず、夢か夢に非ざるか、弁え存する所なし」という状態であった。理由は、後白河院が故重盛知行の越前国を収公して白川殿倉預を別に補したこと、関白基房が二位中将基通（基実嫡男）を超越して八歳の師家を中納言に任じたことなど、法皇・関白が同心して国政を乱したというものであった。院と摂関の接近を容易ならざる事態とみた清盛は、関白基房と中納言に任じたばかりの師家の官職を止め、基房は太宰権帥に左遷されてしまった。その他、この事変に関連して災禍を蒙った者は、太政大臣師長・権大納言源資賢・春宮権大夫兼雅・右衛門督平頼盛・権中納言実綱など、解官三十九人余に及んだ。院に親近する朝臣を一掃して、院の権威の失墜と孤立を狙ったクーデターであった。

このクーデターは、「平氏政権がはじめて院政政権を否定して、独自の立場を打ちだした」（林屋、一九六七）、あるいは「天皇とそのミウチである平氏一門による政治体制の確立」（元木、一九九三）と説明されているが、「後白河の挑戦的行動に、清盛が怒り心頭に発してのもので、クーデターといった実質には遠いものである」といった指摘もある（村井、一九七三）。「院が（藤原氏と連合して）平氏に加えた系統的な圧迫と挑戦にたいする反撃にすぎなかった」も同様の感覚であろう（石母田、一九六四）。突然に強権を発動した清盛が、その後に平氏政権を確立するわけでもなく、数日程度で福原に戻ったことなどをみると、そんなところが真相と思われる。歴史を動かすものは、案外に些細で単純なところにある。

いずれにしても、「その瞬間に平氏は、京都の貴族層から孤立したばかりでなく、ひろく全国的に武者の棟梁としての平氏に期待をよせた階層からも孤立した」（竹内、一九六七）、あるいは「在地支配をめぐって平氏と大衆のあいだに進展しつつあった対立を一挙に激化させ、やがて数ヶ月後に興福寺大衆が寺院連合の一翼に参加して反平氏行動にたちあがる最も重要な政治条件をつくりあげた」（田中、一九九四）という結果だけは現実にした。諸家の発言のなかで、福原への帰途、清盛が木津でなした残虐行為についての発言、「軍のクーデターにつきものの無法な逮捕と見せしめの斬殺、清盛の怒りにもそれなりの理由はあるが、かっての寛容さが失われ人格の壊敗を招きつつあることがうかがえる。加齢の進行と多年の権力掌握によるなれが、こらえ性を無くさせ、暴力による報復をあたりまえとする感覚をもたらしていた」(高橋、二〇〇七)が、清盛の人間把握として筆者には記憶に残った。

生涯の恥辱

幸いなことに、院の権威と摂関の権力の分断を狙った清盛の矛先は、兼実にまではおよばなかった。それどころか、清盛の女婿であった基実の子、若干二十歳の右中将基通を関白内大臣に任ずるに及び、補佐を託す故実政治家として接近を望んできた。強引に朝政の中心に据えた基通は、非参議の身で朝政の中枢に関与する経験をほとんど持たなかった。追放した基房の代役を務め得る兼実を、摂関の所作にもほとんど無知である新関白の補佐役として、清盛は目にとめざるを得なかった。兼実も、事変翌々日の十六日、新関白基通のもとに、「不説の恐れを遁れん」ために早速に使を送ったりしている。兼実の方にも水心がなかったとはいえない。追放された兄基房以上に批判的であった平氏に、兼実は今は追従の姿勢を示す。失意の思いで朝政の表面から離れていたことが、平氏との関係を決定的な対立に確定しなかったという、思慮の外の役目を果たしたのである。

新関白基通からも、懇切な依頼があった。

故殿(基実)隠れさせ給うの後、一向御辺を相憑み罷《まか》り過ぐる所なり。然る間、不慮の事出で来て、年来一切籠居す。万事審《つまび》らかならず。今に於ては、弥《いよい》よ御恩言を仰ぐ所なり。(十一月二十三日)

として、まず「吉日を以って吉書を見るべきか、拝賀を待って見るべきか」と尋ねてきた。兼実は、「拝賀以前に吉日があるなら、吉書を見るのも難は無い」などと答えながら、世間の人口「すでに新関白の扶者に用いらるか」と噂するであろうことを思う。兼実自身は、これは「故殿の深恩（長寛二年、基実の譲りを受けて内大臣に任じたこと）を思うによってである」と断るが、そういう弁解はどうでもよい。新博陸の未熟・未練の話が伝わるなか（十二月四日、十日など）、着陣の事・上表の事・臨時客の事・大饗の事などについて一々基通の諮問に答え（十六日）、歳末に皇嘉門女院のもとで対面した折りには、年初の小朝拝・節会・叙位のこと、特に庭中での練様などを壺庭に降り立ち手足を取って教えた。世間の人口の如く「新関白の扶者」そのものであり、兼実がどのように弁解しようと、平氏権勢の前に膝を屈した姿勢は否定できない。

兼実の嫡男良通も、事変後の十九日、いまだ十三歳の少年にして、権中納言に任じ右大将を兼ねた。翌日、清盛が頼輔入道を介して兼実に伝えてきたところは、良通の昇任が聞書に書き落とされていたのを見つけ、清盛自ら口入れして現実にしたものだとのことである。清盛の意図するところは明瞭である。その清盛の書状を見た兼実は、次のように記述している。

先づ仰天のほか他事なし。生涯の恥辱、諸身に於て極め了んぬ。万事沙汰に及ばざるの間、此の事出で来。余の鬱を塞がれんためか。すべからく固辞すべきなり。（治承三年十一月二十日）

ようやくに藤原摂関家の誇りを取り戻した兼実は、武門の平氏の恩顧を受けることを「生涯の恥辱」と歎じている。そして「すべからく固辞すべきなり」と言いながら、しかし結局は予期せぬ幸運を抵抗なく受け入れる。公家貴族の限界である。十二月八日、侍始。十四日、拝賀。十九日、直衣《のうし》を着しての出仕始め。二十一日、着陣。最年少の公卿の洋々たる始発を記述する兼実の筆致には、「生涯の恥辱」を反映した不本意な雰囲気は、どこにも感じられない。

先の用例に続き、兼実は次のように述べている。

而るに若し之れを辞遁せば、忽ち絞斬の罪に当たるべし。之れに加えて、聊か中心に存する所有り。仍て只悦恐の由、自書の返報を遣わし了んぬ。子細を知らざるの人、身の恥を知らず、望を致すの旨を存すか。何せん何せん。惣て之を言うに、堅辞せざるの条、諂諛《てんゆ》の甚しきなり。只生涯の期を失うべきなり。（十一月二十日）

どのような言い方をしても、兼実自ら言うように「堅辞せざるの条、諂諛の甚しき」以外のものでない。新興平氏に屈することを「生涯の恥辱」と感じる兼実の内心を知ってか知らずか、清盛は兼実を我が陣営の領袖に誘い、兼実もまた応じた。それだけことである。院と平氏と摂関と、三すくみの対立状態のなかで、初めは院の顧見を、後には平氏の恩顧を受ける立場を偶然にした兼実が、漁父の利というべき幸運に恵まれた。治承三年における兼実家の異例の幸運は、多分に偶発的な事情によるものであった。

吉夢

十一月十四日を境に、顕著に記述されることが多くなったのが夢想記事である。十二月二日、兼実室が「最吉夢」を見た。七日、法性寺座主に不動供を始めさせて祈願して寝た夜に、兼実室がまた「兼実の為に最吉夢」を見た。十二日には兼実・兼実室ともに「吉夢」を見た。十七日には、来訪した長光入道が去月二十五日に「最吉夢」を見たと告げた。二十五日に来訪した実厳阿闍梨と「吉夢の事」を談じたのは、これまでの諸々の吉夢のことについてであったのかもしれない。これらの吉夢がどのようなものであったか、兼実は内容を示さない。しかし、流動する政情のなかで思わぬ僥倖を見始めている兼実であれば、この先を占う内容のものであろうとの見当は付く。基実・基房亡き後、基実の遺児基通を補佐する形の兼実であるが、この将来に展望を見得る種類のものであろう。

夢想といえば、三ヶ月ほど遡るが、皇嘉門女院が夢を見た（九月七日）。高い長押の上に兼実と良通が座り、その下に基房とその息隆忠が座り、良通と隆忠が筝を食っている。意味不明ながら、良通のためには吉事と思われて、関白には披見しなかった。兼実も「最吉夢」と認識している。十一月十四日を経過した今、兼実はこのことを正夢として思い返している。してみれば、治承三年の歳末に連続して見た夢は、基通を補佐している現状の先に、それもきわめて希望的な将来を予見するような夢であったと、兼実には思われた。

4 執政への希望と絶望

扶者から対抗者へ

治承四年（一一八〇）正月一日、良通が新関白基通の拝礼に招かれた。「大饗は親疎を論じないが、拝礼は殊属の人・門下の客などが拝するもので、良通が催されるのは立場が違う」と兼実は内心思っていたが、結局、「故摂政殿の遺徳、なんぞ強いて誹謗を避けんや」という理由で基通第に赴くこととした。「殊属の人」とは、官職の上で従属する人という意であろうか。権中納言右大将という良通の立場では、元正の拝の義務は無いと兼実は言っているらしい。しかし故摂政（基実）の遺徳を思って出向くことにした。兼実の感覚では、基通と良通との関係は主従とか優劣に類するものではなかった。兼実にはすでに、若い関白の「扶者」というより「対抗者」の感情がある。しかし、良通が着いた時には、基通はすでに参内の後であった。翌日、良通は基通第に至って昨日の不参を詫びた。兼実の内心は、平氏の権勢に庇護される二十一歳の関白に対して、平穏でなかった。だが基通と対立することは、背後の清盛に敵対することである。「故摂政基実の遺徳」は、兼実が自らを納得させるために見つけ出した論理といってもよかった。

正月五日の叙位、基通の求めに応じて作法次第を大略注して送った。正月二十日の東宮の魚味《まな》・着袴。儀式の次第は「主上未練、関白亡きが如く」で、違乱このうえなかった。三月十九日の八条院行幸では「騎馬が良いか、車で閑路から参入するのが良いか」と尋ねられた（三月十三日）。関白基通の叔父兼実に対する態度は、亡父に教えを乞うがごとくであるが、心底からの親近かどうかは確かでない。朝堂にも席を得なかった非参議の公卿からいきなり朝務の中心に据えられた基通としては、叔父兼実の指示と指導がなければ、何事も判断できなかった。基通の方も、内心は「恥辱の思い」を持っていたかもしれないが、兼実一家に対する上位の態度は、背後にいる清盛の指示によるものでもあった。

二月十一日、故摂政殿二郎（故摂政基実次男忠良）の元服が行われた。十七歳の青年であった。度々出家の話があったが、実行されないうちに旧年暮れの大乱があり、清盛が元服の意向を強く示した。清盛が、女婿であった基実の遺児として、基通に続いて期待する事情も明瞭だった。兄基通の養子となっての元服の儀に、兼実は加冠の役を要請されていた。三日前にその要請を受けた時、兼実は「早く参るべし。但し日来所労あり、今日殊に倍増。別事なければ参るべし」（二月八日）と答えたが、内心は「堪え難し」との思いが強かった。兼実の感情を察するところもある基通は、「翌日も所労不快のようであれば、元服は一時延引する」とまで言ってきた。兼実も基通もこの儀にそれほどこだわるのは、この儀が、関白基房以下の朝臣と院周辺の近臣を追放した去冬の大乱以後の動揺を基通・兼実新体制で支えていくという、具体的な宣言である意味を持っていたからである。したがって、最もこだわっていたのは、背後で糸を引いている清盛であっただろう。兼実も進退きわまった。

下官、加冠に黙じ難し。この事甚だ用心なし。しかれども、出仕の日より生涯を棄つるが如し。これに加えて聊か存する旨有るに依りて、時勢には乖《そむ》かず。当時後代の誇りを招くの基たらんか。

（治承四年二月十一日）

兼実としても、自分が平氏の陣営に加わったと見られることを、覚悟せざるを得なかった。内心「聊か存する旨有るに依りて」であると言っているが、弱々しい弁解の呟き以外のものでない。

無為を以て先となす

さらに追い打ちをかける事態が生じる。忠良元服の二日後に、良通と基通が縁を結ぶ話が持ち出されてきた。清盛外孫にあたる基通の養女（兼雅女）と良通との婚姻である。しかも急ぎ三月のうちに婚儀を行いたいという。これまた清盛の性急な画策によるものである。三年ほど前から取り沙汰されていた話だが、なんとなくうやむやのうちに消滅したと思っていたら、今頃突然に持ち出された。兼実は、他聞を憚って明瞭な反対の意向は示せない。婚儀は三月にはならなかったが、六月二十三日に皇嘉門院御所で行われた。女子はその以前の九日に女院御所に入って二十三日を待った。

この人大将に親しむべきの由、この両三年、その儀有りと雖も、殊に進み思わず、自然逃過の処、去月晦、只女院御所に進入すべきの由、忽然として申請さる。その上は是非する能わず。若し辞遁せば、豈生涯を安んぜんや。仍てわずかに請い取らる所なり。

（治承四年六月九日）

二十三日の婚儀は、関白基通が良通を婿に取るという形で予定されていたが、六月上旬、福原遷都という驚天動地の事態となったため、婿を執る礼でなく婦を迎える礼でもなく、最密儀として行われた。基通ならびに平家との結び付きが否定し難く明瞭な形で示されなかったことは、兼実には幸いな結果であった。

治承四年元朝の朝賀や七日の白馬節会に、兼実と一緒に参内した良通の所作は、左大将実定が「右大将の作法優美、人々感嘆す」(正月八日)と書信をもたらして褒賞するほどのものがあった。二月四日の祈年祭は良通が奉行したが、翌々日に兼実が参内して時忠と同席した時、これまで互いに不快の感情を隠さなかった時忠でさえ、「大将殿の御進退作法、殆ど成人の礼に過ぐ。万人の感嘆し奉る所なり」(二月六日)と賞賛した。故実家としての見識に誇りを持つ兼実にとって、最も嬉しい褒め言葉であった。次男の良経も、四月二十一日の主上御即位の日に正五位下に叙された。五月六日の右近府真手結《まてつがい》の日、良通と良経は、兄弟同車して見物に出た。一見希望に満ちて見える兼実家の春は、清盛・基通の接近によって現実になっている、危うい安定であった。

近代の事、只無為を以て先となすべし。一旦の栄を以て、終身の恐れを招くべからず。

(三月十六日)

の思いは強い。「無為」をもって当面の難を逃れようとするのが兼実の内心であるが、清盛・基通からの接近は、直面する事態にたいする兼実の韜晦《とうかい》を許さなくなりつつあった。「一日の栄」は望まない。しかし「一日の栄」に組する態度を拒めば、「一日の栄」も「終身の栄」もあり得ない。良通・良経の成長に、親としての悦びの感情を増すにつれ、「終身を思うがゆえに、一日の栄に屈す」が、兼実にとって余儀ない選択の途になる。先に兼実が述べた「いささか存する旨」の内実は、そのようなものであろう。

以仁王の乱

この治承四年二月二十一日に、高倉帝は三歳の安徳帝に譲位した。清盛は名実共に外戚の立場を確立し、平氏権勢は安定して発展する途を得たかに見えるが、事実は、兼実が「一日の栄」と感じる現実に、急速に近づきつつあった。

清盛は多年の宿願であった天皇の外祖父として天下に君臨することとなった。清盛はその独裁者としての権力を確立したとき、かえって自己の権力の孤立をふかく認識せざるを得なかった。

（石母田、一九六四）

三月中旬、園城寺・延暦寺・南都衆徒による法皇・上皇奪取の風聞があり、急遽両皇の厳島御幸がなされようとしたが、途中襲撃の噂のために法皇のみは洛中に戻った。四月中旬、醍醐辺で禅門調伏の修法がなされているとの風聞が立った。五月十日、知盛（清盛四男）の病悩が伝えられて清盛が入洛した。十三日、鳥羽殿にいた後白河法皇は京中に連れて来られ、十五日夜には、三条高倉宮（以仁王、法皇第二皇子）配流の噂が流れた。噂は真実で、宮は三井寺に逃れ、八条女院が養育していた若宮（八条院女房所生）も捜し出された。

十七日、兼実は使者を邦綱のもとに遣わし、昨今は所労によって参院できなかったことを詫び、翌日、「所悩軽からずと雖も、不忠の恐れを謝さんがため」に、新院（高倉）に参っている。後にも述べるが、兼実は、この以前から長期にわたって所労と称して籠居を続けていた。この日、突然に「不忠の恐れ」を感じるのは不自然である。要するに兼実は、清盛に十分親近の態度を見せてもいないことで不安になり、新院に（ということは清盛に）付け焼き刃的な忠節の姿勢を示したのである。

一身においては、中心に過《あやま》ち無し。憑《たの》む所、只仏神三宝のみ。（治承四年五月十六日）

この間かの宮に親昵《しんじつ》の輩、一度参入の知音と雖も、併せて尋ね捜さる。人多く損亡すべし、と云々。但し、余に於ては、塵もこの恐れ無き者なり。仏天知見あるべきか。（同年五月二十一日）

後例の「かの宮」とは以仁王のことである。その二十一日夜、兼実家の歌会にも参加していた頼政が、子息等を引率して三井寺に参った。兼実はこの事を聞いて、ただちに「病を相扶けて、参院」した。兼実は、災禍が身に及ぶことを汲々として恐れているが、過敏すぎる反応である。院から退出の際に出会った邦綱から、一通の書状を貰った。それは、叡山の大衆が高倉宮に与力するとの消息であった。夜には、南都の僧徒が攻め上るとの風聞も伝えられた。前右大将宗盛以下、在京の武士もまた「偏に以て恐怖している」という。この段階では、平氏は、以仁王の行動を近隣の寺社勢力と呼応しての謀反と認識していたらしい。事実は王の挙兵に合わせて、全国に令旨が発せられたものであった。筆者は以前から、今年七十七歳の老臣頼政が僅かな兵力でなぜ三井寺の王のもとにかけつけたのか、不審に感じるところがあったが、令旨がいち早く頼政のもとに届けられたものであったとすれば、心情やや分かる気がする。と思っていたら、「彼は鳥羽皇統を守った美福門院（藤原得子）・八条院母子に祇候しており、王が八条院の猶子であった関係から、正統主権の守護者としての任を果たそうとしたもの」との見解を見た（野口、二〇一四）。いかがであろうか。頼政は、以仁王の後陣として平等院に残り、

以仁王御墓

埋木の花咲くこともなかりしに　身のなるはてぞかなしかりける

（『平家物語』巻四）

との詠を残して自刃した。『平家物語』の真偽のほどは別として、そこはかとなく心情に打たれるものがある。ともあれ平氏は、「頼朝をはじめとする諸国の源氏に決起を呼びかけていたとは想像もしていなかった」（村井、一九七三）。この辺に、ついに滅亡に至る平氏の権力馴れがある。

　この乱は、王が頼政の手兵とともに、三井寺を脱して南都に向か

おうとする途で、宇治橋辺での若干の戦闘の後、案外簡単に終息を見た。王自身は南下の途中、蟹満寺近くの光明山鳥居辺で流矢を受けて死去したと伝えられている(『平家物語』巻四)。現在も跡地に陵墓があるが、遺体が確認されていないために、生存を伝える憶説もなかなか消えなかった。隠然たる武力集団に成長していた寺社勢力が、旧来の朝権と結んで平氏と対決するかに見えたこの騒乱は、京の内外には相当過敏に受け止められていた。その混乱と恐怖の中で、兼実は新しい展開も感じた。

彼の一門、その運滅し尽くすの期《ご》か。但し王化空しからず。深く憑《たの》むべきか。(五月二十二日)

「一日の栄」と感じてはいた。しかしその最後がいつ眼前に現れるか、今一つ具体的な感覚がなかったが、その「期」が遠くないことを兼実が実感したのはこの時点であったようだ。「王化に従うにしかず」、兼実にようやく進むべき途が見えてきた。二十七日、新院御所において園城・興福両寺への処断についての諮問があった時、権大納言隆季・参議通親らはただちに官兵を発して追討すべきことを主張したが、兼実は、「只権門の素意を察し、朝家の巨害を知らず。然りと雖も、すでにその申し条用いられず。嘲るべし嘲るべし」と批判した。兼実はすでに機を見るに敏なる公卿になっていた。

希代の勝事

治承四年六月二日、前代未聞の事件が出来した。福原遷都である。この日の早暁、両院は、平家の手兵に守護されながら、多数の朝臣とともに福原に下向した。

卯刻、入道相国の福原別業に行幸。法皇・上皇、同じく以て渡御。城外の行宮、往古その例有りと雖も、延暦以後はかってこの儀なし。誠に希代の勝事と謂うべし。（同日）

南都を攻める間の不慮の禍を避けるためとも、高倉宮残党の襲来を恐れてとも、さまざまに噂が飛び交うが、とにかく眼前の事実だけは確かなことである。

天狗の為す所、実に直なる事にあらず。乱世に生まれ合いてこの如き事を見る。悲しむべき宿業なり。（五月三十日）

緇素貴賤、仰天を以て事とす。只天魔、朝家を滅せんと謀る。悲しむべし悲しむべし。（六月二日）

「緇素《しそ》」とは、黒と白、僧と俗の意。王城の遷都に、僧俗といわず貴賤といわず、すべての人々が仰天したという。しかしこの挙は清盛の思惑にまったく反する結果を招いた。松本新八郎氏によっても、早く「この遷都はまったく平氏一門の命とりの大失錯であった。何よりもそれは、彼等が京畿近国の革命勢力の蜂起にあって自ら進んで一歩後退したことを意味し、全国の革命勢力により大きな奮起をうながす隙をあたえたことである。そして、南都・北嶺の大衆やそれにむすびつく武士上層部からは見放される結果をみちびいた」と総括されている（松本、一九四九）。兼実もすでに自らの態度の韜晦《とうかい》にさほど意を用いていない。「一日の栄」の期の近接を予感して、兼実の憚る思いも薄くなっていた。

邦綱のもとに遣していた使者が戻ってきた。「ただ今兼実が福原に参上しても、宿所とすべき寸地もない」と伝え、主上が渡御していた第の家主頼盛に賞があり、「正二位となって良通を超越した」との報ももたらした。兼実は、「物狂の世、是非を論ずるに足らず」（六月六日）と、まったく思慮の外においている。「一日浮薄の栄」の実感はすでに確定的なものになっていた。兼実の内心をどれだけ知るかどうか、邦綱は「福原には兼実の参住すべき場所は一切見得ないので、邦綱の所有する寺江別業を宿として、福原に往復してはどうか」と勧めてきた。兼実は、勧めに応じて六月十三日に京を発ち、十四日に福原に着いて新院御所に参上したがすでに御寝になっていた。翌十五日に拝謁の後に福原を出て、深夜、邦綱の寺江山荘に着いた。浜風に吹かれて心神悩乱、浴湯に疲れを癒した。風病を発しては福原にも参れず、浴湯を試みながら寺江に数日滞在、二十日に寺江を発って日没の後に京の家に戻った。良通の嫁娶はこの三日後に行われた。形ばかりの福原参仕を多少は補う意味もあったのであろう。最密儀として行われることが、いずれにせよ兼実には安堵させるものがあったことは、先にも述べた。

結果的にただ一度の福原参仕となった経験をして、兼実は、朝廷とそれを支えてきた貴族集団にとって、福原遷都は到底相容れないことの認識を深めた。

我が朝若し運あらば、この事遂ぐべからず。我が朝若し尽くべくば、この事成就すべきか。国の安否、只この事にあり。遂に見るべきか。（治承四年八月四日）

八月八日に「大嘗会のことを議すので参入するように」との命があった時も、「疾が重くて参入に耐えない」と返答した。福原から上洛した者に様子を聞くと、「諸人還都の思いはあるが、誰も言い出せないでいる」とのこと。新院が清盛に古京還御のことを仰せられた時、清盛は「それは結構なことだが、この老法師はお供をすることはできない」と答えた。それ以来、「還都」の言葉は禁句となった。兼実にも清盛から書信が届き、「ご病気のことは大変心配している。少しでも具合が悪ければ、御参りはまったく無用のことである」と伝えてきた。恐らく清盛も、兼実の本心のあるところをすでに知り得たという思いであっただろう。

兼実が再び福原への道を辿ろうとしたのは、その数ヶ月の後のことであるが、すでに帰都の風聞が専らであった時である。特に緊急の召しがあったわけでもないのに、兼実が福原参入を突然に決心したのは、還都の風聞と関係のあることだろう。十一月十五日、良通と一緒に出京、乗船して川を下る途次で福原からの飛脚が至り、下向を止められた。理由は不明ながら、「時議を恐れ憚って、病を強いて下向しようとしているのに、清盛の方から制止するのであれば無理に行くことはあるまい」と思って引き返した。翌日の清盛からの書信によれば、女院（皇嘉門院）御不予のうえに兼実自身も所労の状態なので、「無理をさせては申し訳ないから」ということだった。清盛が言葉を繕《つくろ》っているのは明らかで、あるいは兼実の顔を見るのも嫌悪していたのかもしれない。還都のことはいよいよ現実になり、十一月二十三日に福原を発ち、二十四日に寺江、二十五日に木津殿、二十六日朝には入京とのこと。二十六日、良通は束帯姿で草津に行幸を迎えた。

今この還都有り。一天の下、四海の中、王侯・卿相・緇素・貴賤・道俗・男女・老少・都鄙、歓娯せざるなし。この事、誠にこれ衆庶の怨を散じ、万民の望に協《かな》うものなり。抑も禅門相国、忽ちに中心の悪志を変じ、聖主仙院、各上都の宮闕《きゅうけつ》に帰る。人悦色有りと雖も、世還りて奇思を成すか。

（十一月二十六日）

還都は天下万民の願うものであるが、清盛の本心が分からない。喜悦には思いながら、どのような驚愕があるか分からないと、人々は不安な思いを持って見守っている。兼実も、種々の風聞を記した後に、「天地の変異、四海の夭殃《ようおう》」は必ずしも遷都によらず、根源は清盛の悪逆にあると断じ、今においては「政を公に委《ゆだ》ねずば、定めて還都の詮なからんか」と述べている。「公」は無論、朝廷の意である。「専権を朝廷に返上しなければ、還都の意味がない」と断言する。兼実も、今では、遠からざる平氏の凋落を確信している。

四辺騒擾

十一月二十四日、兼実に召された泰親（陰陽師）は、「今月の間天変十余度あり。その内、禅門・前将軍など、必定、事あるべし。又天下に大葬送あるべし」と予言した。十二月十四日、兼実邸に来訪した民部卿資長は、「禅門・前将軍など、気力衰え了んぬ。郎従等多く以て逃散し、残る所はまた鋒を争わんの心なし」という平氏の現状を伝えてきた。新院殿上定めでは左大弁長方が松殿召還を力説し、十二月十六日、松殿基房は一年ぶりで帰京した。その二日後の十八日、清盛が天下の政務を法皇後白河院に返上したと、兼実のもとにも伝聞があった。

治承四年の事実として知られているのは、高倉宮以仁王の令旨を奉じて、各地に起きた武力蜂起である。それらについての兼実の最初の記録は、九月三日条に、熊野権別当湛増の謀叛と、伊豆の配所にあった義朝の子（頼朝）挙兵の報として見える。兼実は、それらを凶悪・乱逆の言葉で記録し、この事態を生じさせた原因を、平氏による武断政治にあるとしている。この後にも、関東をはじめとした各地の動静を、風聞によるものではあるけれど、逐一記録している。五月に討伐されたはずの高倉宮・頼政についても、在世して転戦しているなどの、根も葉もない噂がいつまでも消滅しなかった（九月二十三日、十月十九日）。

これ則ち禅門人望を失うの間、事に於て彼がために凶瑞《きょうずい》を表せんと欲し、天下の士女閭巷《りょこう》に奇怪の風聞を成す者なり。（九月二十三日）

凡そ近日在々所々乖背《かいはい》せざるなし。武を以て天下を治すの世、豈以て然るべけんや。誠に乱代の至りなり。（十月二日）

天下の騒擾の因が清盛の専横にあることを、今は明言して憚らない。そして、四辺の騒擾を夷戎《いてき》・暴虐・叛逆・乱逆・凶賊・逆賊・凶悪の輩といった言葉で表現する態度、これをただちに「天下の騒乱」と認識し、すべからく「速やかな鎮圧」を願望する点は、兼実のみならず公家に共通の意識であった。熊野の湛増も関東の頼朝も鎮西の謀叛も、朝政を違乱する武断の徒という意味では、清盛と変わるところがない。「坂東の逆賊党類、余勢数万に及び、追討使の脆弱極まりなし」のために、「誠に我が朝の滅尽の期なり」(十月二十九日)が、兼実のみならず公家貴族一統の絶望の認識であった。清盛の横暴によって引き起こされたこの未曾有の混乱を、公家貴族たちはどのように収拾の途を待つというのだろうか。兼実も「積悪の然らしむる所、感果の時至るか」と言いながら、「その悪に与《くみ》せざるの病士」である自分が為し得ることとしては、ただ「三宝神明の護持」を祈ることだけであった(五月十六日、十一月一日)。神明の護持を願いながら、また「王化の空しからざる」(五月二十二日)ことをひそかに祈るしか方途を見ない。

白笠の旗、北に向かう

この治承四年、夢想の記事がさらに目に付くようになる。初めは正月十三日、兼実室が兼実のために吉夢を見たとの記述がある。内容は分からないが、多分、不本意ながらかかわっている清盛・基通との連携の先に、兼実が希望を見得るような事態を予言する種類のものであろう。内容不明の吉夢が続いた後、五月二十四日には、室家が兼実のための最吉夢を見、生涯の吉凶を知るために祈りを託していた覚乗得業からも、「先日の御祈の事、成就すべし」との夢告があったとの報告が来たというが、途次での落失を用心して夢告の子細は記していない。前々日の二十二日は頼政が子息を引率して園城寺に赴いた日である。その騒乱の最中に他見を憚る夢想の内容は、多少具体的に推測できる。その翌日も翌々日も、或る女房が兼実のための吉夢を見たという。兼実が夢想あるいは吉夢を得る時は、進退判断に迷う時にだいたい重なっている。夢想は兼実には神明による夢告であった。十一月二十五日、兼実室と姫君が賀茂社に参詣したが、これも今暁に見た「最吉夢」

によってである。それによれば、「来月には兼実に吉慶のことがある」そうであった。十二月四日夜に或る者が見たという夢は、次のようなものであった。

大唐より笠の鰭《ひれ》に様々の物を彫り付けたる旗、数流れを付けたり。同じき白色なり。件の笠、南より北ざまに持ち向かう。（十二月五日）

兼実の解釈によれば、笠が南から北に向かうのは、三笠山の春日大明神が藤氏の人の守護のために入洛するとの吉夢であり、白旗は源氏入洛を示唆するもので、平氏にはすこぶる不吉の夢だという。予言あるいは夢告と言いながら、つまるところ、自己の安心あるいは願望のこじつけであるのが明らかである。結局、決断の時にあたって公卿兼実のなすところは、王化を信じて神明に祈願しその結果を夢告に知る、それだけなのである。

社稷の主

治承四年の初め、叙位・除目に執筆の役を務め（正月五日、二十五日）、白馬節会には内弁を勤め（正月七日）、東宮御着袴に主上の進退作法を書き進め（正月十七日）、東宮の魚味・着袴の公事違乱で左大臣経宗を批判するなど、故実政治家としての兼実の生活は、例年通りに始まっていた。ところが、二月二十一日の高倉帝御譲位の日、兼実は脚病によって参内しなかった。「剱璽の供奉に堪えないので、参内して途中で逐電してはかえって恐れ多いから」というのが理由であるが、理由はどうあれ、新帝の受禅に欠礼した意味は軽くない。この頃から、兼実は顕著に公事に疎遠な態度になる。現実に慢性的な脚病に悩んでいたということもあるが、病気不快を理由にして籠居を常にするようになると、その事実を証明するために、逆に容易に病悩籠居の状態を解消できなくなるという、皮肉な事情にもなる。清盛・基通に接近して顧問の臣となることにも、「一日の栄」のために終身の立場を失うことを感じ始めていた兼実には、病悩を理由にして外部のどの勢力とも積極的な結び付きを避けておくことが賢明な思慮と思えたことも、理由になっているだろう。良通の兼雅女（清盛外孫）との婚儀を「最密儀」で行えたことに安堵したことは先に述べたが、七月十九日の姫君（兼実女任子）着袴も、一切客を招かず密儀によって行った。旧都に残る公家貴族の間で、兼実を内覧にという動きもあったが、兼実にとっては「とんでもない話」であった（八月二十九日）。

以前に兼実は、「近代の事、只無為を以て先となすべし」（三月十六日）と、処世の気持を述べたことがあった。治承四年の三月以後、兼実はほぼその処世の態度を継続している。しかし、内心に鬱勃《うつぼつ》たる思いが消えてしまったわけではない。三月晦日、熊野社に向かう知詮阿闍梨に託した法華経三部の外題を書きながら、兼実は、心中に和歌一首を詠じた。

世をおもふ心の中をみくまのの　神のめぐみをあふくばかりぞ

その心は「余壮年の当初より、世の澆季《ぎょうき》に及び、しばしば庶政の淳素に反《そむ》くを鎮めた。もし社稷の主に遇い奉らば、なんぞ六正の一を守らんや」というものであった。その社稷の主の御せざる今は、

「ひたすら安穏を専一として過ごさざるを得ない」というのである。
この歳末二十八日、重衡に率いられた官軍が南都を攻撃、東大・興福などの諸大寺も焼亡、藤氏滅亡の時を目前にしては、生涯の怨みを極め尽くした。平氏によるこの南都焼き打ちは、「結局は、より広汎な反抗、吉野や熊野の大衆蜂起を招いたに過ぎなかった」(石母田、一九六四)。

当時の悲哀、父母を喪うよりも甚だし。慭《なまじ》いに生まれてこの時に逢う。宿業の程、来世また憑みなきか。天下若し落居の世あらば、早く山林の素懐を遂ぐべし。臨終正念の宿願、一期の大要なり。淳素の世、今に於てはその時を期し難きか。天を仰ぎて泣き地に伏せて泣き、数行の紅涙を拭う。
(十二月二十九日)

今においては「淳素の世も期し難い」ので、すべからく「山林の素懐を遂ぐべし」というのであれば、兼実の感情をそのままに受け取るなら、すでに迷うものは何もないと思われるのであるが、その前に「天下若し落居の世あらば」の条件が付くのがよく分からない。天下が落居することを願望のうちに持てない状況だから、悲哀の宿業に絶望しているのではないか。所詮は、山林の素懐を遂げない口実を述べているだけのような気がするが、その口実の先に兼実の思い描くものが何であるか、そのことも追々に分かってくる。

叡山・南都との争闘に始まり、高倉宮・頼政の追討の後に強行した福原遷都に、朝野の人心は一挙に離反し、熊野・関東・鎮西などの叛乱は燎原の火の如くに拡大、清盛は怨嗟《えんさ》の声のなかで旧都に戻り、近隣制圧の一歩として南都焼き打ちを実行した。後の時点から見れば、いよいよ平氏衰亡への幕が上がった治承四年であったが、歴史のさなかにいる者には、その先の運命は見えない。歴史の歯車の回転に、必死の抵抗をこころみる。

5 平氏衰亡の途

生き残りへの道

還都の後に政務を後白河院に返上した清盛は、永年対立してきた法皇との融和に、平氏生き残りの道を摸索しているようであった。治承五年正月十四日、高倉院が崩御されたが、その崩御以前に、もし大事にいたれば、中宮（平徳子）の後白河院後宮入りを画策する動きがあった。対立しながらも、延命のためには絶つことが出来ない桎梏《しっこく》が、平氏にとっての法皇の存在であった。五味文彦氏は清盛と後白河院との関係を「昨日の友は今日の敵」と評したが、内実はそうであっても、それを形式的にも確定してしまったら、それは平氏の滅亡につながってしまう。中宮を法皇の後宮にとの策略はあまりに露骨であるが、清盛とその妻時子も承諾の気配があったというから、いかに窮していたかが分かるが、このことは徳子の強い出家の意志によって中止になった。その替りとして、清盛の庶腹の少女が選ばれ、正月二十日、後白河院の後宮に入った。時に法皇、五十五歳。二十七歳の中宮よりもはるかに年少の少女が、清盛の老醜ともいうべきあがきの犠牲となった。法皇は平に辞退されたというが、清盛の露骨な政略を受けいれざるを得なかった。法皇もまともな心性を持っていたら、「馬鹿にするな」と憤慨していたと思うが、その辺の事情は伝わらない。

凡そ思慮の及ぶ所にあらず。弾指するも余りあり。実に心うき世なり。今日は故院の初七日なり、と云々。（治承五年正月二十日）

少女は、冷泉局と呼ばれたとも、そうでなくて猶子として扱われたともいう（正月二十日）。

清盛の死

天下の憎悪を一身に浴びるような専横を尽くした清盛も、まもなく六十四歳で没した。清盛の終息の地は、皮肉にも、兼実の九条邸からは、鴨川の流水を隔てるのみの指呼の距離にある。しかし兼実の記述には少しの感傷もない。

晴れ。禅門薨逝、一定なり。（治承五年閏二月五日）

あまりにも簡略な薨去記事である。その清盛の薨逝を伝える兼実の記述は、すぐにまた前夜から法皇宮を武士が取り囲んだという風聞を伝えている。清盛が後事を託した前左大将宗盛と法皇との間に不慮の事変が生じかけていた。薨去の直前に、清盛は「愚僧が早世の後は、万事宗盛に仰せ付けて計らい行われたい」との遺言を奏上した。勅答の内容は伝わらないが、清盛は憤怒の色を浮かべて「天下のことは宗盛の最とするところである。異論は許さない」と極言して薨じた。

平安末の激動の中心であった巨星の死を、単なるメモのように伝えたのに多少は気が引けたのか、兼実はあらためて清盛の人生のあらましを伝えている。

> 准三宮入道前太政大臣清盛 法名静海 は、累葉の武士の家に生まれて勇名を世に馳せ、平治の乱逆以後は、天下の権はひとえにその私門に偏在す。長女は始め妻后に備え、続いて国母となる。次女両人は共に執政の家室となる。長嫡重盛・次男宗盛は、あるいは丞相に昇り、あるいは将軍を帯びる。次々の子息も昇進は心のほしきまま、過分の栄幸は古今に冠絶する。とりわけ去々年以降、強大の威勢は海内に満ち、苛酷の刑罰は天下に普《あまね》く、遂に衆庶の怨気が天に答え、四方の匈奴変を成す。（中略）つらつら修因感果の理を案じるに、敵軍のためにその身を亡ぼし、首を戈鋒《かほう》に懸けられ、骸《むくろ》を戦場に曝すべきところ、弓矢刀剣の難を免れて 病席に終命す。まことに宿運の貴きこと人意の測るところに非ず。ただし神罰冥罰のほどは新たに以て知るべし。
>
> （治承五年閏二月五日）

「悪逆非道の報いはこのままでは終わらないぞ」といった書きぶりである。これがただちに、「今日、念仏五万反」と続く。違和感というか、なにか思わせぶりな記述である。

関東乱逆のこと

閏二月六日、院殿上において、関東乱逆のことが議せられた。兼実は例によって「所労」のために不参、摂政基房は参内したが「不快」によって閑所に候し、左大臣経宗以下十人の公卿によって議せられた。宗盛は、関東の平乱をいかにして鎮めるか、「宥行《ゆうこう》せんか追討によるか、群議あるべし」と述べたが、群議の内容を伝聞した兼実は、四辺騒擾の原因はひとえに逆臣の専横にあったのだから、天罰による夭亡の今は、宗盛は権を君に返上して隠遁に及ぶのでなければ、宥行も追討も不能と述べている。兼実はその意見を群議の席で堂々と主張したわけではない。籠居の屋内でひそかに呟いただけである。閏二月十五日、追討使重衡が発向した。重衡は南都焼き打ちの張本である。兼実は「造意の禅門、すでにその罰に当たる。下手の重衡、豈かの殃《わざわい》を免れんや」(閏二月十五日)と明言するが、これまた籠居の屋内での呟きである。

内心の呟きとは言いながら、兼実が、平氏に対する反感を公然とするようになったのには、平氏の凋落が目に見えて明らかになったことが最大の理由であるが、身近に具体的な被害を受けるようになったことも理由の一つにある。正月下旬、清盛は九条大路末の鴨河東に所在する宗盛の新御堂に暫く滞在とのことで、兼実の九条第周辺は武士たちの充満する喧騒の地となった。宗盛は「鴨河原辺の御領を暫く郎従の居住に借りたい」と、女院(皇嘉門院聖子)に申し入れてきた。女院の仰せで土地の形状を図かせている兼実の心中は、煮えくり返るばかりであった。清盛は結局、兼実邸からは鴨川対岸に近いこの場所で薨じた。叡山から汲み下してきた冷水も炎となって燃え上ったというほどの熱病で「あっち死に」をしたと語られる清盛の最期は、兼実邸にも卑近なこの場所でのことであった。薨去の場所は、なぜか『平家物語』は伝えないが、福原でもなく六波羅でもなく、九条河原口に所在の平盛国家であった（『吾妻鏡』治承五年閏二月四日）。遺体は翌日洛東の愛宕寺で火葬、遺骨は福原の経島まで送られた。その夜、本拠の邸であった西八条殿も焼失した。

諮問に応じず

二月十一日、主上の病悩を内裏の凶所が原因として、行幸の是非を院より諮問されたが、兼実は「禅門の意見を格別に用いられるのであれば議論の必要がない、早々に遷御されるのがよろしかろう」と、にべもない返答をした。二月十八日の行幸には右大将良通も催されたが、「当時所労有りて、出仕能わず。相扶け得ば参るべし」（二月十六日）と答えさせた。諒闇《りょうあん》（正月十四日に高倉院崩御）の内に吉服を着るのを憚ったのである。閏二月二十三日、前権大納言邦綱が薨じた。故院側近の邦綱には随分と便宜を受けた兼実であるが、藤氏を滅亡させた清盛に与《くみ》した邦綱も神罰を蒙ったものかと、やや冷淡な批評を加えている。

衰亡の道が見えている平氏に対して毅然たる態度を示さない法皇に対しても、兼実は不満の思いを持っている。蔵人頭の人事に関して院の諮問があった時、「偏《ひとえ》に勅定に在るべきなり」（六月五日）として、まともにも答えない。七月四日、久しぶりに参院した時は、

> 召しに依りて御前に参り、数刻勅語に預かる。多くこれ世間乱逆の間の事なり。余、疎遠の恐れ有り。而るに天気甚だ快し。悦となすこと少なからず。

であった。兼実としては、日頃の冷淡もあって、最近の疎遠状態をひそかに心配していたのであるが、思いのほかの恩言にやや安堵した。しかし、直後に「但し、末代の事、万々何せんや」とも付け加えている。七月十三日、法皇は院宣を伝え、近日の炎旱・飢饉・諸国謀叛・天変・怪異などで成敗に迷っているので、「時議を憚らず、宜しく思う所を奏上すべし」と仰せられたが、兼実は「至愚の短慮を以て重事を測り難し」として真剣には答えない。乱逆の御祈りに諸社に庄園を寄せたいが何社に寄せるべきか（八月四日）、追討にかかわる除目内容に関して宗盛の案を用いるべきか（八月六日）などの諮問に対しても、明瞭な対応をせず、「何を言っても宗盛の意に叶うことはないから、どのようにでも宗盛と相談して決められればよろしかろう」などと素っ気ない。後白河院皇子（承仁法親王）の受戒登山、吉服を着て善美を尽くす行装には、「誠に物狂いと謂うべし」（八月二十九日）と、非難の言辞を発している。

あくまで内心の思いという制限付きながら、平氏を明瞭に批判して対決姿勢を明確にすることをしない法皇に対しても熱心ならざる態度を示す兼実であるが、不本意ながらでも補佐役の立場にある基通に対しては、どういう態度を見せているであろうか。二十二歳の摂政は、いまだに「未練」（五月十七日など）と評されることが多く、興福寺の復興に関して、あるいは御寺の棟上日の下向の是非について、近日の天変についてなど、兼実に助言を求めてくることが多いが、その度に兼実は、「此の如きの問条等、返答に就きて憚り多し。実に進退惟れ谷《きわ》まる」（六月十二日）とか、「所詮、只御意に任す者なり」（七月十一日）とか、「暗にして計らい申し難し」（七月十六日）とか、その場凌《しの》ぎの態度に終始している。二月十八日の行幸に「所労」の理由で良通を不参させたことは先に述べたが、その同日に、基実女通子（基通の妹）が幼帝の准母として入内した。今更ながら平氏と紐帯を深くしようとする基通の態度に、兼実は、批評するほどの興味も示さない。兼実にとっては、基通は、法皇以上に対応を煩わしく思う人物になってしまっている。

一天滅亡すべし

衰亡していく平氏に厳しい批判の態度を明らかにして対決しようとしない後白河院と、院への協調の姿勢を免れ得ない基通に対して、親近する意識も態度も失った兼実の心内にあるのはどういうものであったろうか。前年暮れ、氏寺の焼亡を聞いた兼実が、すべからく山林隠遁の素志を述べたことは先述した。治承五年（養和元年）になっても、

南京諸寺焼失の事、悲嘆の至り、喩《たとえ》に取るに物なし。御寺已に灰燼と化す。氏人存しても益なし。俗塵を棄つべきはこの時なり。猶世路に纏わり、山林に交じらず。悲しきかな悲しきかな。（正月一日）

世間の事、毎事奇異か。生涯益なし。無上菩提の外、他事由なし。（六月十二日）

などが日常的な心性になっている。しかしこれが、どのような状況を背景にしての心情であるか、どの程度に純粋な道心であるかについては、思慮の余地がある。

各地の兵乱に関して、兼実は次のように述べている。

重ねて事情を案ずるに、関東鎮西謀反の事、已に大事なり。此の如きの時、仏法に祈請し、彼の効験を待つべきの処、都《かつ》てこの沙汰無し。殆ど魔滅を致すに似たり。（閏二月二十日）

諸国の争乱を公家貴族政治を破滅に導くものとして危機意識を持つことは前年に同じく、それを鎮撫するに神明の効験に憑むところも前年に同じである。朝政の紊乱《びんらん》は、逆臣清盛の一身の責に帰すものではあるけれど、その導いた結果が朝廷と公家貴族支配の全体に及ぶという危機感を持っている。「大略今両三月の内に、一天滅亡すべし」（七月十二日）という諦観に似た認識である。兼実の、平氏のみならず法皇・摂政との親近もあまり意としない、自棄的とも評せるような非親和の態度には、こういった現実認識が心内にあるのではないかと思われる。後の歴史を知る我々には多少不思議なほどに、平氏への批判は批判として、公家貴族の滅亡も平氏と一体化して受けとめていたように思われる。「君臣引率して、海西に赴くべし」（九月十九日）という風聞を、現実のこととして目前にするであろうことも覚悟している。

反逆の心なし

そのような状況であるから、絶望感による兼実の自棄的な意識は、むしろ自然なものとして推測できるのであるが、ここに、一つの不思議な事実がある。以前、騒擾の現実をよそに、治承三年の秋まで、兼実が和歌に熱心な好尚を示した時期のあったことを述べた。松殿基房の左遷という政変あたりを境にして、まったく断絶していた兼実の文雅趣味が、何故かこの時期に復活している。ただし、和歌ではなくて漢詩であった。詩会は、良通・良経も参加して連句の興を楽しんだ九月二十五日の会を初めとして、この後、わりと頻繁に記録を見るようになる。これも、兼実の自棄的態度の一つと見られるであろうか。筆者は少し違うように感じている。

八月十日、この日泰親が天変の占文を兼実に届けて来た。それによれば、「当時の天下、滅亡只今両三日の内にあり」であるが、同時に《天猶我が朝を棄てず》との表徴でもある」という。じつはそれ以前に、頼朝が「我君に於ては反逆の心なし。君の御敵を伐ち奉るを以て望みとなす」と称しているという風聞を、兼実は耳にしていた（四月二十一日）。この年の八月以前、頼朝が後白河院に書を送り、「全く謀叛の心なく、偏に君の御敵を伐たんとするのみであるから、平氏滅亡に及ばずとも、古昔の如く、源氏平氏相並び召し仕うべきなり」と提案してきていた。これに対して宗盛は「その儀は尤もであるが、故禅門が閉眼の刻に、我子孫に一人でも生き残る者が有れば、骸《むくろ》を頼朝の前に曝すべしと遺言されているので、勅命でも受諾し得ない」と述べて、唯一の妥協策も決裂したという情報も得ていた（八月一日）。頼朝がこのような資質であれば、逆臣平氏の滅亡は当然のこととしても、朝廷・公家貴族がそれと運命をともにすることなく、それなりに権威を失わないで武家と存立し得るかもしれない。兼実がそういう状況の可能性を感じたことと、彼の文雅趣味の復活とは関係があるようにも感じられる。治承三年の和歌が、意図的に危機を回避する現実逃避であったのに同じく、治承五年の詩は滅亡の渦から身を遠ざける意図的な現実回避ではなかったか。その現実回避の後に兼実にどのような運命が待っているのであろうか。治承五年は七月四日に改元、養和元年となった。

コラム1　清盛薨所

清盛薨去の場所は九条河原口の盛国家と伝えられているが、高橋昌明氏によると、当代の日記では「八条河原」と記述されているとのことなので（高橋、二〇〇七）、それも考慮して述べるが、平安京東南域の六条以南は鴨川の流水の浸食によって、富小路が東京極大路の役目を果たす状態になっている。すぐ東は鴨川の河原と流水になっており、この鴨川西河原に住居ということは、とても考えられない。流水の浸食が明らかで、臨時の耕作地のような利用ならともかく、絶えず洪水の危険にさらされて、居住には不適この上ない。

対して、鴨川東河原には早くから河原道が走り、後白河の七条河原御所も所在するような往来道になっていた。仁安三年（一一六八）正月六日、この七条河原殿に滞在していた東宮（高倉）は、北面大路から河原を南行、父院御所の法住寺殿に朝覲行幸を果たしている。この道は、九条末辺でまっすぐ南下する法性寺大路とやや東の山麓から木幡山を越えて南都に向かう大和大路に分岐している。南都の僧兵や関東の軍勢に向かう基地には恰好の場所である。清盛は、早晩、軍事拠点を構築する目的で、その地に宗盛に新造させた堂に入ったが（治承五年正月二十七日）、月余を経たばかりでこの地に薨じる運命になった。

薨所は、平家の郎党の平盛国家で、その所在地が「八条河原」であった（『師元朝臣記』永暦二年九月三日）。盛国とは、清盛と同じ桓武平氏の一門で季衡男の、検非違使・左衛門尉の盛国のことらしい。清盛家の政所を勤めて家司集団の中心人物であったという（高橋、二〇〇五）。そういった側近の住家が、病魔を発した清盛のために急遽提供されたとは、ごく自然な成り行きである。

　この盛国宅は高倉帝の誕生場所とも言われる（『御産部類記』下）。清盛女滋子の御産の場所にも利用されたというのも自然な発想である。八条河原であれば現在の本町通10町目あたりで、滋子が院御所法住寺殿の新御堂として営み、死去に至るまでの御所とした最勝光院のすぐ西隣辺になる。清盛が薨じた時に最勝光院辺で今様乱舞の音が聞こえたというのも（『百錬抄』同日）、いかにも臨場感漂う場面記述になる。高橋氏によると、清盛は晩年、九条末の鴨川両岸辺を平氏の軍事拠点として構築しようとしていたとのことである。その可能性はあると思うが、八条河原の盛国家の方が、高倉誕生も含めて、宗盛堂よりも平氏との縁故は深く、その場所で清盛が没したところに、筆者は、人生の因縁のようなものをひとしお感じる。

　なお、高橋氏の指摘のように、宗盛堂の所在地を「法性寺一橋西辺」とする記述は確かにある（『山槐記』治承三年六月三日）。同時に、「鴨河東の九条末」とする記述もある（『玉葉』治承五年正月二十七日）。この辺をどう理解するかの問題が残る。後考を俟《ま》ちたい。

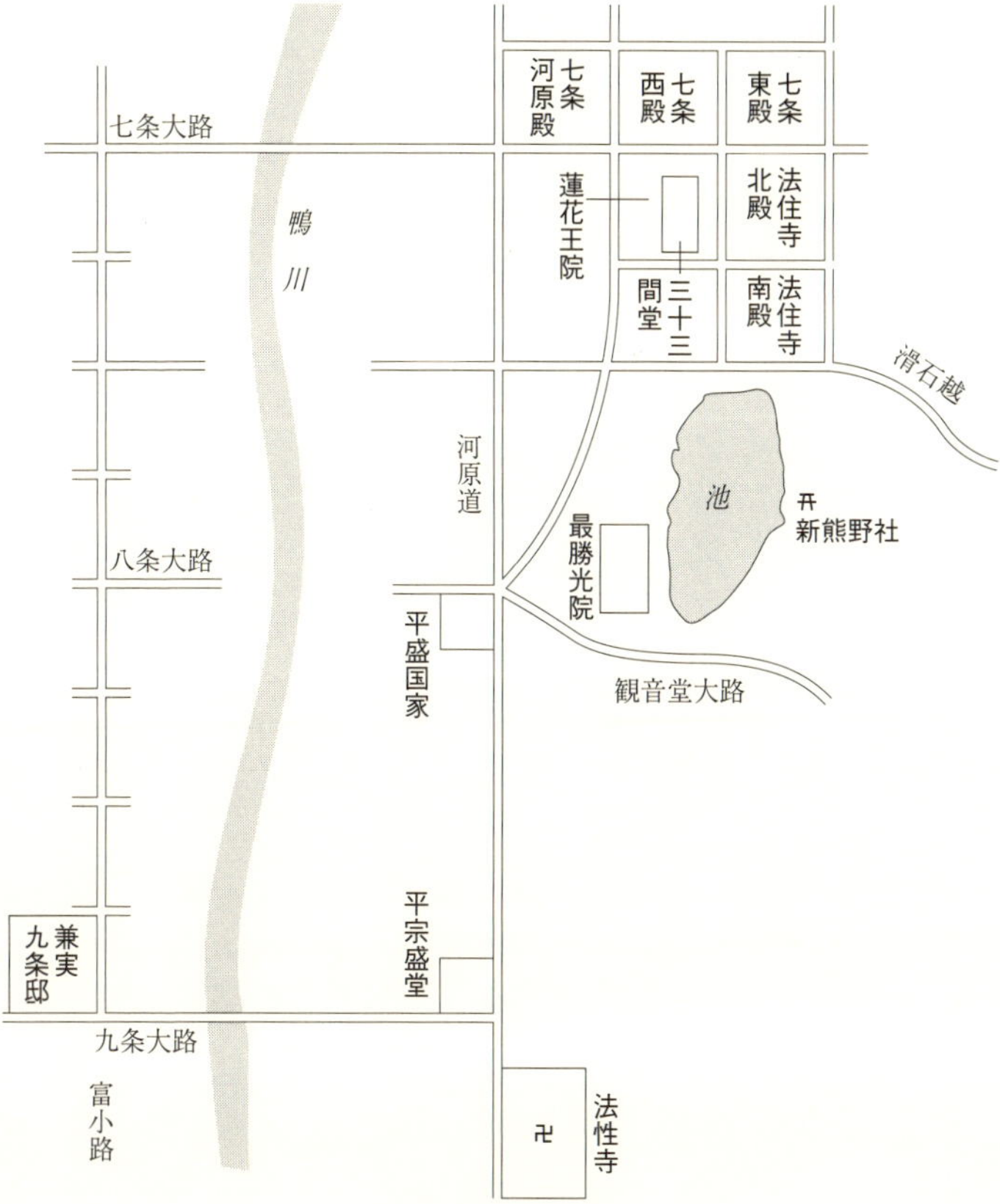
七条河原殿
七条西殿
七条東殿
七条大路
蓮花王院
法住寺北殿
鴨川
三十三間堂
法住寺南殿
滑石越
河原道
池
新熊野社
最勝光院
八条大路
平盛国家
観音堂大路
兼実九条邸
平宗盛堂
九条大路
富小路
法性寺

法住寺南殿辺想定図

第四章　交替する覇権

1　二世願望

治承五年（一一八一）七月十四日に年号は養和と改まった。安徳幼帝の代始改元ということであるが、帝の践祚したのは前年二月のことである。践祚以降、以仁王の事変、福原遷都、頼朝の挙兵と多事であったために、同年中の改元は行われなかった。今年になっても、高倉上皇崩御、清盛薨去《こうきょ》と変事が続いた。代始改元は八月吉例ということであるが、変異によって七月になされた。新たな御世に、世の静謐を願う意味も込められていたであろう。この年、兼実は従一位右大臣で三十三歳。平氏が滅亡に傾斜していく養和・寿永を、兼実はどのように生きていたのであろうか。

暗にして計らい難し

三十三歳の年齢で十分に老練の公卿とも言い難いとも思うが、二十二歳の摂政内大臣はさらに若く、兼実は、後白河院・摂政基通の両方から朝政の諮問を受けることが多い。けれども、諮問に応じる兼実の態度は、誠実さにおいて疑問を感じるものがある。たとえば、関東の賊徒追討のために秀衡を陸奥国守に任じようか、あるいは越後住人平助成の忠節に報いる恩賞は如何とか、院から意見を求められた時、兼実は、「追討の間の事は偏に大将軍の最なり。而して前大将申し計らわるるの趣、異議に及ぶべからず」（八月六日）と、軍事の責任者は前大将宗盛なのだからと口入を避けている。「宗盛の計らいに任せて何事と雖も定め行うべきなり。議定に及ぶべからず」と述べて、責任ある発言を避ける。にもかかわらず、事が定まって発表されると、

此の事、先日議定ある事なり。天下の恥、何事之れに如かんや。悲しむべし悲しむべし。大略、大将軍等、計略を尽し了るか。（養和元年八月十五日）

と、無責任な慨嘆をする。

また、天下の乱逆に悩む後白河院が、太神宮への行幸を思案して兼実に意見を求めてきた時も、「所詮、叡念左右なし。臨幸あるべきの由を一決せらるれば、更に議定に及ぶべからず。早く候すべきなり。御猶予に及ぶにおいては、短慮を以って是非を申すあたわざる事か」（十月二日）と述べて、明快な表明をしない。「法皇が裁断されるならそれがすべてで、あらためて議定に及ぶ必要はない」というのである。「ご自身で迷われていることを問われても、思慮の浅い臣下としてはお答えしようもない」というのである。何という朝臣であろうか。後白河院も、兼実を信頼を託せる執政と感じて

はいない。兼実が、次子良経の昇任を望んで院に依願したことがあった。

侍従、少将を望む事、定能卿を以って院に申す。許さざるの御返事あり。論勿し論勿し。

（同年十一月二十四日）

それ以前に兼実が侍従良経を伴って院参した時は、双六の最中で結局御前にも参れずに退出した（八月二十日）。この二人を親近する二人とはとても評し得ない。清盛が生存中で、平氏の権勢を意識せざるを得ない状況であったら、事柄はむしろ容易に進展していたであろう。法皇御子宮が天台座主明雲の弟子となり、受戒のために登山した時は「天下乱逆の中、諒闇の間、吉服の晴、誠に物狂いと謂うべき者か、弾指すべきの世なり」と、兼実は批判の感情を隠さない（八月二十九日）。

摂政との関係も良好とはいえない。改元の原因ともなった「天変」に関して、「御祈りを行われるべきか」と摂政基通が尋ねてきた時も、陰陽道・真言宗の長たるの輩に尋問して沙汰すべきで、自分などは「暗にして計らい申し難し」（七月十六日）と、素っ気ない応答をしている。基通が九条女院を訪ねてきた時、隣家の兼実にも対面したいと言ってきた時も、「障を称し」て行かなかった（九月八日）。基通の方では何か兼実に伝えたいことがあったのだろうか、その数日後、右中弁兼光が摂政の使いになってやってきた。この時も「念仏」の間だったので、物忌と称して門外で返した（九月十二日）。その時兼光は、「四日ほど後に摂政第に来られたい」との基通の意向を伝えたが、その十六日には、兼実はやってきた大外記頼業と語ったことは記録しているが、摂政第を訪ねたとの記述はない。平氏の権勢に支えられるだけの年若い摂政に兼実が好意を持ちにくいのも自然の感情だが、両息のことも配慮すると、完全に断絶するというわけにもいかない。兼実の指図があったのかどうかは明示していないが、嫡子の大将良通が摂政に「揚馬」を献じ、翌日は基通の方からも替りの馬を贈ってよこすようなことをしている（十月二十七・二十八日）。唯一親近したといってもよい高倉院の崩御にあって、兼実の内面は、激情を感じにくい冷めた思いが支配しているようだ。七月三十日の念誦の次でに、兼実は起請二ヶ条を書いた。一つは「滅罪生善」で、一つは「二世願望成就」ということである。前者は当然として、後者はどういう願望なのであろうか。変異の占文によって、「天下の滅亡は、只今両三日の内か」（八月十日）と認識する状態のなかで、院に奏上することがあった。

此の間、定能卿来たる。余、先日奏聞すべきの由、示し付く所の趣、今日、便宜を得て、具《つぶさ》に奏達し了んぬ。是れ、隠遁の思い有る由なり。勅答に云く、近日、天下穏やかならず、忽ちに思い立つべからざるかと云々。（養和元年十月五日）

兼実は「思う所有る」によって奏したと言っている。隠遁の思いは表面のことで、兼実の本心は別にある。「忽ちに思い立つべからず」と制止されることは事前に承知している。それでも敢えて隠遁をほのめかす兼実の意図はどこにあるのだろうか。これが「二世願望」と関連があるものかどうか。筆者は、十八歳で右大臣に任じて以来、ひそかに兼実が願望してきた朝堂の立場に関連するものと確信している。

全く謀叛の心なし

地方の騒擾の風聞がしきりに伝わるなか、平氏の凋落《ちょうらく》の気配はとみに明らかになりつつあった。そのなかで、秘密めいた風聞が兼実の耳に届いた。

去る比、頼朝、密々院に奏して云く、「全く謀叛の心なし。偏に君の御敵を伐《う》たんが為なり。而して、若し猶平家を滅亡せらるべからずは、古昔の如く、源氏・平氏相並んで、召し仕うべきなり。関東を源氏の進止となし、海西を平氏の任意となし、共に国宰《こくさい》においては上より補せらるべきなり。只東西の乱を鎮めんがために、両氏に仰せつけられ、暫く御試み有るべきなり」。（八月一日）

この書状を院が宗盛に示したところ、宗盛は、「清盛が閉眼の折りに、《我が子孫、一人生き残ると雖も、頼朝の前に骸を曝すべし》と言い残した。その戒めによって勅命も請け難い」と答えたという。これを兼実に伝えたのは、宗盛に近い兵部少輔尹明という男だが、真偽のほどは明瞭でない。真実の話としたら、衰勢を自覚する平氏も流石に武門の家と言えるかと思う。しかし頽勢《たいせい》は覆うべくもない。十月十三日に北陸道・東海道など諸方面に官軍下向のことが定められたが、その勢は合わせて五、六千騎を過ぎず、下向の後に京師を守護する兵は僅かに四、五百人しか残らないという状態であった。その下向も延び延びとなって、いつ出発したのか確認もできない。養和元年辛丑は大将軍が西にあるため、関東の賊も年内に入洛することはないという風聞も伝わってきた（十一月十二日）。大将軍とは年忌の方角神で「丑」の年は西の方位に所在するので西方が忌方になる。それで関東から西方への攻撃は無いであろうというのである。願望が風聞となっている。後白河院も、「天下の乱逆、今に於いては獲麟《かくりん》に及ぶか。武略及び難く、徳政叶うべからず」という認識を、再々にわたって洩らしている。春日明神も平家滅亡を予言し、自らも「鹿島に帰る」などという託宣を、女房に憑《つ》いて伝えた（九月十七日）。強勢な賊軍には敵対すべくもなく、賊徒が乱入すれば、平氏は天皇以下主な臣下も引き連れて西行するつもりらしいなどという噂も、しきりに流れていた（九月十六・十九日）。

このなかで、兼実がなした行動とはどういうものであったか。彼が隠遁の思いを後白河院に伝えたことは先に述べた。院や摂政の諮問には内容のない責任逃れの意見を繰り返していることも先に述べた。それ以外に行ったことは、九月九日〜十五日の七日間で、計「五十二万反」の念仏を実行したり、兼実の両息である良通・良経の家でしばしば連句の興を催したりなどのことである。院御子宮の受戒登山の折りの吉服を「天下乱逆の中、諒闇の間」と激しく非難した態度は、これと関係のないことであろうか。阿育王の例にならって八万四千基の塔供養を行ってみようかという院の意志に、「偏に御意に在るべきことで、この外の善政なし」と答えながら、内心は、「叶うべからず。但し、当時の政を変ずるに試みらるべきか」と冷ややかに傍観的である（九月三十日）。朝政の中心近くにいる臣下のこの態度を、どのように評したらよいのであろうか。

皇嘉門院崩御

この養和元年の歳末、兼実が傍観していられない事件が起きた。皇嘉門院藤原聖子の崩御である。聖子は藤原忠通の女で、兼実には異母姉にあたる。崇徳院の中宮となったが皇子誕生のことがなく、近衛帝を養子として皇太后・准母となり、院号を賜わっている。皇嘉門院は異母弟の兼実を猶子とし（『兵範記』久寿三年正月四日）、また嫡男の良通も養子とされるなど、兼実とはきわめて親密な関係にあった。邸第も隣接して兼実は終始親近に努めている。女院には、異母兄の基実・基房たちと違って、身分低い母を持った末弟に好意を寄せる感情があった。兼実の実母には二歳の年長で姉のような立場であった。前年治承四年五月に草せられた女院の処分状には、伝領する大部分の所領は養子良通に譲られることを述べ、残りの部分は二位中将兼房・法印信円に伝えることを述べている（『平安遺文』三九一三）。兼房も信円も兼実同母の弟である。皇嘉門院の兼実兄弟に寄せる好意は、兼実側から言えば、皇室と摂関家伝来の所領が女院を経由して九条家に伝わるわけで、兼実以下の兄弟たちは女院に全幅の親愛を寄せている。しかも女院は、その影響力をもって、後白河院あるいは摂政家に対して、兼実の仲介をする役目もしばしば果たしていた。その皇嘉門女院が崩じた。崩年、六十歳。兼実の立場も女院によって庇護されている部分が多分にあった。冷めた感情で時を過ごしている兼実にとっても、この上ない衝撃であった。

丑の刻に及び、少し御汗出ず。（日来、一切御汗出でざるなり。）奇と成すの処、寅の刻、遂に以って崩御。御心神安穏。手に五色の旗を取り、心に九品の望みをかけ、安然として入滅させ給ひ了んぬ。（十二月四日）

皇嘉門院最勝金剛院南陵

崩御の前に院から弔いの言葉があった時はご返事を分明に申されたが、そのなかでも大将良通のことをくれぐれも依頼された。「哀憐の思い弥《いよい》よ切なり。聞く者、涙を拭」ったというが、兼実にとってはなおさらであった。翌五日、女院の柩《ひつぎ》は御墓所の最勝金剛院御所に向かった。

御車を北面に廻して東門から出御御在所の例を取る時は築垣を壊さないのが例である。但し小門を用いるとのことで、東門を用いた、御所南小路今小路と号しているを東行、富小路を南行して河原から東行、大和大路に至って東に折れ、最勝金剛院西面の北四足路の門から入御になった。（養和元年十二月五日）

兼実は嫡子良通を連れて葬列に供奉、縁の深い頼輔入道も含めて数人の参入者であった。東門を出た遺体は、御所南小路（今小路）を東に、富小路を南行、河原から鴨川の冷たい流水を渡って大和大路に至り、東に折れて最勝金剛院に着いた。その後、御堂前の道を東に御墓所に至り、埋葬された。土葬である。兼実が良通とともに自邸を出たのが戌刻（午後七時）だから、すでに深夜に及んでいた。

2　嵐の前

寿永元年（一一八二）は女院追憶のうちに明けた。正月十二日、皇嘉門院の旧臣女房等が相寄って、結縁経供養のことが行われた。女院生前からの御願であり、薬王品は、生前に女院自ら書写されていた。

在俗受戒

然る間、その功未だ半に及ばざるに、自然に年月渉《わた》り、今、此の崩御に遇う。この恨み切にして、手足の措く所を知らず。ここに近臣の陪妾仕女等、彼の旧経等を開き、紅涙を拭いて嗚咽す。（寿永元年正月十二日）

七々の正日は正月二十四日、哀惜《あいせき》の思いはさらに募る。

七々の忌景、已に満つ。綿々の愁い弥《いよい》よ切なり。今日の哀傷、殆ど彼の遷化の暁に勝る。神心屠する如し。悲しき哉。（同年正月二十四日）

今日、徒然悲嘆さらに堪忍すべからず。温顔眼に在り、恋慕の思い、謝するところを知らず。言いても余りあり。（同年正月二十五日）

兼実がこれほどに悲傷の思いを述べる場面は、記憶を辿っても思い出し難い。政略の外にある女院は、感情のままに九条家の異母弟たちに好意を示せばよかったし、兼実たちもひたすら庇護を受けてなんの疑念もなかった。しかも皇室・摂関家伝来の所領が遺産としてもたらされた。兼実たちが純粋に深謝の心で追慕するのも当然である。

皇嘉門女院の好意には、客観的には偏頗《へんぱ》に受け取れる面もあったのだろう。間もなく、女院の遺産処分についての異議が出された。異議を述べたのは入道関白基房である。院の使いで来邸した頭弁親宗は、基房が、遺領のうちの最勝金剛院の伝領について不当と称している旨を伝えた（二月九日）。女院の処分状のなかにも、最勝金剛院は一の人（基房）の所領とした方がよいと忠告する者がいて、女院も迷った末に「いつこもみなよし見ちにたてまつる」と決断したことが記されていた（『平安遺文』同前）。基房が異議を申し立てることも予想のうちにあったらしく、「松殿の主張をもちゐらるまじ」と書かれている。兼実は、暗然とした思いで基房の抗議に接した。兼実は「全くその所に執するにあらず、前院に為したてまつり、此の如き沙汰に及ぶの条、悲嘆猶余りあるの趣なり」と記しているが、筆者は執するところはあっただろうと推測している。旬日の後に御堂に参った時にも、後の三月一日にも、入道関白がなお訴えているらしいという伝聞を兼実は耳にした。

近日、「命を慎むべし」という夢想を得た兼実は、「若し大漸の期に及ぶか」と疑い、「そのことは全く嘆きとするところではないが、罪障のみ多く残すことを悲しむ」と述べている（同年二月二十四日）。このあたり、兼実の本意はどの辺にあったのだろう。後の彼の言動を知る立場から言うと、彼の本心はかなり糊塗《こと》されていると見た方があたっているように思われる。本当に「罪障のみを悔いる」心であるなら、たとえばその数日後、嫡男良通の大納言昇任を院に申請するようなことを早速に行おうとするであろうか。兼実は、「院の意向は私にあったが私は望まない。《右大将良通の任官を願う》という兼雅の言葉に従っただけのことだ」と陳弁し、良通任大納言が昇任されなかった時点では「次第未だその心を得ず」と述べている（三月八日）。三月二十日、兼実は、大原聖人（本成房湛斅）を自邸に請い、在俗のまま受戒を受けて三衣（袈裟）を伝授された。法名、真理。しかし、世俗から隠遁した様子は何も見えない。在俗受戒とはどういう意味のものであろうか。

二世の願求

四月二十五日にも大蔵卿泰経を招いて、大将良通の任大納言と少将良経の任中将のことを指示し、一方で大臣辞退のことを院に上奏している。院の意向は大略不許可ということだが、兼実の辞退そのものも純粋のものでない。辞退の替りに、あるいは辞退表明をすることで、良通の任大納言を求めているのである。その良通は、新皇后宮亮子内親王（後白河院皇女、安徳帝准母、前斎宮）の立后三日の宴での勧盃の所作で人々の称賛を得た（寿永元年八月十七日）。鷹の子は鷹、兼実には期待通りの嫡男であった。九月十五日、再び「二世の願求成就」の語が見える。その日から七日間の念仏に入り、百万反をすぎる念仏を行った。その後、同母弟の法印慈円などの僧侶に託して、「大将所望」の祈りを春日社などで行った。自らも心経百巻を読誦し、不空羂索《ふくうけんじゃくじゅ》呪千辺を唱え、「すこぶる勇猛の信心を発して」祈念、なりふり構わずの執着を見せている（十月三日）。彼の「二世の願求」の内容もここに明瞭である。彼の平然と頓着せざるかに見える表面には、かなりに欺瞞《ぎまん》の要素がである。

兼実が勇猛の信心で祈念していた夜、院の承認の意向を定能が伝えてきた。同じ除目で、平氏の宗盛は内大臣に、知盛も中納言になった。その頃、兼実室は兼実のための「最吉夢」を見た（十月十二日）。ちなみに、筆者はすでに幾度となく兼実の「最吉夢」の記述を紹介してきた。だいたいは兼実室の見たものであるが、その「最吉夢」の内容が具体的に示されたことはほとんどない。実を言うと筆者は、吉夢そのものを疑っている。同種の夢を繰り返して見られることが不自然だし、それが夢告という予言であることも疑っている。兼実の場合、その虚夢を他に伝えることで、それが現実になる正当性を主張している、そんな性格が明らかである。

養和二年（一一八二）十月十八日に新大納言良通の拝賀。十一月一日から七日間、法印信円（兼実の義弟）を春日社前に参籠させ、自らも七日間、毎日念誦十一万辺の生活に入った。この結願の前日に良通の着陣がなされている。その無難を願っての祈念であったとしたら、兼実の心情、評すべきか批判すべきか、いささかならず迷う。その着陣で良通に失礼のことがあった。所作を兼実が忘却して教えてなかった。「愚頑身に余り、殆ど子孫に及ぶ。弾指して余りあるものなり」（十一月七日）と自責する。故実典礼に誇りと見識を持ち、公事作法こそが政務という感覚を持つ兼実にとっては悔いて余りあることだろうが、いささか異常にも感じられる。十二月七日の秋除目で、次子少将良経も中将に任じた。嫡子良通は四位侍従から中将に任じたものだから、五位を経験していない。次子良経が「その遺恨」を晴らしてくれたと悦んでいる。兼実のこの執着はどう評したらよいのであろうか。新中将良経の拝賀は同月十九日であった。

養和から寿永

兼実が二人の息の官途に汲々としていた寿永元年、以仁王・頼朝の挙兵に引き続く騒擾に明け暮れた前年の混乱が不思議なほどに消えている。鎌倉では、挙兵時の興奮状態から新たに体制を整え直す時期にあり、京都が危機を感じるような行動はなかった。しかしそれは、嵐の前の一瞬の静けさである。その感覚が京都にまったく無かったわけでもないだろうが、前大将宗盛は、「今年は（新帝即位初年の）大嘗会の年に当たっているので、追討の事は憚りがあるだろうか」と兼実に尋ねてきたり（七月十三日）、北陸道追討使も猶予して支度にも入らないなど（八月二十五日）、危機感に乏しい月日を過ごしている。

兼実の平氏に距離を置く感覚は変わってはいない。少将良経が拝賀で建礼門院に参った時、時忠のとりなしで忽ちに昇殿を許された。望まないことであったが「期に臨んで遁ぐる能わず」であった（三月十九日）。宗盛が内大臣に任じた時は、「大略、彼の人滅亡近くに在る」兆《きざ》しであろうと、来邸した外記頼業と陰口しあっている（九月二十七日）。廷臣たちの願望もおおむねその辺にあったが、現実感が目前にあったわけではない。確信は無いながらも、前年の騒擾の結末がいずれ近くに現れるであろうという予感は感じているが、流動する先が必ずしも明瞭でない。兼実が、院にも平氏にも摂政にも、どの勢力にも特に親近しない理由は、自負の心によってではない。危険の流れからできるだけ遠くに身を置くという、ただそれだけの思慮である。そして、朝廷が滅亡することがないかぎり、これだけは間違いないという朝政への階梯《かいてい》を確保するという、そのことだけに腐心している。養和二年の兼実の態度は、そういうものに筆者には見える。

後白河院と摂政基通の間は、奇妙な親近の関係になっていた。院と摂政という公人の立場でなく、私的に親密になっていた。

簾中に召し入る

此の日、法皇、法勝寺に幸さる。摂政供奉す。内舎人《うどねり》随身を具せらると云々。法勝寺に於いての講演の間、摂政を簾中に召し入ると云々。此の事、未だその心を得ず。先々近習の人御座の辺に祇候するが先例なり。天下の柄を執ると雖も、未だ院中の功有らず。若し是れ御追従か、抑留《よくりゅう》の謂か。

（寿永元年七月三日）

どの勢力にもやや離れる兼実にとって、どういう理由であれ、院と摂政の接近というバランスの崩れは歓迎できる内容のものではなかった。年末、来春の摂政家臨時客に尊者として招かれたが、「十二月は故女院の御忌月であり、元三の間に除服して出仕を始めるのは先例がない」などと言って断った。兼実は「此の条、矯飾《きょうしょく》無き事なり」と言っているけれど、自分の摂政への道を閉ざしている年若い甥に対する反発が、院との接近を耳にしてさらに嵩じたことの結果であろうと、筆者は推測している。

五月二十七日、年号は改元されて寿永となった。兼実はあまり記録していないが、この春は疾疫《しつえき》が流行し、死者巷《ちまた》に満つという状態であった。改元はその疾疫を鎮めるためであったが、大嘗会以前に二度にわたる改元は憚りが有るかどうかということで、兼実の意見を求められた。初めに院使に接した時は、「厄難を払うための改元なら、何度行っても憚ることはないが、改元で災を退けられるかどうかは私には分からない」と言い、ともあれ「院の御定に在るべきことだ」と答えた。そう答えながら、二十七日の改元を聞いて、「全く物の用に叶うべからざる事か」と冷ややかな感想を述べている。ひそかに執政の朝臣の自負を持ちながら立場を得ない兼実に、同情の余地がないこともないけれど、兼実の冷然とした態度はやはり批判される範疇に入るものだろうと、筆者は思う。

3 平氏西下

敢えて詮なき事

寿永二年(一一八三)の元正、摂政家臨時客の尊者を断った兼実の真意が早速に記されている。

天下無為の時、此の如き宴飲有るべからざるなり。故殿摂籙の後は数年行い給はず。近日の天下、専ら相応せざるか。(寿永二年正月二日)

この故殿は現摂政の父基実のことであろうか、あるいは兼実の信奉する忠通のことであろうか。いずれにしても先例に無いことで、政務には無知のくせにこのような遊宴には率先する若い摂政への感情は、兼実にも隠せないものになっていた。基通への批判とともに、兼実は、二人の息の官途にいよいよ執念を強めている。昨年末に大納言に昇任したばかりの良通の正二位のことを申請、早速に承認された（正月六日）。白馬節会に内弁を務めることになった良通への褒賞の意味もあったのだろうが、良通は見事に役目を果たした。

節会の礼儀と云い、序列作法と云い、一失無きの条、家の冥加、神の助けなり。悦すべし悦すべし。後代、定めて希代の例となすか。（正月七日）

それから数日、人々の感嘆の声が多く兼実の耳に入ってきた。兼実は最も得意な心境にあった。兄の良通が節会内弁を務めた同じ日、弟の中将良経も四位に昇叙した。

二月二日、釈奠《せきてん》。上卿として儀式を行った良通は、その次第を記録した。釈奠は孔子を祀る典礼で、二月と八月に行われる。その儀式作法に通暁するとともにそれを克明に記録する。『玉葉』と呼ばれる大部の日記を残した兼実の、その影を踏むような良通の成長ぶりである。これから後、時折「具《つぶ》さには大将の記に見る」といった語が散見されるようになる。四月十日の除目は、「耳目を驚かすこと先々に超過する」として、「凡そ末代の人、官位の望み、敢えて詮なき事か。弾指すべし弾指すべし」と難じているが、子息の昇進に汲々としている兼実が、公然と発せられる言葉ではないと思う。

確かに、時は官途に汲々としている状態ではなかった。一年有半の小康状態の後に、いよいよ京師を巻き込んでの本格的な騒乱が始まろうとしていた。北陸道を侵攻する木曾義仲追討のために京都に終結した軍勢は、総帥宗盛の統制もきかず、賊徒入洛以前に京洛は騒擾の状態になった。四月十七日、右中将維盛を総大将とする十万の軍勢が北陸道に下っていった。五万の兵を率いる義仲は越中国砺波《となみ》山に陣し、五月十一日、山中での夜襲を受けて平家方は大敗北を喫した。それらの報は、数日を経て刻々京都にもたらされた。官軍の壊滅的敗走を知った院は、前後策を講じるために廷臣を招集されたが、兼実は病と称して参上しなかった。こういっては悪いけど、危急存亡の時に心情を共にできない人間は信を置けない。筆者はそう思う。

翌日、来訪してきた院使に向かって、「今に至っては、百千万の事も叶うべからず、只天下落居の時に徳化を施すべし。それしかない」と答えている。平家滅亡は願うことであるが、兼実としては、いかにして平家滅亡の渦に巻き込まれずにすむかということに頭を悩ませていた。翌六月九日、書面で意見を具申するように求められた兼実は、関東北陸の乱逆を鎮めるための方策として、五ヶ条の回答をしている。その五ヶ条の内容は、仁恵を施すとか神仏に祈禱するとか太神宮に御願を立つといった抽象的な具申であり、唯一具体的な提言であるべき追討の事に関しては、「最とする将帥の議奏に従って評定に及ぶべし」というもので、実効的な提言は何も無い。公家の思慮というものは、神仏への祈願などのほかは、争闘の渦から自らを切り離す、それ以外のことが頭に浮かぶことは無いのであろうか。

法皇、叡山に脱出

近江方面に出兵する軍勢が、兼実邸の横を下っていった。兼実の九条邸東の富小路は、平安京東京極大路が鴨川の度重なる洪水のために浸食されて、今では京極大路に代わる南北道になり、兼実邸は鴨川西岸に接して、河原越しに東山を遠望する邸になっていた。その富小路を東夷追討の平家の軍勢が下る。息をつめてうかがっている兼実の鼓動が、筆者にも伝わってくるような気がする。

三位中将資盛大将軍となり、肥後守定能相具して多原の方に向かい、余の家の東の小路富小路を経る。家僕等、密々見物す。その勢千八十騎とか憖に之を討うと云々。日来、世の推するところ七、八千騎、万騎に及ぶと云々す。而るに見在の勢、僅かに千騎。有名無実の風聞、之を以って察すべきか。

（寿永二年七月二十一日）

平氏の衰勢すでに危急におよぶ状況は明瞭であった。上皇のもとでは連日の議定があり、卿相を招引されたが、兼実は不参を常としていた。上皇は法住寺御所に御幸、兼実も一家を率いて法性寺家に避難した。ところが七月二十五日の早暁寅刻（午前三時）、院が突然に御所から逐電された。後に判明したことだが、平氏西下の報が入り、平氏に連れられるのを避けて、急遽叡山に脱出されたのであった。

巳の刻に及び、武士等主上を相具し奉り、淀の地の方に向かい了んぬ。鎮西に籠ると云々。前内大臣以下一人残らず、六波羅・西八条等の舎屋一所も残らず、併せて灰燼《かいじん》と化し了んぬ。一時の間、煙炎天に満つ。昨は官軍と称して縦《ほしきまま》に源氏等を追討す。今は君に違背《いはい》して辺土を指して逃げ去る。盛衰の理、眼に満ち耳に満つ。悲しき哉。生死有漏の果報、誰人か此の難を免れん。

（寿永二年七月二十五日）

引き返した落武者が、最勝金剛院を城郭として籠るという情報が流れ、慌てて様子を見にやったところ、すでに一部が入ってきていた。最勝金剛院は法性寺域に存する中心の御堂である。同居するわけにはいかず追却することもできず、周章して日野への道を辿ろうとすると、源氏の勢はすでに木幡山に陣しているという。やむなく稲荷下社辺に宿り、翌日、定能の報知によって後白河院のいる叡山に向かい、かろうじて法皇御所に到って見参を得た。

平氏が西下して、早速に還御のことが山上で議せられた。明日は復日、明後日は御衰日ということで日次がなかったが、取り急ぎ二十七日のうちに還御ということになった。この日は帰忌日だったので、法皇は蓮花王院に留まり、兼実は法性寺近くの僧房に留まった。雲林院辺に身を隠していた摂政基通も帰ってきた。執政の中心であり、平氏にも因縁深い立場であるが、二つの理由で動揺していないそうである。一は法皇を海西に具し奉るという宗盛などの密談をいち早く院に通報したこと、一は法皇の愛念。基通は法皇との関係に密かな自信を持っていた（八月二日。八月十八日にも類例）。基房も病をおして院御所に宿り、頻りに息師家（十二歳）の摂籙をしきりに訴えているという（同日）。

御占は四宮

西下した安徳帝とともに、神璽・寶剣も西海にある状態だが、賊徒征伐のためにも、新主の践祚が早急に求められた。候補は高倉皇子二人であったが、義仲が三条宮以仁王の遺児（北陸宮）を強く推して容易に決しなかった。意見を求められた兼実は、次のように答えた。

不肖の愚臣、得て言上すべからず。偏に叡慮に任せ、須く御占を行わるべきの由、計らい奏せしむべしと雖も、その条猶恐れ有り。只叡念の欲するところをもって、天運の然らしむるの由を存ずべきか。（寿永二年八月十四日）

「《すべからく御占によって》と言いたいが、それも恐れ多い。ただ法皇の叡念によって決定されればそれで良い。後のことは天運であったと思うしかない」とは、なんとも無責任な回答である。兼実には法皇とまともに向き合う気持がすでになかった。そのように判断するしかない。再三の卜筮《ぼくぜい》や夢想によっても議論は一定せず、十八日の議定に及んだが、これまた例によって兼実は不参であった。席上、思惑のある入道前関白基房は義仲の意に従う意見を述べ、摂政基通と左大臣経宗は「御卜」を穏当と主張した。兼実は「勅定によるべし」との書信を送っていたようだが、これは意見を述べてないのと同じだろう。最後の御占によって、ようやく四宮（後鳥羽）に決定した。兼実は「小人の政、万事一決せず。悲しむべきの世なり」と慨嘆しているが、兼実に批判する資格はないと思う。

西に平氏、東に頼朝。兼実自身が比喩している、三国志にも似る分裂混乱状態のなかで、兼実には心に期するものもあったようだ。八月十八日、嫡子の良通が去夜に見た夢想を伝えてきた。夢中に現れた春日大明神が、兼実の「運」について、「更に疑い有るべからず」と告げたという。兼実は、父を思う良通の心底を「憐れむべし憐れむべし」としながら、自らの感情は隠している。兼実執政の噂はかなりあったらしく、それ以前に基房が「東宮傅を経るの人、摂籙に任ぜず」と院に奏上したりしているという話が兼実の耳にも入っている（八月十七日）。これを伝えたのは弟の法印慈円である。これを聞いた兼実は、「奇とすべし奇とすべし」と述べるだけで自身の感情は述べてはいない。彼は、自らの本心に近い部分は滅多に表現することをしない。後に、平氏都落ちの混乱の際に基房が源行家に書を送り、「摂籙の職は、家嫡に非ざる者は二男に及ぶと雖も未だ三男に及ぶの例なし」と述べて兼実執政を不当と述べ、また院にも同趣旨のことを訴えているということを聞いた時にも、三男に及ぶ例として忠平・兼家・道長をあげて基房の詭弁に駁するなど、事実を冷静に伝えるだけといった「落ち着いた」態度が見える（九月六日）。この表面的な「落ち着き」が、兼実の本領である。兼実自身としては「乱世の執柄、好む所に非ず」と述べているが、好まずとも動く心はあった。

大職冠の後身

その二日後の九月八日から、兼実は連日十数万辺という念仏を始めた。十五日結願のちょうど中日に、兼実室は希有な夢想を得た。夢中に現れた人物が兼実を指さして、「大職冠の後身だ」と語った。それを聞いた兼実室も、日頃から社稷安全を祈念し仏法興隆に努める兼実を「近代の風に似ない人だ」と思っていたので、夢告を尤もと納得したという。自らを藤原氏の始祖鎌足になぞらえる夢告を聞いて、道長を聖徳太子・弘法大師になぞらえる説もあるのだから、「信仰すべし信仰すべし」と記している。十五日の結願の後に、「この念仏は、仏法の為に身命を捨てて行った行動だ」と述べているが、正直なところ信じ難い。この騒乱の状態が必死の念仏で救われるとの信仰がまず信じかねるが、兼実の念仏の思いが、本当に純粋に社稷の安全のみであっただろうかという疑念がある。兼実は、望むものが目前にある時、ことさらに無関心を装い、外面的にはやむを得ざる形で現実になるのを王者の風と考えているらしいところがある。病苦に耐えながら未だ経験せざる念仏に捨身する姿が、筆者にはひたすらな別の訴えのように見える。

賢愚のほども知らず

平氏西下の後の京師は、洛中に入った源氏の軍勢のために、新たな騒乱状態にあった。鎌倉にある頼朝の上洛の報が流れ、義仲と頼朝との新たな戦乱が予測されて、混乱の極にあった。地方からの運上物はすべて奪い取られ、畿内近辺の作物は段歩を残さず刈り取られ、神社仏寺人屋ことごとく追捕にあい、多くの者が貴賤を問わず片山田に隠れた。兼実によれば、この災難はすべて「法皇嗜欲の乱政と源氏奢逸の悪行に出」るものであった（寿永二年九月三日）。頼みとするところは頼朝上洛の一事のみであるが、賢愚のほども知り難い彼が救世主になり得るものかどうか、「誠に仏法王法滅尽の秋」と慨嘆している（九月五日）。兼実の批判は、今や、糊塗《こと》するものなく法皇後白河院に向かうものになっている。

頼朝が三ヶ条の上申をしてきた。兼実の注するところによれば、一は、平氏押領の所領は本の如く本社本寺に返すこと、一は、院宮諸家領も同じく本主に返すこと、一は、降伏の武士等の罪を許し斬罪に及ばないこと、ともに理路納得されるものである。兼実も好意を持つところがあった。芳賀幸四郎氏も兼実の頼朝評価の転機をこの辺に見ている（芳賀、一九七〇）。院近臣のなかには、義仲に上野・信濃二国を賜い、これを頼朝に承認させて和平をはかろうとする者がいた。兼実は口を極めて批判する（十月二十三日）。武家の争乱は武家の間で解決すればよく、朝家が降り立って周旋に努めるべきものでないと主張しているようだが、本音は朝廷や摂関の権益がなし崩しにされていく危機感かと思われる。兼実の感覚としては、源氏・平氏の武家勢力は所詮は走狗にすぎず、一線を劃すべき存在を超えるものでなかったように思われる。

平氏を追って下っていた義仲が突然に都に戻ってきた（閏十月十五日）。義仲は院参して「頼朝の弟九郎（義経）が数万の軍兵を率いて入洛と聞き、防御のために帰洛した」と語った。「義仲には、法皇が頼朝を頼んで義仲を駆逐しようとする気持があるのではないかという疑念があり、敗戦続きの官軍を捨てて急遽帰洛したものだ」と、範季は兼実に説明した。範季はまた、「平氏を討滅するためには、法皇自ら西海に赴いて事に従うべきだ」という、未曾有の案を示して意見を乞うたが、兼実は強く反対した（閏十月十八日）。頼朝との対立が明白になるというのが最大の理由だが、法皇が武家と同じ戦場に身を置くなどは、「王者の翔に非ず」というのが、根本の感覚である。口には出さないが、「範季等の議、小人の謀と謂うべし。悲しむべき世なり」と慨嘆した。

法住寺殿急襲　頼朝の代官九郎冠者義経は、早く近江に至って入洛の期日を待っていた（十一月三日。以下十・十一・十五日に類例）。義仲が京外に落ちる状況になれば、法皇を具し奉るのではないかという風聞がささやかれていた。院周辺では、警護の武士が集まって時ならぬ危急の雰囲気になっていた。義仲が忽ちに敵対するはずもないのに、風聞によって逆に討伐の準備をするなど、「太《はなは》だ以って見苦し。王者の行いに非ず」と兼実は奏上した（十一月十八日）。兼実の感覚では、

「若し犯過があればその軽重に応じ法に照らして処断に及べばよいので、院自ら闘諍の先頭に立つなどは論外」と、珍しくはっきり意見を述べた。ところが、早くも翌日早暁、義仲が院御所法住寺殿を急襲して、京師の内での戦闘が始まった。

余の亭、大路の頭たるによりて、大将の居所に向かい了んぬ。幾程を歴ず、黒煙天に見ゆ。是れ河原の在家を焼き払うと云々。又、時を作る両度。時に未刻なり。或いは云う、吉時たりと云々。申の刻に及び、官軍悉く敗績し、法皇を取り奉り了んぬ。義仲の士卒など歓喜限り無し。即ち法皇を五条東洞院摂政亭に渡し奉り了んぬ。（寿永二年十一月十九日）

早朝に義仲が院御所を急襲した時、報に接した兼実は、暫くは「信受せず」であった。彼の感覚では、武家が一天の君の御所を襲うなどとは、信じ兼ねる出来事だった。前日に彼が院に奏上した、犯過を確認して処罰に及ぶなどという意見は、現実にそぐわない悠長な空論になった。しかしまた、院が武力で反攻の姿勢を見せなかったら、義仲もこれだけ緊急の行動に出たかどうか分からない。したがって、前日の院と兼実と、どちらの判断が正しかったかは確かには言えないが、どんなことがあっても、自身が泥田に足を踏み込むことをけっしてしない兼実の態度が正当なものとは思いたくない。

法皇が連れられた五条東洞院亭は、入道前関白基房の里邸である。これだけを見ても、この騒乱の背景が分かる。基房はこの邸に宿して、義仲とともに政務万端を取りしきっていた。義仲が「順当な判断をすれば」執政には兼実が任じることになる。しかし、この義仲の勢いが泡沫の如きものであることは、冷静に見れば明瞭である。兼実は義仲の眼に触れないように神仏に祈念した。神仏の冥慮があったかどうか（兼実はご加護を信じたであろう）、基房男の十二歳の師家が内大臣になり、ついで摂政に任じた。これだけ見てもいかに泡沫の政権であったかが分かる。兼実は「今度の事、第一の吉慶」と胸をなでおろし、基房のもとに賀札を送って息の摂政を祝賀した。基房からも報札があった。兼実は義仲のもとにも使者を送って体裁を繕った。日記には「当時の害を遁れん為なり」（十一月二十二日）と記している。

平氏追討に下る義仲は、法皇を具して西国に赴こうとしていた。万一の事態に備え、兼実は室や大将室などを南都に送る準備もした。法皇の西国御幸についての「御卜」を行うと、占いには「不快」と出たが、左大臣経宗の言で沙汰には及ばなかった。目前の危難に右顧左眄《うこさべん》して当面を繕《つくろ》うのが公家の態度である。経宗のひそかに語るところによれば、法皇の西下によって義仲と平氏の和平を意図する意味もあったという。義仲を「天の不徳の君を誡める使い」と断じる兼実だから（十一月十九日）、法皇一身のことは兼実にはもうどうでもよかった。故実政治家の兼実にとっては、神璽・宝剣が平氏とともにあることの方が、なによりも問題であった。この歳末、義仲と平氏との和平の風聞が、ひとしきり流れた。そうなった時には「受禅している新主はどうなるのだろうか」と、大外記頼業が素朴な疑問を洩らした時、兼実が「いささか思うところ」を示すと、頼業には「甘心の色」があったという（十二月二十四日）。兼実がどのような秘策を示したのであろうか。兼実の案じた「秘策」だから、さして果断とは言いかねるようなものであろうとは思うが、これは歴史の秘密になった。

4　東夷の意向

義仲滅亡

右中弁行隆が語るところでは、彼の子息に霊能があり、大乱の折りには必ず託宣があるという。この度の争乱に関しては、「西海の主は還城有って、神璽・宝剣も無事に戻るであろうが、平氏のうちに人材がなくて齟齬が生ずることもある。義仲は久しからず、頼朝も同じ。平氏の方が運はあるが、これも惣て所行による」などと告げたという（元暦元年正月五日）。兼実は「後鑑の為に」としてこの託宣を日記に残した。頼朝の軍兵はすでに美濃に至り、今月中にも入京と噂される一方、義仲と平氏の和平が確定し、平氏が早くも十三日に入洛するとの風聞が伝わった。義仲が法皇・公卿を具して北陸に下向するとの報も浮説ではないらしい。兼実は家人を再び南都に送った。

元暦元年（一一八四）正月十六日、義仲が近江に送った軍勢が、東軍数万に敵対し得ずに都に戻って、洛中が騒然とする。二十日には、東軍が宇治田原方面から敗走する義仲軍を追って、一挙に六条河原辺にまで侵攻した。瀬田・田原・摂津（行家追討のため）と寡勢をさらに三分していた義仲軍は一挙に崩れ、周章混乱した義仲は三、四十騎の手勢で近江方面に逃れ、粟津辺で討ち取られた。法皇と公卿たちは一応の危難を脱し、一家の焼損もなくて勝敗が決した。義仲に接近していた入道関白基房は、両度にわたって院に上書したが応答なく、新摂政師家も参入を阻止されて追い返された。後白河院と基房との間もまったく冷え切っていた。確執となる事情はいくつもあるが、去年の暮に義仲が西国への法皇御幸を企てた時に、使を寄越してしきりに進めたことが、決定的な悪感情になっているようであった（二月十一日）。

混乱のなか、兼実・良通の父子は、ともに病悩と称して籠居していた。いよいよ兼実の出番だと勧めてくれる人がいた。兼実は答えた。

政道の治乱は偏えに君の最に在るべし。我が君、天下を治すの間は乱亡止むべからず。不肖の者、委任の仁に当らざれば、恐らくは必ず後悔あらん。之に加えて、微臣、社稷に於いて身命を惜しまざるの条、仏天知見あるべし。然れば則ち、若し世の運有れば、天、士を棄つべからず。運無ければ、また一旦の浮栄を欲せざる所なり。只、伊勢太神宮・春日大明神に奉仕するに如かず。

（元暦元年正月二十一日）

文意いささか分かりにくいかもしれない。「現在の状況で不肖の者が執政に任じても、乱亡は終わることなく、必ず後悔するようなことになる。一方、自分が社稷のために身命を惜しまない気持を持っていることは伊勢・春日の明神もお分かりのことなので、すべからく神明のお導きに任せたい」と言っているようである。それにしても、冒頭で「我が君、天下を治すの間は乱亡止むべからず」と極言するあたり、後白河法皇への不信は決定的になっている。いずれにせよ、「世の情勢が未だ定まらない状況では執政は望まない」と言っているが、兼実が望んだとしてもそうなったかどうか。その夜、兼実は前摂政基通の還補の情報を耳にした。「いよいよ下官、詞を出す能わず」と記している。ということは、気持が無くもなかったということであろうか。正月二十四日に兼実が春日社に二ヶ条の誓願を立てたことについて、芳賀氏は「摂政就任の祈願と断定してあやまりあるまい」と推測している（芳賀、一九六二）。

巷には平氏入洛の噂が流れていた。追討の事は中止一定とも囁《ささや》かれていた。兼実も賛成であった。平氏を引級するのではなく、神鏡剣璽の安全を願うからである（正月二十六日）。貴族のなかには、平氏と音信を通じて、ひそかにその帰洛を願う者も少なくなかった（二月十一日）。兼実にとっては、平氏も源氏も滅亡した義仲も、同じ武家にすぎない。ところが追討中止の朝議が一変した。近習の卿相の和讒《わざん》の結果である。「小人君に近く、国家擾《みだ》る」（正月二十七日）。兼実は慨嘆しているが、批判が正当であるかどうかは分からない。

藤枝松関　近日上洛してきた斎院次官親能（頼朝近習）は、前権中納言雅頼に「頼朝は兼実執政を支持している」と語った。雅頼が「このことを上奏したか」と聞くと、親能は「尋ねる者があれば申す」と答えた。「尋ねる者がいなければ黙止するのか」と聞くと、「進んで申せとは言われていない」と答えた（二月一日）。また、一の谷で生け捕られた重衡を尋問したところ、平氏は「兼実が政務を執るべく議定に及んだ」とも語った（二月十九日）。「兼実が平氏と音信を通じていたのか」

と聞かれて、「それは一切ない。只《傍若無人》たるによりて、その仁に当たる」と重衡は答えた、傍若無人とはどういう意味であったのだろうか。院にも平氏にも特に親近しないという意味なら、当たっていないこともない。

騒乱の際の兼実の通例であるが、このところよく吉夢に接している。三月十二日の暁、兼実と室は同時に最吉夢を見た。十八日には大将良通が夢想を伝えてきた。夢中に現れた人が「夜部ご覧になった古集《藤枝、松関を叩く》の意をご存知か」と尋ねた。良通が「知らない」と答えると、「藤枝とは藤氏の第一人たる右大臣殿のことで、関を叩くとは、右大臣殿の沙汰によって天下が鎮まる意味だ」と答えた。「松とはなにか」と尋ねると、「久しく保たせ給う」の意だと答えた。良通の夢想を聞いて兼実は、「今月末あるいは来月始めには、此の事成就すべきか」と心中に思っている。兼実の「本意」、ここに見えた。

元暦元年（一一八四）三月二十三日、頼朝は院に種々奏上したなかで、兼実を藤氏長者に推挙する旨を伝えた。昨年の騒乱以降、異母兄の入道関白基房と摂政基通は再三頼朝に使者を送り、進物を進めて陳情のことがあったらしいが、兼実は「只、仏神に祈るのみ」であった（三月二十九日）。それなのに頼朝が何故あえて兼実を支持することになったのか、事情はしかとは確認されないが、後の経緯を見ると、誤解に基づく出発点を感じるところがある。兼実が頼朝と特に接触しなかったのは、平氏も源氏も武家という意味では同列であり、同じ場に降り立つのは、貴紳の行為と思わなかっただけのことである。四月下旬に頼朝が上洛するとの噂がもっぱらになっていた二月二十七日、「頼朝若し賢哲の性有らば、天下の滅亡いよいよ増すか」と兼実は記している。この「賢哲」は褒め言葉ではない。平氏に対する叛乱を起こした頼朝の軍勢を、兼実は初めは「東夷」と称していた。武家一般に対する蔑視の感覚が底にある。それが頼朝には感知されず、孤高に見識を守る公卿として評価されたものであったとしたら、兼実のために僥倖を喜ぶとしても、綻びはいずれ亀裂となって現れるであろう。この年の四月十四日、年号が改まって元暦元年となった。兼実は、例によって、「乱逆止まざるによってなら、改元でそれが改まるという根拠はない」として、「愚意、未だ甘心せず」などと日記には記している。

第五章　摂政兼実

1　動乱の後

信じ得るもの

寿永二年（一一八三）の秋風とともに、梢に残った枯葉が散るように、平家一門が都から姿を消した。華麗な残像は都人には消え難く、冬過ぎれば再び春の花に遊び、夏の緑に戯れる季節の移ろいのように、平家の公達たちが再び姿を見せる日が自然に巡り来るような感情も、都人にはあった。一陣の旋風のように枯葉を散らした義仲も、冬が過ぎるか過ぎないかの間に、近江路の露と消えた。義仲に替った東国武士の軍勢は、都を一過して平家討滅のために西に下った。平氏は西国を平定、数万の軍兵を率い、主上を擁してすでに福原に着くとの報が都に伝わった。官軍一、二千騎の劣勢と敗北の風聞は、都人のひそかな願望にも近かった。平氏一門と密かに音信を交わす貴族も少なくなかった。兼実も「頼朝若し賢哲の性あらば」と新たな武門の君臨を畏怖していた。法皇の平氏追討を勧める側近を佞臣《ねいしん》と嫌悪した。

頼朝も四月下旬に上洛との風聞があった。平氏を一掃し、義仲を瞬時に蹴散らしたのも、頼朝先発の軍勢にすぎない。頼朝が、なお数万の軍勢を擁して上洛の途にあるとの報は、都人に新たな不安をかき立てていた。平氏・義仲連合説や、源氏・平氏和平説が流れたのも、まだ眼前に見ぬ不安と恐怖に駆られる心情が背景にある。次第に増す新たな恐怖感を、基通や基房は自ら頼朝にすり寄ることで解消しようとした。自らの立場を支える権力を求めて彷徨するのは、公家社会の常識であり、あるいは倫理でもある。しかし、自らが力を持つことによってしか生きられない武家の間にいる頼朝の感覚は異なっていた。平氏ついで法皇の権威に支えられて生きてきた基通、義仲に幻惑され束の間の権勢に酔った基房、頼朝には彼らは唾棄《だき》すべき寄生虫のようにしか映らなかったであろう。

頼朝の目に、兼実が敬重すべき孤高の貴顕と映っていたとしたら、それも真実を見通していたとは言えない。兼実の感情を評価して言うなら、彼の理想は天皇権威に支えられた朝廷政治である。ひそかに鎌足・道長後身を自認する兼実が、朝廷権威をも屈服させる武門の圧力を好ましく思うはずがない。この感覚も実は、排除された者の感覚であり、眼前の院や平氏の権力に受け入れられない故実家が、夢想せざるを得なかった逃げ場であったにすぎない。ただし、兼実が既成の権力のどこにも親近せずに生きてきた（生きて来ざるを得なかった）事実だけは確かである。王者の立場から手をさしのべようとする後白河法皇に対して一線を置く意識を持つ頼朝には、少なくとも法皇の傘下にない朝臣であることが、望ましい必要な条件であった。

執政の条件

その意味では、頼朝の選択は誤っていなかった。後白河法皇と兼実との間には、この時期、すこぶる親和ならざる感情があった。大外記頼業が来訪して来た時、先年通憲法師が語ったという次の法皇評を伝えたことがあった。

当今法皇を謂う、和漢の間比類少なき暗主なり。謀叛の臣傍らに在るも、一切覚悟の御心なし。人これを悟し奉ると雖も、猶以て覚えず。此の如き愚昧、古今未だ見ず聞かざる者なり。

（寿永三年三月十六日）

例文の後に、頼業は、愚暗の余りには逆に徳となる、「叡心」に定められたことには制法に拘《かかわ》らないということと、聞き置かれたことはかつて忘却されることがないという二点もつけ加えた。酷評に多少気がさしたためであろうか。

四月十四日に改元なって元暦元年となったが、兼実の法皇への悪感情は昂まるばかりであった。これも先の頼業の語ったものだが、俊憲入道（通憲男）の法皇評、

此の君、今の法皇を指す偏に晋の恵帝なり、八王の執権敢えて相違すべからずと云々。

（七月九日）

「晋の恵帝」は建国の武帝に次ぐ二代の帝であるが、暗愚で知られる。八王の執権とはその在位時の

王族の叛乱を指し、内乱の終結とともに恵帝も崩御したとのことである。通憲一族の学識のほども知らせる批評である。兼実は、「その語、掌を指すが如し。誠にこれ聖人の格言なり」として、同感の意を表している。

兼実の法皇批判は、挙げていけばきりがない。次子中将良経の正五位下昇叙の申請をしたが、叶わなかった（七月二十四日）。法皇から好意的に応じられるとは考えてなかった。兼実は、法皇が基通を選ぶのか自分を選ぶのか、その気配を確かめたかった。法皇の不請にあって、「不快の条、爰にして疑い無きか」と感じ、「無益」の思いをのみ深くした。同じ御即位叙位で、兼光は隆房を超えて従三位に叙した。兼光は法皇愛寵の丹後局の婿であり、隆房は法皇第一の近臣泰経の婿である。泰経への恩寵も丹後に及ばざるかと見ていると、泰経の泣愁によって隆房の叙位が通り、兼光の上座になった。兼実は、「朝務軽々」と批判し、「大事と云い小事と云い、弾指すべきの世なり。悲しむべし悲しむべし」（七月二十六日）と慷慨している。良経の昇叙が成っていたら、兼実はどう評したであろうか。

大外記頼業の来談するところでは、京洛にある院領地を太神宮以下の宗廟霊社に献じるとのこと、兼実は「何の聖代の例や。国の衰微、朝の陵夷のもと」だとして批判した（八月十八日）。また院司定長が「児女子の説に《如法仁王会を行う時は、君の為に不快のこと有り》とするのを信じて、今後仁王会を行う時は両三年の内の吉凶を勘申すべし」としたのに対し、「実に耳に触るべからず触るべからず。愚暗の世、吉還《かえ》りて凶となり、善又悪に似る。悲しむべし悲しむべし」と歎じた（同日）。高橋秀樹氏の最近の意見によると、この元暦元年に至って、兼実の執政への「現実感が湧いた」とのことである（高橋、二〇一四）。であれば、兼実の過激な法皇批判は、それと裏腹な関係の言辞という説明もできる。

九月十八日の除目に参議定能・経房の二人が中納言に任じた。一員の闕に二人を任じる必要はなく、すでに十中納言に及んで不吉の例にもなる。「此の外の事など、非理無道、勝げて計うべからず」と慨嘆する（九月十九日）。平氏一門とともに西海に流浪する神鏡剣璽のことを沙汰することなく即位の大祀を強行しようとすることに対して、「国土を滅亡し、人民いよいよその費を致す。是れ天意に叶うべきやいなや」と批判する（十月六日）。大納言定房が執柄の推挙によって幕府に仕えるとの儀があるそうだと聞くと、「大飲大食の窮者、若し将軍の顕要を拝せば、永く官職の興有るべからず」と極言して憚らない（十二月一日）。内大臣実定が左大将兼任を離れるとの風聞があり、大納言実房が兼任するとの噂が立った。兼実は、「法皇文簿に暗く、先例を知らず。仍て若しくは上臈を以て左に加えらると云う。大将の為に愁となるべし」として子細に奏聞したが、「分明の勅報」は無かった（十二月二十日）。分明の勅報が得られると思って行為したわけでもなかったであろう。嫡男右大将良通のために、無言に座していられなかっただけのことである。実定の辞状は返給されても大将の交替はなかった。兼実は珍しく「尤も善政」と評した（十二月二十一日）。次子良経の正四位下叙位はこの除目で成った。これらが、兼実の奏聞と関係あるのかどうかは分からない。

後白河法皇の兼実不信の感情も理解できる。朝堂の一角に位置を保つ兼実だが、危急の時にあたって意見を徴すると、尤もらしいことは言うが、結局は中心者の意向がすべてだとして、自らの態度は鮮明にしない。緊急の渦中に直面する事態になると、所労と称して籠居を決め込む。見識ある孤高ではない。いかに目前の危険から身を遠くしていられるか、彼の行動を支えるものはその思考である。明日の見えない激動のなかで、必要なのは生死を共にできる信頼である。兼実にも、それなりの言い分はあるだろうが、兼実に信頼を託し得ない法皇の感情も分かる。基通は平家を後ろ楯として対立的な立場であったこともあるが、決断の時には法皇にすべてを託して都に引き返した。今信じ得る唯一のものは心と心の結びつきである。

基房は反平家勢力の中心となり、朝廷と摂関の伝統的権威の守護者と見えたこともあったが、平家を都から追放した義仲の武力に幻惑されて瞬時の栄光を選び、単なる権力亡者にすぎなかったことを暴露した。兼実は、法皇にも平氏にも親近せず、故実政治家として超然と己れを持していると見えたが、内実は、どちらからも信頼を託されず孤立していただけのことである。後白河法皇が、囁《ささや》かれるような個人的な密誼もあったかどうかは知らないが、忠通遺児の三兄弟のなかで、選べるのは基通だけという気持になった感情も、自然に推測できる。法皇は、基通を頼朝の婿にするという発想も持った。頼朝上洛の際に新妻を迎えるべく、摂政の五条第が修築中だという伝聞も兼実の耳に入った(八月二十三日)。法皇は、混乱終結の後は、伝統の摂関と新しい武門源氏とに支えられる院の権威という、勝手な構図を夢想していた。頼朝はしかし、法皇の夢想に応じる心を持っていない。

右府辞任の上表

頼朝が、法皇と親近の立場を持たない兼実を次の執政と考えているとの報は、陰に陽に都に伝えられていた。元暦元年の年初二月一日の斎院次官親能の伝える消息は不確かであったが、三月二十三日の情報は大江広元が伝えたもので、信憑性があった。四月一日にも、鎌倉から入洛した頼盛後見侍の清業から法皇への奏上があったらしいことも耳に入っていた。頼朝の意向は、再三にわたって法皇に伝えられた模様だが、法皇は決断しなかった。義仲が討伐された翌々日に摂政に還任させた基通の立場を、できれば擁護したかった。基通を頼朝の婿にとの画策があったことは先述した。基通周辺からも兼実にかかる讒言が、折りに触れて頼朝に伝えられたりもした（十一月二日）。次のような情報も記している。

実厳阿闍梨来り、密語して云く、「少納言入道相者、俗名宗綱、三条宮近臣、去夜坂東より上洛、言語の次に申す、《頼朝云く、右府殿の御事を京下の輩に問うの処、人別にその美を称し、未だその悪を聞かず、爰に社稷の臣たるを知る》と云々。その気色を見るに深く甘心の色有り。且つ是れ、殊に音信を通ぜざるの故なり」と云々。（元暦元年十一月二十七日）

やや持って回った情報だが、少納言入道が入洛して、「頼朝が人ごとに兼実の善徳を聞いて信頼を託する気持を持っているが、これは殊に音信を通じてよく知り合っていないためではないか」と語った。その言葉を実厳阿闍梨が密語してそのまま兼実に通じた（他の解釈の可能性もあるが、とりあえずこの理解をしておきたい）。結果的に見て、相者をもって任じる少納言入道の観察は当たっている。その密語を聞いた兼実がどう思ったか。「《よく知り合えば執政を託すに相応しい人物だ》と頼朝は思うであろう」と兼実が思ったかどうか、その辺は本人に聞いてみるしかないが、それを確かめることはできない。人間、自らのことになると鈍感になるものである。兼実はおそらく、頼朝の信頼を得て鎌足や道長に比すべき存在になることをひそかに夢想していたのではないか、これは筆者の想像である。結局、法皇や基通の動きは逆の結果をもたらすことに働いたようであるが、兼実がいかに廉直《れんちょく》であるか高邁《こうまい》であるかなどはどうでもよい、頼朝には、後白河法皇に対立的な立場のみが必要であった。頼朝の託する現実の思考と、兼実の託する夢想の願望と、いずれ決裂する時が来る。

基通周辺からの讒言が折りに触れて頼朝に伝えられていると聞いた時、兼実は「推挙、専ら好む所に非ず、讒言何ぞ痛かるべきや。ただ家の前途、国の重事が田夫野臾の詞に懸かるの条、悲しみても余り有り」と記していた（十一月二日）。しかしそれは本音ではない。その半月ほど以前に兼実室が霊夢を見ることがあった。その詳細は例によって記述しないが、「一切の怨敵を払い大願を成就すべき」というものであった（十月十五日）。霊夢のことを弟の法印（慈円）に話すと、実は慈円も同じ房中の輩も「同様の夢を見ていた」と語った。「法験尤も新たなり。貴ぶべし貴ぶべし」と記述する兼実の心のうちを推測するのは容易である。兼実は、頼朝の圧力が法皇を動かす時の至ることを、心の底では切望していた。

その兼実が現実に取った行動は、どのようなものであったか。筆者は、いかにも兼実に似つかわしいとあらためて思うのだけれど、彼は、この時にあたって右大臣辞任の上表を奉るのである。表向きは病を理由にしての辞表であるが、兼実に代わる存在がいないことを見越した上で、内々に法皇の意向を伺うものであった（九月十三日）。院司定長の説では「天許有るに似たり」ということであるが、兼実は俄には信じない。「法皇の御心を知るの故なり」と兼実は記している（九月十四日）。上表がなされた九月十八日は、兼実が「非理無道」と批判した除目の日である。兼実執政に態度を濁し続けている法皇に背を見せることで、兼実は「すでに猶予の時間はないぞ」と迫ったのである。法皇にかかる頼朝の圧力を知った上での行動である。法皇はたしかに進退に窮するところがあった。兼実の上表は、受納されるでもなく、返給されるでもない状態のままに置かれた。御心のままであれば、これ幸いと兼実の籠居を法皇は承認したかったであろう。

2　二人内覧

辞表の行方

年が明けた文治元年（一一八五）三月二十八日、自邸に呼んだ院司定長に、兼実は辞表の行方を尋ねた。去冬の除夜に辞表返給と告げられ、その後定長に付けて「暫くも返預されていない」旨を伝えたが、最近の消息によれば、院はすでに返給と承知されているとのこと、「事情はどうなっているのか」と定長に尋ねたのである。定長の返答も要領を得なかった。要するに、法皇も処置に困っていたのである。兼実との間の疎隔《そかく》の状況は変化がなかった。良経を伴って日野に参詣したことがあった。その帰路、伏見に方違された院の御幸と出会うかもしれないとの報を得て、兼実は路を変えて瓦坂《かわら》（滑石越）から帰家した（二月二十八日）。院との疎隔を具体的に知らせる記述である。筆者の地理的な関心としては、日野への経路が木幡山越道に相当することが知られて興味ある記述でもある。

四月四日、長門国での平家滅亡の報が伝わり、兼実に院参の仰せがあった。平氏と頼朝との間にあって態度を決めかねるところもあった法皇も、いよいよ頼朝と正面から対応せざるを得なくなったことを感じたのであろう。兼実は「灸治無術の間、今両三日の間相労して参る」と答えた。灸治がどうと言っている状態ではないであろう。筆者が後白河院の立場であったら、多分、後先見ずに兼実と絶縁する途を選んだと思う。院は、頭弁光雅を兼実邸に遣わし、平家の生虜と三種宝物の処置について意見を求めた。兼実は、生虜のことは「只叡慮に在り」と答え、三種宝物については、「武士が戦場から持ち帰ったのだから、公家の知るところではない。帰洛の報を待って対応すれば良い」と答えた。兼実らしい思慮である。「尊貴の神器が戦場のなかで彷徨した事実などは知らないフリをして、事実から抹消しておけば良い」という、いかにも兼実らしい感覚である。

この璽鏡入御の件については、院であらためて議定のことがあった（四月二十一日）。催しを受けた兼実は、「直衣冠」で参入した。経家からその「直衣」についての注意を受けた。人々は皆束帯であった。兼実は反論した。「昨日仗議があるからと報知された時、自分はまだ上表を返給されない立場である上に灸治の状態でもあったので、朝服を着し得ない。従って仗議には参れないが、院の内々の議定であれば夜陰に閑所に参候できるかと思って来た。内議と思って来たのに、皆束帯なので一座に候することができない」と述べて退出しようとした。左大臣経宗は「全く憚り有るべからず」と伝えてきたが、無視して乗車した。経宗は周章して、「別座に候してでも議に預かって欲しい」と懇願してきた。兼実は轅《ながえ》を廻して再び参入した。

兼実の態度は、筆者にはただの意固地としか思えない。平氏都落ちとその滅亡にいたる転変のなかで、兼実が最も「重事」と認識するのは、平氏が主上とともに伴った三種宝物のことであった。その帰洛を議する会議に、直衣も上表もないだろう。別座に候した兼実が諮問を受けたのは、他に、建礼門院と前内大臣宗盛の処置、また頼朝の賞のことであった。頼朝の賞については、後日、「清盛・頼政の例があり、頼朝は満足しないだろうから従二位ではどうか」と院から質問され、「清盛・頼政が叙した三位を頼朝が嫌うはずはないと思うが、その疑いがあれば二位で何の難もない」と答えた（四月二十六日）。要するに、答えになっていない。法皇が信頼し難い感情を持つのは当然である。

壇ノ浦で生虜になった宗盛・清宗父子は、一旦鎌倉に送られた後に再び京に向かった。しかし生きながらの入洛は「無骨」ということで、近江の篠原宿で斬首された（六月二十二日）。「その後、使庁に渡すかそのまま棄て置くかは院宣に従う」と、頼朝が伝えてきた。法皇は兼実に意見を求めた。兼実は「左右、只勅定に在るべし」と答えた。いつもながらの兼実の態度であるが、さすがに法皇も憤激し、「《太だ以て本意なし。自今以後、此の如き事仰せ合わせらるべからず》と言われた」という情報が兼実の耳に入った。兼実は、内心、こう反論した。

古来勅問に備うるの人、若し思い得ざるの事有るの時は伏して聖断を請う、已に流例たり。然れど

も未だ勘責を蒙るの例を聞かず。法皇不許の身、いかでか一日と雖も経廻《けいかい》せんや。（六月二十三日）

「勅問を受けてもどうにも良案が出ない時に聖断にお任せするのは当たり前で、そのために勘責を蒙るなどということは聞いたことがない」と、反論するのである。尤もにも聞こえるが、期待して諮問する法皇としては、信頼する甲斐がないと感じるのは、さらに当然である。「生虜の処置については先に意見を申したが（四月二十一日に別座に候した時に、兼実は遠流の意見を述べた）、その案も容れないでおいて、今頃また別の意見を徴するのは勝手である」というのが兼実の言い分らしいが、法皇の失望の感情の方が理解されるだろう。

失望の思いは強いが、頼朝が基通よりも兼実を支持しているのであれば、兼実の存在を無視するわけにいかない。その後も、先朝の諱号のこと、東大寺大仏開眼供養のことなど、折りに触れて兼実の意見を徴した。法皇としては、兼実との関係が順調であれば、法皇―兼実―頼朝という新しい関係を構築できる期待もあったかもしれない。十月十五日の法皇の八幡御幸に、兼実は珍しく供奉を申し出た。君臣の齟齬の感情を修復する機会を、兼実も思わないこともなかったかもしれない。ところが前々日の深夜、兼実邸の南庭に死者が発見されるという穢が生じ、供奉も不能になった。報告を聞いた法皇には「不快の気」は無かったとの情報が伝えられた。その同じ日、良通・良経を共に院司に補すとの仰せが兼実のもとに届いた。平氏滅亡の今、頼朝が推す兼実をなんとか懐柔して、鎌倉との安定した関係を結ぶのが法皇の現実的な念願となっていた。

ところが、法皇の追いつめられた念願を吹き飛ばす事態が、早々に思いがけないところから出来した。平家討伐に頼朝の手先となって働いた行家・義経の謀反が明らかになり、法皇から兼実に意見を求めてきた。行家に同心した義経が頼朝追討の宣旨を望んできたからである。法皇の本意ではなくて頼朝の追討宣旨を下したのは、すでに平氏・義仲に先例がある。「兄弟の対立がたとえ頼朝の戦勝に終わったとしても、（その時はその時で釈明の余地はあるので）朝廷との決定的対立にはならないだろう」という判断で、法皇は勅許の気持を固めていた。院使として兼実のもとに来た泰経に対して、兼実は、当面の難を避けるための追討宣旨を下す是非については、「宜しく聖断に在るべし、敢えて臣下の最に非ざるか」と、例によって決定的な立場に関与するのを避ける態度を示した（十月十七日）。兼実の態度はやや頼朝を引級するに似て、「法皇の疑いを受けるかもしれないから、分明に申し切らせ給うべきか」と泰経は追求したが、兼実は、「ただ勅定に在るべき事なり」として態度を変えなかった。追討宣旨は十九日に下った。諮問に預かった大臣三人のうち、左大臣経宗だけが、「当時在京の武士は義経一人であり、大事が出来した時には誰も敵対できない」という理由で賛成の意志を示した。後の十二月六日の頼朝奏状で左大臣経宗のみが議奏公卿から外されたのは、この辺を背景にしたものである。実際は、多賀氏の言うように、それは「院の方針」そのものであり、「要するに眼前の難を避けようとする権宜」にすぎなかった（多賀、一九七四）。

行家・義経の謀反

頼朝追討の宣旨を賜わったものの、義経周辺の兵力は増強困難の状況であった。義経劣勢の状態を見た法皇は、なんらかの和平工作に出ざるを得ず、鎌倉への勅使派遣の可否について、兼実の意見を求めてきた。兼実の回答は、例によって「惣て愚意の及ぶ所に非ず」と素っ気ない態度であったが、その際、院使泰経は、密語のうちに、

法皇只天下を知ろしめすべからざるなり。我が君天下を治す保元以後、乱逆連々、自今以後もまた絶ゆべからず。仍て只玉体を全うせんがために、枉《ま》げて此の議有るべきなり。（文治元年十月二十五日）

と語った。兼実が「法皇が天下を治められないとしたら誰が行うのか」と訊くと、それは「臣下の議奏」によって行うと答えた。兼実が「法皇の御力を以て天下を直さるべきなり」と述べると、「どのような方策によっても、早く天下を直し得て天下安穏を実現すべきだ」と泰経は答えた。泰経の密語と言っているが、法皇の意志を汲んでのものであることが明らかである。要するに終戦処理工作であり、戦犯の立場をいかにして逃れられるかに汲々としているだけのことである。十一月八日、義経・行家らの大物浦での敗走の報が伝わると、十二日には義経・行家追捕の院宣が諸国に出された。「昨日は頼朝を討つべきの宣旨を蒙り、今日はまた此の院宣に預かる。世間の転変、朝務の軽忽《けいこつ》、之を以て察すべし。弾指すべし弾指すべし」と、兼実は記している。

範頼を大将軍として関東武士が多く入洛し、頼朝も京上の途に出て足柄関を越えた。法皇周辺極めて不吉との風聞が都に飛びかっていた。法皇は、女房の冷泉局を眼前にして次のように述べ、摂政基通への使いを託した。

世間の事、今に於いては、帝王と雖も執柄と雖も更に恥辱を遁《のが》るべからず。今度の怖畏《ふい》、つらつら次第を案ずるに、偏に朕の宿報の尽くるなり。何ぞ況や、頼朝忿《ふん》怒《ぬ》の由その聞え有り。摂政辺の事受けざるの由、元より風聞す。右府辺の事、殊に賢相たるの由庶幾せらると云々。去年比も再三申す旨有り。しかれども朕の抑留に依りて、その意を遂げず。今度重ねて申すこと有るか。今に於いては、朕の力の及ぶ所に非ず。仍て未だその事を聞かざる以前に、目を遮り職を避けて、右府に天下を沙汰せしむる事、尤も穏便か。但し自らの使いトテハ申すべからず。只気色を伺いて告ぐるべきなりと云々。（文治元年十一月十四日）

「兼実摂政を抑留すべくしきりに手段を尽くしたが、今においてはすでに手段の余地が無い。頼朝も忿怒とか聞くので、兼実摂政も認めざるを得ないので、容認して欲しい」という、ひそかな報知であった。法皇の仰せを聞いた基通は、「その気色甚だ不請、殆ど御使の過怠に処せらる」という態度で、どういう返答もしなかった。また一方では、大蔵卿泰経がさるべき人々を語らい、配流の地から帰京していた前関白基房の復権の画策を始めたりもした（十一月十八日）。これらを聞いた基通は、法皇の遁世をあるべからずと諫止したが、法皇は「遁世は自らの所志であって止めることはできないが、自分が政務に無縁になっても、執柄の運はまた別のことだ」と答えた（十一月二十三日）。その際に「摂政が政事に熟さないとの人口が絶えないが、摂籙の初めには殊に右府（兼実）と親昵で違失のことも聞こえなかった。近年すこぶる疎遠であるのは残念である。万事を相談して沙汰されれば良いのに……」と嘆息して洩らされたという所懐は興味深い。先に、「頼朝からの意向を抑留し兼ねるので……」と言って基通に勧めた摂政辞退のことを、今度は勅定をもって重ねて仰せられたが、基通は依然として不請の気色であった。頼朝が激怒して「日本国第一の大天狗」(十一月二十六日)と後白河法皇を評したのは、主に義経・行家の追討にかかわっての言辞であるが、それとなく示している「兼実を執政に」との意向にも果断な処置を取らない法皇に対する忿怒の感情もあったと思われる。

ともあれ、鎌倉の武家政権が朝政の背後にあってそれを強く拘束する方向に動いていくことは確かで、頼朝が支持していると噂がある兼実には、望むものが近づいてきた感情を覚えたことも確かであった。その時にあたって兼実が為したことは何か。兼実は何を思ったか、毎月十五日は終日念仏の日と定めて、この十一月十五日から始めた。

金の笠鉾

入道前関白(基房)の策略の報を耳にしても、「此の如きの事、偏に春日大明神の御謀なり」(十一月十八日)として平静を装った。覚乗法眼とその弟子の僧が、兼実のために「最上の吉夢」を見たと報告してくると、「神徳を蒙るべきの条炳焉《けちえん》」(十二月二日)として信じた。十二月六日には終日精進し、夢を乞うて寝たが、翌暁には女房・大将・女房三位などが同時に吉夢を見た(そんなことは有り得ない。無理にでも話を合わさざるを得なかっただけのことであろう)。十二月十一日から三日間、幣帛を春日神社に奉ることとしたが、最初の日は夢告によって金小笠を献じた。金小笠とは笠鉾《かさほこ》のことらしい。念入りな祈願なので特に金の笠鉾を献じた。三日目の十三日暁には兼実自身も吉夢を見た。翌十四日の或る女房の夢は、摂政基通が春日社に献じた神馬が追い帰されたというものであった。この夢は、治承三年の政変で入道関白基房が追放された時に見たと同じものである。兼実はいよいよ迫り来るものを感じていた。謀略には遠いだろうが、神仏の加護のみがすべてである故実政治家は、はたして清廉潔白の朝臣と言えるであろうか。

暮れも迫った二十七日、右中弁光長が頼朝からの書状を兼実のもとに届けてきた。議奏の公卿として右大臣以下の十名を挙げ、右大臣兼実には「内覧宣旨を下さるべし」と注されていた。多賀氏によれば、「空前の朝政干渉・朝権侵害と評される事件」だそうであるが（多賀、一九七四）、放置しておけば何事も決まらないで無駄な時間だけが過ぎていく。反発するような活力も崩壊した公家政権であれば、口入もやむをえない処置であろう。しかし、頼朝の書状に接した兼実がただちにとった行為は、三条の理由をあげて固辞することであった。兼実は「乱世の執権を愚心はまったく欲しない」と述べているが、その感情があるとしても、理由のうちの二番目、摂政が基通で内覧が兼実という二分する権に、兼実の最もこだわるところがあったように思われる。経房が「頼朝の奏請の意趣に背くことにならないか」と懸念すると、兼実は「恩を蒙るべき者が自ら辞退するのであるから、彼の意趣に乖《そむ》くことにはならない」と述べて院に強く再考を促し、摂政基通には宣下があっても暫くは院宣を待つようにと慰留した。翌日に院参した兼実に対して、法皇は拝謁の機会を与えなかった。数刻を経て「頼朝の許より申す事、一事違乱なく沙汰せしむべし」との仰せがあり、その仰せに付けてやっと所存を申すことができた。

昨日経房を以て申す所の三条、重ねて奏す能わず。今日申す所は、只叡慮より起こらざる事は更に本意に非ざるの由、并びに関東に密通の疑い恐れ申すなどの趣なり。（文治元年十二月二十八日）

兼実は、もともと法皇の叡慮によって起こったことではない事柄（兼実内覧）を受けるのは本意ではないこと、また、関東との密通を疑われていることを恐懼する旨だけをなんとか奏上した。「内々に権臣（頼朝）の媚を求めながら、表向きは謙退の言葉だけを述べているように法皇に疑われているのを、深く恥じ思ったためである」と言っているが、事ここに及んではそんなことはどうでも良いことであろう。法皇からは「許容無し」の旨が示され、使いの往反が数度に及んで、「逆鱗の天気」にも至った。

夜になって帰宅した兼実のもとに、院宣が届いた。「任官・解官の事、摂政に仰せた処、下知すべからずの由を申す。汝たしかに奉行すべし」との内容であった。事実上の内覧宣下である。兼実は、再度「奉行できない」と答えた。理由の一つは、去年の上表がまだ返給されておらず、前官の者が公事を奉行できないという些事《さじ》であり、理由のさらに今一つは、三条の辞退理由の一つでもあった二人内覧である。どちらにしても、本気なのか本気でないのか、この状態になっても煮え切らない態度の印象のみ強い。頼朝の指示した任官・解官等は、「仰合せ」によって二十九日に行われた。歳末三十日、兼実は、法皇の逆鱗を解く使いを院参させた。こういう朝臣をどう批評すればよいのであろうか。筆者ははなはだ迷う。

3　兼実執政

紅涙眼に満つ

文治元年（一一八五）は、述べたように、平家滅亡の後をうけて、いわば戦後処理の思惑と責任のなすり合いのなかで、紆余曲折の後に兼実内覧が実現した、そういう一年であったと書きながら、兼実がいつ内覧になったのかはっきりしない。改めて補任を開いてみると、「十二月二十八日蒙内覧宣旨」と明示してあり、右大臣には何の注記もない（左大臣経宗には、「十二月日上表」の注記がある）。分脈の兼実公伝でも同様である。兼実があれほど固辞とか上表とか騒いでいたのは、いったいどういうことだったのだろうか。

兼実が内覧の立場を固辞していたのには、本心でもあり本心でもないところがある。本心の部分は、基通が依然として摂政の立場を維持して、法皇が実権を持ち続ける状態であれば、兼実内覧は鎌倉に対しての体裁を繕っただけにすぎず、単に文書処理の最上級者に任じたという程度のものである。現状とほとんど変わらない法皇と摂政に従属する立場を、喜々として受け入れるわけにはいかないというのが、兼実の感情であった。しかしまた、固辞が本心でない部分もあった。執政間近の風聞のなかで、頻繁に見たという吉夢が、彼の感情のあるところを語っている。内覧が基通に代わる執政への階梯である可能性は高い。願望が叶う期待に胸が弾む感情もないではないが、兼実内覧を不快に思わないはずがない法皇に対して、逡巡の態度を示しておくことが将来の危険をいささかでも遠ざけるだろうという兼実流の計算である。文治二年（一一八六）正月一日、内覧慶賀に訪れた経房に、兼実は、まだ「その理不当の子細」を述べたりしているが、法皇には、執政を待望する兼実の「外に謙退の詞を表す」ポーズとしか映らず、不快の念をさらに深くしている。兼実の現在の感情は、入道太政大臣忠雅の慶賀に答えた「吉凶存し得ざる」（正月十七日）の言葉が、最も正直に表現しているように思う。和歌で師弟の関係にある俊成入道が送ってきた慶賀の歌に対して、〃シラザリシウレシカルベキアサヒトモアトナキ峰ヲテラスト思ハ〃と返し、「幼主の時の内覧宣旨は、古来の間、曾て証跡無きの故なり」と注している（正月十六日）。

正月十九日、法皇は伏見御所に遷御された。或る人の言では、「御忿怒の余り、隠居せさせ給うたもの」とも伝えられた。幼主の時の内覧は例がないという兼実の意見は、鎌倉には伝えられたようだが、それについての具体的な返答はなく、「摂政長者の事は置文を以て御社に於て決すべし」（二月五日）と奏上してきた。摂政とか氏長者という立場は、鎌倉から見れば単なる形式らしい。兼実の感覚では「奇代の珍事」と言うべき態度である。頼朝は、兼実執政への圧力はかけているが、最終的には法皇自身の判断に託しているのである。ここに、法皇・摂政・内覧という変則な政権状態が生じた。しかも、三者ともが中心の立場に立つことを忌避して責任ある判断を示さないから、政務ははかばかしく進捗《しんちょく》しない。

法皇仰せて云く、「（内覧ヲ）辞退の由、関東に仰せ遣わさるる事ハ一切有るべからざる事なり。朕天下を知るべからず。今に於いては、摂政と汝と示し合せ、万事を執行すべし。此の旨、摂政に仰せ了んぬ。汝も又摂政に示すべし」。(中略)凡そ此の職、例無く又その用無きの故、再三辞遁致すと雖も遂に以て不許。重ねて奏聞の処、仰せの旨此の如し。日来閣下文書を覧ず。近日僅かに文書を御覧有りと雖も又成敗無し。その上微臣又成敗能わず。法皇天下を知ろしめすべからざる由仰せ有り。両執政共に相譲り成敗無きの間、近日の朝務は偏に無きが如し。此の条その源を尋ねれば、只愚臣在るの故なり。仍て辞退を致すと雖も勅許無し。此の上、次第何様に存すべきや。

(二月二十六日)

兼実内覧が、法皇・摂政にとって不本意なことであることは兼実にも分かっている。不本意だけれど認めないわけにいかないであろうことも分かっている。さらに、頼朝が兼実を摂政にという申状を送ってきているこ とも分かっている。そのなかでの兼実の内覧辞退の表明は、法皇への嫌がらせ、あるいは法皇に決断を迫る圧力となるものであった。そのことも兼実は了解して行動している。このような状況で、二月二十七日から催された除目は、責任者となる者がいなくて混乱を極めたが、実質的には兼実が執行することで漸く終了した。終了にあたっても、清書は摂政が役目であるが実際には執行していないし、兼実も摂政をさておいて清書することはできないといって、奉行の職事に清書させるという違例を行った。これも兼実の嫌がらせに類するものである。

兼実の内覧辞退が、執政願望の逆表現であったことは間違いない。除目を終えた後に、内大臣実定が殊に感心したとか、権中納言経房が感悦のあまりに「聖代の儀を見る如し」と言ってきたとかを記録したり（三月一日）、また「今度の除目は私心なく行った」という自讃を記述する行為も、「自らが執政であれば」という内心の思いの表出と見て間違いない。そして、兼実のひそかな自薦行為が実を結ぶ時が、ようやくにやって来る。

その二日前、兼実室は暁の夢中で「十一、十二日の間に吉慶がある」との予告を得た。兼実もなぜか「之を信ずべし」と記している。そして文治二年（一一八六）三月十一日の早朝、院司定長より摂政・氏長者の報知があり、午刻、院使右中弁兼忠が公式に伝えてきた。その直後、兼実は定長を呼んで、「天下の奉行いよいよ以て叶うべからず」と伝えている。（摂政基通が）前非を悔いて治世に心を致すならば、兼実も「身の不肖を顧みず、腹心を抜くべし」と語り、さらに、「宣下の後では間に合わないので今伝えているのだ」などと述べたりした。法皇の返事は「これは頼朝の言ってきたことで、自分もその気持であったが、前摂政が承諾しないので思わぬ時日を経過した」などと、互いにただ言葉だけのやりとりをしている。院の仰せを持って帰って来た定長が、「此の事偏に春日大明神の御計い」であると説得すると、兼実は、「紅涙眼に満つ」という感激の様を見せた。翌三月十二日、摂政・氏長者の宣下があり、十六日には摂政の詔が下った。兼実は、「摂政ノ前途ニハ必ス達スヘキ告アリテ、十年ノ後ケフ待ツケツル」（『愚管抄』）と、弟の慈円に述懐した。

本来の先例政治

摂政となった兼実は、かつて病悩と隠遁が日常であった朝臣とは思えない、別人のような精励ぶりを示している。兼実本来の「先例」政治が、これから暫く朝廷政治の中心になる。

此の日、内裏直廬に於いて始めて臨時除目を行う。勅任無しと雖も、初度たるに依りて直廬に於いて行う所なり。蓋し先例なり。（初度の臨時除目を内裏直廬で行う《先例》、四月六日）

通資卿参入不定、仍て清書執筆相兼ぬべきか。はた又近例に就きて弁官書くべきかの由、予め光長朝臣事の由を申す。余仰せて云く。「例を外記に問うべし。」外記勘申して云く、「保安四年の例、執筆清書相兼ねる、吉例と謂うべきか」と云々。（臨時除目で清書と執筆を兼ねる《吉例》、同日）

此の日、御方違に依りて冷泉萬里小路亭に行幸。物忌堅きに依りて余供奉せず。幼主の御時は摂政供奉せず。その例太だ多きの故なり。（幼主の行幸には摂政は供奉しない《常例》、五月二十一日）

此の日は京官除目始めなり。本は一夜の儀となす。而して先例を検するに、代始幷びに摂政初度は多く二夜なり。近例は両三度一夜の儀となす、甚だ不快。仍て事の由を奏し二夜の儀に改めなす。（代始ならびに摂政初度の京官除目は二夜《常例》、十二月十四日）

挙げていけばきりがない。先例中心の故実政治の是非についての論評は控えるが、芳賀幸四郎氏の「兼実の思想や政見は、余りに儒教的でかつ先例にこだわり、政務にうとい面があった」という指摘だけを紹介しておく（芳賀、一九六二）。そういう制限つきながら、兼実の意識としても、公家一統にとっても、安定した公家政治の復活とおおむねは見えたのではなかろうか。兼実が執政となっての最初の臨時除目の時に、法皇は次のように兼実に伝えている。

朕年来多く非拠の事を行う、強く悔い思う所なり。凡そ今度の除目、汝の最となすべし。且つその善悪を御覧ずべきなりと云々。（四月六日）

兼実は、「若しくも御戯言か」と注しているが、褒められて悪い気分のはずがない。

社稷の志

文治二年（一一八六）四月二十八日、内裏近辺の冷泉万里小路家に初めて渡った。九条第が遠隔の地で、毎日の政務に支障があるため、右兵衛督隆房の家を借りて改修を加えたものである。しかし、間もない五月上旬に九条家に帰った。前摂政基通の夜打ち云々の噂があり、倉卒の間、威儀も整えるにも及ばず、武勇の者少々を供にしての移徙《いし》であった。義経・行家などが前摂政の家に匿《かくま》われているとの噂もあり、不穏の空気が流れていた（五月十日）。六月七日には、前飛騨守有安なる者が夢相の記を兼実に献じてきた。内容は、要するに兼実が「我が朝守護の仏神の成し給うた執政である」ことを伝えるものであった。兼実室が白鷺に似た白鳥を目撃した。季弘に勘中させたところ、「徳至れば白鳥到る」瑞祥《ずいしょう》であると報告した（七月二日）。関東に下向していた検非違使公朝が持ち帰った頼朝書状をめぐって、終日評定があった。法皇が頼朝に何を伝えたか分明でないが、兼実の摂政が、彼の懇望にもよらず頼朝の引級にもよらず、衆口の寄するところによって推戴したものであると述べていたらしい（七月三日）。

その公朝は、鎌倉では、「兼実が院御領を停廃して院近習を解官するなど、法皇を無視して己れの威をのみ振るうので、法皇は頭も剃らず手足の爪も切らず、寝食不通で御持仏堂の中に閉じ籠って修行をのみ業としている」などとさまざまに悪口を吐き、新摂政（兼実）は尊下（頼朝）のためには甚だ要無い人だと伝えたと言う（七月十四日）。法皇の意向を背景にした行動であったのだろうが、頼朝はあまりな話に驚奇し、公朝はかえって信用を失った。これは来臨した広元が伝えた話で、「公朝の話の真偽を確かめるために来たのだ」と広元は言う。兼実は「どのように言われても苦にはならない。中心奉公の志は仏神が照鑒されている」と思った。左少弁定長が、院の御使となってやって来て、「前摂政基通は鎌倉を恐れて閉門蟄居しているが、いつまでもこの状態でいるのは好ましくない。時々は密々院参にも及ぶようにと伝えたい」との仰せを伝えてきた（閏七月十五日）。法皇の、頼朝の権勢を背景にしていると感じている新摂政兼実に対する態度、親愛の感情を持つ前摂政基通に寄せる思いを語る挿話である。兼実において異議があるはずがなく、恐悦の思いが相半ばした。

これ以前に、兼実家司光長が太上天皇に関してさまざまに摂政に讒言しているとの噂に、法皇が不快を示しているなどのことが、兼実の耳に入っていた。兼実は、このような浮説は厳重に真偽を糺すべきであり、この程度の風聞で信頼を失うような立場で執政を続けることはできないから、ご承諾をいただいて摂政辞任を鎌倉に申し送りたいと、奏聞したりすることがあった（閏七月二日・三日）。権力の周辺には、対立や疑惑を加速する様々な風聞が飛び交うものである。特に、後白河法皇と摂政兼実という疎遠で異質な二人の間には、鎌倉との関係を軸にして誤解を助長する要素が種々あったが、兼実摂政の立場がやや確定してきて、光長や前摂政基通についての誤解も解けてくるとともに、両者の関係に融和の状態も生まれてきたように思われる。七月七日に大将良通を伴って参院した時には面謁の機会を得られなかったが、十一月十三日、法皇が押小路殿に渡御された時には、催しがなくても供奉のつもりでいたが、堅固の物忌なので卜占を加えたところ、「出行不快」と出た。「それで供奉が叶わなかった」と、近臣の定長を通じて奏上したところ、「尤も御本意」と天気は快かった。十二月十三日、京官除目の前日であるが、院司定長を通じて、次のような法皇の仰せが兼実のもとに届いた。

摂籙の初め、聊か御心事を思しめし置くこと有り。しかれども漸く聞しめし、子細を聞くに、誠に汝に過失なく、又その後も萬機の間に私無く、有り難く思しめす。偏に天の然らしむるの由思しめすなり。之に加えて殊に奉公の志有るの由申さしむと云々。尤も本意たり。自今以後、一向に相憑む所なり。（文治二年十二月十三日）

（あなたが摂籙に任じた初め頃は、朕にもこだわりがあったが、あなたの政務の様子を聞くにつけ、何の過失も無く私心も無くて、ありがたいと思っている。ひとえに天の導かれた結果であろう。しかも奉公の気持も篤いと聞いている。今後とも頼りにしているのでよろしく）

たとえ言葉の上だけだとしても、法皇がこれだけ胸襟を開いた行動を取られたのは初めてのことである。上位の権勢者からこれだけ信頼を表明されたのも、兼実には初めてのことであった。「社稷の志、天意神慮に答う者か。歓喜の涙数行」と、兼実は日記に記録した。社稷とは国家とか朝廷とかの意。兼実の朝家を思う気持が天に通じたと感涙をあらたにしている。

中心者の感覚

故実政治家兼実は本来的に朝臣の性格だと思うが、執政の立場に馴れてくるとともに、中心者としての感覚も身に付いてくる。四月七日の御方違行幸に、宗家・通親が還御に候せず、隆房は祗候していたのに還御に供奉しなかったことを「未だその心を得ず」と批判したり、内裏で参会した通親に八幡使を依頼して率爾《そつじ》に承諾を得ると、忠士と称揚して感悦の書信を送ったりした（六月四日）。斎宮寮官除目・御禊等の定めを行おうとしたが職事が決まっていない。驚いて処置したが、近代は普通のことで、下の者は一切存知せず上からの命がなければ何も動かない。「末代、毎人泥の如し」と慨嘆した（八月二日）。文治三年九月十一日の例幣、病と称して職事が誰も出て来ないので、兼実も出仕を取りやめざるを得ず、定隆・親経を勘発に及んだ。同年九月十八日、斎宮潔子内親王の御祓供奉の公卿が僅か五人で、他は病と称して服薬とか湯治とかの勝手な振舞いには、「天鑒如何」と述べている。同年九月二十七日には職事・官外記などを召集して、年内と来年正月の公事の評定があったが、頭弁兼忠は籠居してばかりで頭中将実教は漢字も読めず、近代の貫首（蔵人頭）はいないも同然の上に、五位蔵人は懈怠をのみ先とするので恒例臨時の公事も満足にできない。「身の為に実に堪え難し」と嘆いている。これらの兼実の批判や慨嘆がどれだけ正当なものかどうか分からない。しかし、おおむねは、かつて彼自身が受けた批判に近いものであることは判断できる。要するに立場が変われば感覚も変わるということであるが、兼実の場合、好ましい変化であろうから論評は控えておこう。

執政として兼実が特に行った功績というものはさほどない。金澤正大氏に「公卿減員政策」といった指摘があるが（金澤、一九八五）、これもどれだけの評価対象になるのか、筆者にはよく分からない。文治三年十二月十三日に行った後鳥羽新帝の初度弓始は、絶えて十余年の公事の復活であり、「衆人蒙鬱《もううつ》の気あり」と見える。「蒙鬱」とは漢和辞典にも用例を見ないが、「愁眉を開く」といった意味合いであれば、褒め言葉なのであろう。兼実としてはもちろん善政の意識がある。

執政以前から兼実が願望していたことは、平氏滅亡とともに所在不明になっている宝剣の帰還である。早速に宝剣求使景弘の夢想に基づいて孔雀経法を行ったり（文治二年六月十六日）、七社に奉幣して祈ったりのことを行った（文治三年七月二十日）。兼実にはこの上なく重大事に思えることも、他には必ずしもそう感覚されず、「天下の人嘲弄すと云々。一身奔営、甚だ異様なり」と感じざるを得ないところもあった。兼実が執政として意識して行ったことは、この程度のことしかない。故実政治家としての兼実の本領は、恒例あるいは臨時の公事をいかに先例に基づいて過失なく行っていくかということで、この点に関しては、公事に従う朝臣の懈怠を批判し慨嘆する態度に比例して、中心者としての責任を精励恪勤に果たしてはいる。彼の日記は、この文治二・三年の部分に特に多大の分量が割かれているが、それは、彼の執行した公事記録としての性格のためである。どこかの書記官の執筆記録かとさえ思えるような執務記録で、流動する事態に対処する彼の人間性をうかがえるような記述はこの部分には少ない。

しかし、この二年間は、彼の人生の最も得意の期間であった。法皇との関係も、愛妾への偏頗な寵愛を批判するような感情もあるが（同年二月十九日）、概して穏和に過ぎていた。兼実の長子良通は、文治二年十月二十日、二十歳の若さで内大臣に任じた。自慢の嫡男とともに院参する兼実の感情は、推測に余るものであろう。文治三年八月二十二日、灌頂のために天王寺に滞在する法皇のもとに良通とともに参上、同年十一月八日、今上帝が石清水社からの還幸の際に法皇御所の鳥羽殿に寄られた時には、次子良経も伴って参上、当日は良経に正二位昇叙の恩言を賜わったが、これは過分のこととして辞退した。同年十二月二日、法成寺での御八講五巻の日に院参すると、御前に召された。

数刻勅語に預かり、又巨細を奏聞す。龍顔咫尺《しせき》、天気殊に快然たり。

三十九歳にして摂政従一位の兼実の文治三年は、この上ない自得のなかで暮れていったもののように思われる。

その後の義経

文治元年末の十一月六日に大物浦で大風に遭い、過半の船を失って逃亡した義経の後日談を語っておきたい。その十二日に早くも追討の院宣が出されたところまでは先述した。その後は、頼朝自ら追討のために上京の途に発ったとか（十四日）、故三条宮（以仁王）の息が入京とか（同日）、義経・行家などが法皇を連行するとか（二十日）、さまざまな風聞が飛び交い、頼朝追討の宣旨にかかわった人々の損亡の噂も流れて恐々とするなか、頼朝の書状が届いた。大蔵卿泰経への返書の形であるが、「行家と言い義経と言い、これを召し取らざる間、諸国は衰微、人民は滅亡するか。日本国第一の大天狗は更に他者に非ざるか」（十一月二十六日）と言ってきた。その意味が判然とは理解し兼ねるが、この大混乱の責は後白河法皇に在るとして、大天狗と酷評しているらしい。

大物浦で難破して滅亡したかと思われた義経は、好意的であった大蔵卿泰経・刑部卿頼経などが遠流に処されたりすることがあったりしても（十二月三十日）、彼自身の消息はなかなか知れなかった。このあたり、筆者は少なからず不思議に感じるのであるが、頼朝の意向にもかかわらず、義経を支持する勢力がかなり残存していたと推測するほかない。徒党が京中に在るとの風聞もあった（文治二年四月二十五日）。義経・行家が上皇あるいは前摂政（基通）のもとに匿《かくま》われているとの噂もあった（五月十日）。噂の真偽のほどは不明だが、その後行家は和泉国で捕縛、斬首された（五月十五日）。義経の方は鞍馬に在るとの情報がもたらされ（六月二日）、住僧が詮議されることがあったが、義経自身はすでに逃げ去っていて、大和国宇陀郡辺とか（六月十二日）、多武峯とか（六月十六日）、比叡山とか（七月三十日〜閏七月二十二日）、南都に在るとか（九月二十二日〜十一月十八日）、情報は転々とする。次は、頼朝の伝えた申状である。

義行の事、南北二京、在々所々、多くかの男の与力をする。尤も不便。今に於いては、二、三万騎の武士を差し進め、山々寺々を捜し求めるべきである。但し、事は定めて大事に及ぶか。仍て先ず

公家の沙汰として召し取られるべきなり。（文治二年十一月十八日）

義行とは、義経の字訓が良経（兼実二男）のそれと重なるという理由で勝手に変えられた名。年余の捜索にもかかわらず、義経は捕えられない。在所の情報も時に入るが、おおむねは叡山近辺あるいは南都の諸寺で、義経を支持する勢力がこの辺にあることが明瞭である（近藤、二〇〇五）。頼朝は公家の手で手配できないようなら、二、三万騎を差し向けてなどと恫喝する。義経は再度、名を義顕と改められた（十一月二十五日）。二度の改名に、共に兼実がかかわっているのは、どういう理由であろうか。

義顕と名が変わった義経の追討と捕縛のことは、その後もしばしば朝議の議題になるが、具体的な策としては、社寺への祈禱・奉幣といったことしか浮かばない。兼実が、文治二年（一一八六）三月十六日に念願の摂政・氏長者に任じた後の最初の主要な任務となるが、社寺への祈禱などで事態が解決を見ることはありえない。混沌とした世相は、平家や義経残党も強盗と同類にみなされて、混乱の度を深める。故実政治家の限界が早々と露呈する。後に兼実は頼朝にも見放されて失脚するが、その芽はすでにこの頃にあったことを感じる。何ら有効な対策を取りえなかった義経についての消息が、思わぬところから伝えられた。南都を逃げて美作国の山寺に隠れ住んでいたところを、近辺の寺僧が鎌倉に密告して捕えられ、斬首されたというものである（文治三年五月四日）。兼実は、折しも密宗の秘法の最中で、「仏法の霊効仰ぐべし信ずべし」と感じている。兼実の資質を今更批評しても仕方がないが、ともあれ、この報知はまったくの誤報であった。『義経記』の伝えるような逃避行であったかどうかは定かでないけれども、義経が奥州に在るとの情報は、翌年初めには、兼実の耳にも届いている（文治四年正月九日）。その後も奥州からの報知が続き、兼実も今度は事実らしいことを知る。

話は先に戻るが、義経が破船のために滅亡したように伝えられた時、兼実は「義経大功を成し、その詮無きと雖も、武勇と仁義とにおいては後代に佳名を残す。嘆美すべし嘆美すべし」と述べていた（文治元年十一月七日）。これを見ると、兼実も義経に同心の公卿であったかとも見えるが、その記述の直前には、「天下の大慶たるなり」とも述べていた。義経の鎮西下向によって、またもや兵乱が勃発するのを恐れていたのである。その後も、行家・義経を語る時は、「賊徒」を常の称としていた。叛乱を共にしていた行家が誅伐されたことを聞いた時も、「天下の運報未だ尽きず。悦すべし悦すべし」と記し、義経が奥州の地で誅滅されたと聞いた時も、「天下の悦、何事かこれに如かんや。実に仏神の助なり」（文治五年五月二十九日）と、本心を述べている。一方で佳名の残ることを多としながら、一方では、その滅亡を「天下の悦」とする。この相反した感情を、どのように説明したら良いのであろうか。

兼実は、文治二年五月五日に、前月末の二十八日に移ったばかりの冷泉万里小路の自邸から九条家に帰るということがあった。逃亡している義経の行方が知れず、頼朝の権威を背景にしている新摂政（兼実）の邸が襲われるとの世上の噂があり、恐怖のために、方違を口実にして家司の車を借りて、急遽、武勇の輩少々を伴って九条の旧宅に戻ったものであった。このあたりを観察すると、兼実が常に口にする「天下の悦」も、実は兼実自身の安心感というのが実質ではないかと、感じてしまうのである。保元・平治から、平氏・義仲と続いた混乱が、義経追討のことが終われば終息するのではないかという期待感もあったであろう。

4 人生明暗

神慮に背く

文治三年に続く兼実得意の時期は翌四年二月までは続いた。そのなかでも、文治四年(一一八八)正月二十七日の春日社参詣が、後になって思えば、希望の絶頂の時であった。藤原氏守護の神社として、春日社は兼実には特別の存在だった。政治家としての彼の判断の指標になるものは、公事の先例と寺社の託宣とがほぼすべてであったと言ってよい。流動する事態のなかで、何かをすることによってではなく、隠遁して神仏の加護をひたすら祈る、それが彼のただ一つの信条であった。兼実が待望の執政の座を手に入れた時も、法皇や前摂政周辺の反撃を危惧してまだ逡巡の気持があったが、春日明神の御計らいと説得されると、感涙して運命として受け入れた。氏長者になって初めての春日社への参詣は、兼実のすべてをあげての感謝の表現になるべきものであった。内大臣良通・二位中将良経は勿論、権大納言兼房以下数多の侍臣・殿上人が牛車を連ね、参詣の行列が大和路を下った。兼実は、彼の日記のなかで、一つの記事としては最大に近い分量でこの記念すべき事柄を記録している。

これが、兼実の人生の最大の明であったとすると、最大の暗というべき事件が一ヶ月も経過しないうちに起きた。二月十九日の内大臣良通の急逝である。この日は、兼実の父忠通の命日であり、良通は舎利講論義を簾中で聴聞、終って兼実と同車して冷泉亭に帰った。路の間、良通は、兼実が誦する法華経比丘偈《びくげ》を静かに聞いていた。帰宅後、兼実室も交えて数刻雑談、要事を評定したりもした。亥刻に大原上人が来たので兼実はこれに謁し、良通は母親の兼実室と暫く話した後、子刻に自分の居所に戻った。兼実も上人が帰って就寝したが、暫くして良通室が周章して走って来て、良通の絶命を告げた。兼実もあわてて駆けつけたが、すでに遺体は冷たく蘇生の望みは全くなかった。この三日の間に良通の所労はあった。その所労も治ったと言って、昨日、室とともに兼実邸に来たばかりであった。二十二歳、あまりにも若い。眼前の事実を事実とも感じにくい、夢幻のような出来事であった。容貌端正に仰臥した様は善人の相であり、天上に再生と思われたのが唯一の救いであるが、それにしても信じがたい命のはかなさであった。この後も、兼実の日記には、幾度も良通を追懐する記述が見える。兼実の打撃の深さが知られるが、一例だけ紹介する。同年九月十五日、天王寺での法皇の如法経十種供養のために、兼実は、弟慈円と同船して淀河を下っていた。

去年八月を思えば、哀心忍びがたし（御灌頂に依りて下向の時、内府同船する所なり。）船と云い路と云い一塵も改まる無し、只欠く所は内府一人なるのみ、物に触るの悲嘆は劫《こう》を経と雖も生を隔てがたし、いかで休せんいかで堪えんや。（文治四年九月十五日）

劫《こう》とは囲碁用語にもなっている「永遠」の意。兼実が願望を託した良通のことは、どのように長年月を経ても忘れることはないと言っている。兼実生涯の頂点であった春日社参詣と、それに踵《きびす》を接するように生じた長子良通の不慮の死、まさに禍福はあざなえる縄の如しを知らしめるような、二つの出来事であった。

皮肉なことに、現世のすべての事象は春日社の御計らいと認識する心が、図らずも兼実の心を救うものともなった。春日社参詣の直後に嫡子を失ったということは、これは、「神明の悦ばざる何か」があったということであろう。直前に、去年の台風のために転倒した南円堂の黒木屋を、方忌を顧慮せずにただちに再建の処置をしたことがあった。あるいはこのことが神慮に背くところがあったのだろうかなどとも考えたりするが、翻って内心を思うに、恐々として神明を憑んできた心には、何故の神罰か想像もできない。しかし、「内心過ち無きを以て、いよいよ猶大明神の加護を仰ぐのみ」（文治四年三月十九日）によって救われようとするところが、弱くもあり強くもある兼実生来の姿勢である。

一年後の命日、良通室は良通墓所のある嵯峨堂で出家入道した。戒師は山の法印慈円、良通には叔父にあたる。

法皇との間は融和の関係が続いていた。後白河法皇と兼実との関係は、終生対立的であったように説明されるのが普通だが、表面的ながら融和の時期もあった。五月二十一日、長い籠居の後に久しぶりの院参、御前に召されて恩言を賜わった。その後に参内、女房たちの悲哀に耐えない思いに接し、兼実も落涙を禁じ得なかった。兼実に京中御所が無い不便のため（良通薨の穢のため冷泉邸に帰ることができなかった）、法皇から大炊御門殿を賜わった（文治四年七月一日）。まことに過分の恩であるが、この家には魔縁の噂もあった（八月四日）。文治五年五月四日、法皇の千部法華千口持経者などの供養に際して天王寺に下った。必ずしも参入の要はなかったが、御願随喜のためだけでなく兼実自身にも結縁の志が深かったからである。

新たな対立者

しかしこの頃から、法皇と兼実との関係に影を落とす、新たな人間関係も生じつつあった。文治五年（一一八九）十月十六日、天王寺から還御途中の法皇は、権中納言通親の久我亭に寄り、過大な進物が献ぜられた。通親は村上源氏の系で内大臣雅実男であるが、少年の頃から高倉帝に近侍して頭角を現した。その頭角の現し方は、独自の何らかの政治姿勢を示すといったものでなく、その時々の権勢者に接近し奉仕するといった政略的な形であった。

高倉帝の死後、その通親が今度は後白河への接近につとめている。兼実の最も嫌悪する態度である。前摂政基通に代わる新たな対立者が意識され始めて、短い融和の期間があった後白河と兼実の間に、かつての疎遠不信の感情が思い出された。文治五年十二月十四日、兼実が太政大臣に任じた大饗が催されたが、来会していた通親・経房らは「自分たちの座が無い」と言って退出した。兼実が座を設けなかったのか通親の言いがかりか、どちらとも日記は記述していない。文治五年十一月二十七日の二・三宮（高倉帝皇子、守貞・惟明両親王。後白河には孫宮に当たる）の侍始には、告げてくれる人もいなかったが、参入の必要もないと思って兼実は参らなかった。法皇との関係は急速に旧に復した観がある。改元成った建久元年（一一九〇）三月六日、院使定長が「天台座主に顕真法印を」と伝えてきた。

兼実には弟慈円を任じる気持があった。「上臈を置きながら座主となって紛憂を招いたのには、明雲に不吉の例がある」と前々から奏上していたのに、法皇のお聞き入れがなかった。「今度の座主の次第、一々に不当」と批判の感情を記述した。法皇と摂政太政大臣兼実との溝は、いずれ決着が求められるような事態を予感させていた。

公事作法にかけては、父兼実をも超える声望を受けていた長嫡を失った打撃は、兼実にはこの上なく深かった。逝去の日から兼実自身も前後不覚の状態となり、故実政治家としてのもう一つの本領である日記記録も、二月二十日から五月九日までの間、全く筆を絶っていた。数ヶ月を経て、断絶した部分の記録を僅かに埋めたというが、それでさえ、我々のメモ程度の日記に比較しては数段に詳細である。しかし、法皇の四天王寺如法経十種供養の日の記述を、中途から「この後の事、注記せず」（文治四年九月十六日）と断絶したり、良通の周忌法事を簡単に記録した後に「今日の事の子細、奉行の人を召して記録すべし」（文治五年二月十四日）などとする記述が、次第に多くなる。記録の分量自体が、文治二、三年の執政初期に比べて、顕著に少なくまた簡単になる。良通を失った打撃が最大であるが、中心者として求められるものが現実的な対応であり行動であるという側面が、兼実の意識を多少変えたという要素もあるかと思う。

鎌足・道長の先蹤

権勢中心の執政者として信頼と希望を託した正嫡を失ったいま、感情の唯一の支えとして意識的に没頭する今一つの願望があった。かつての鎌足・道長の権勢がすぐれた女子によって実現されたように、その後裔を自覚する兼実には、自身の立場が女子によって支えられ発展するかもしれないという思いが、必死の願望として残っていた。逆に言えば、その女子によって祖始のような栄華が実現された時に、鎌足・道長に並んで藤原氏興隆を神明より付託された自らの立場が、歴史の上に明らかにされるという僅かな希望である。兼実女入内の方向はすでに良通の逝去以前からあった。文治三年九月十二日、「姫御前入内すべきの嘉瑞《かずい》なり」として、例によって或る人が吉夢を伝えてきたことがあった。兼実の長女は十五歳になっていた。

良通薨去で茫然自失のなかにあっても、女房の見た吉夢のことは記録している。「春日大明神に祈請の事、事すでに納受有る」夢だと確信している（文治四年四月四日）。そう確信することが、兼実の生きる支えになっていた。四月九日には兼実自身も吉夢を見た。翌文治五年四月三日には、天王寺に滞在されている法皇から、兼実女子の入内を承認される旨の院宣が届いた。兼実は「歓喜の思、千廻萬廻」であった。法皇との疎隔が現実になっていく直前のことである。文治五年九月二十八日、兼実は、新造御仏を南円堂に渡す儀のために南都に下向した折りに、春日社に参詣して一心に祈った。祈願の内容は、天下ならびに家門の事と入内の事であった。南円堂に安置する新造の仏像の内にも、仏舎利と経巻を籠めて、「三種の望み」を記した願文を納めた。三種の望みとは、先に春日社で祈った内容と同じものである。翌十月四日、南円堂新仏供養を行った同じ日に、多武峯に怪異があった旨、主税助安陪晴光から報告があった。六甲式占によれば、嫁娶に吉兆の怪異とのことである。六甲式占とは陰陽家の式盤を用いての占い。それが吉と出た。感に堪えず、単衣一領を与えた。

兼実女任子の入内

文治五年（一一八九）十一月十五日、女子の名を任子とし、三位に叙して入内雑事を定めた。二十六日、三社に奉幣使を発遣する。長保（道長女彰子入内の例）を慕って、兼実は告文にその旨を加えた。二十八日には、三墓（多武峯・不比等・木幡）に使を立てた。先規はないが、兼実に殊に思うところがあってのことである。先例政治家の先規を敢えて超えるところに、兼実の尋常ならざる感情を推測できる。その祈願の内容を、兼実は「入内の本意、只皇子誕生に有り」と明瞭に述べている。

十二月一日からは、一日ごとに早朝の太神宮遙拝を行うことにした。十二月九日には、入内屏風の詩歌を祈って住吉・北野などに幣帛を奉った。果断な姿勢に欠けるところのあった執政にしては、一変して執念を感じさせる行動であった。翌文治六年正月三日に主上御元服、八歳。兼実は加冠に奉仕した。十一日には任子が入内、儀は長保（一条帝中宮彰子）・永久（鳥羽帝中宮璋子）の例に依った。十六日に露顕（現在の披露宴のようなもの）と女御宣下があり、四月二十六日には女御任子に立后の冊命《さくめい》があった。すべて兼実の念願通りの進行である。兼実にとって必ずしも本旨とも思えない永久を吉例とした背景については、山田彩起子氏に解説がある（山田、二〇一三）。杉橋隆夫氏によれば「道長の栄華への追憶」とのことであるが（杉橋、一九七一）、兼実の意識にとっては「眼前に進行する事実」と言うべき事柄ではなかったろうか。それが他人にはどのように夢想に見えても、今の兼実には、それが生きる支えになっている。

兼実女任子は十八歳。八歳の主上には似合いの中宮とは言えないが、藤氏始祖の跡を踏まなければならない兼実には、妥協の余地のない行動であった。その見え見えの欲望に対して、通親を中心とした法皇周辺から、反発と対立の渦が次第に大きくなってきていた。文治六年春、兼実が任子の入内・立后に他念なかった頃、兼実追放の画策もひそかに進行していたのであろう。この年は明年が三合で今年が中興の御厄にあたるというので、算博士や大外記から改元の必要が唱えられていた。改元は四月十一日。年号は文治から建久に変わった。執政の立場に馴れた兼実は、五月三日の中宮八社奉幣は詳述するが、九日以後の記述は、八日に僅かに「中宮御悩」を伝えた後は六月末日まで空白になる。七月一日に再開されている記述も、以前から比べると、儀礼の所作よりも出来事の簡単なメモのように変わっている印象がある。暗雲がおおってくるような不安感を、兼実もひそかに感じるところがあったのではなかろうか。

コラム2　木幡山越道

兼実が日野の薬師堂に参詣の後、帰路、後白河院の伏見御幸からの帰途に遭遇することを避けて滑石越を利用したという記述があった。滑石越は、日野から勧修寺を経て八条末辺（法住寺南）に通じる山越道で、現在も普通に利用されている。兼実が日野への往還に常に利用していたのは木幡山越道で、『源氏物語』で薫君や匂宮が宇治への往還にしばしば利用した道でもあり、南都に向かう大和大路での難所の一つである。この場所の特定が案外に難しく、筆者も以前から気にかけていたが、なかなか確信が持てなかった。それが今、兼実の記述を見ていて、偶然ながら最終的な結論を得たという気持になったので、この場所を借りて報告させていただきたい。

木幡山越道の経路については、道綱母や孝標女の記述を見れば、法性寺辺が山道への起点と分かる。この道は、『京師内外地図』には「大宮大和路」として紹介されている。「竹ノ下道」は木幡山越道の別称である。数年前に、関東方面からの若い研究者たちに請われて木幡山越道の案内をしたのが、このコースであった。その時に同行してくれていた、立命館大学で地理学を専攻していた村上晴澄君が、山行から一ヶ月ほど後に、国土地理院が明治40年に作成した地形図のコピーを送ってくれた。その旧版地図を見ていて、思いがけないショックを受けた。というのは、山越道が伏見から通じる尾根道にぶつかった時、立入禁止になっている前方の私有地に続いている道の痕跡のようなものに心を残しながら、右折して六地蔵に下りる道を辿ったのであるが、この旧版地図には、その直進道が明瞭に示されているではないか。一方、JR木幡駅辺から北上、石田辺で西に向かって天穂日命神社にまで達する古道までは以前に辿っていたので、これが木幡山越道を直進して小栗栖に下る道に結びつければ、ごく自然な南都への経路が想定できる。そのことに気付いて、いよいよ真実を見得たという気持になったのである。

筆者の気持としてはほぼ確信に近いものがあったが、できたら通過する山頂が大岩山ではなくて木幡山と示された資料が欲しい。そう願っていたら、それが出てきた。昭和四年に伏見町役場が刊行した『伏見町誌』の所載図（②）に、明瞭に「木幡山」の名が見えるではないか。大岩山から伏見山西端まで、山科の石田辺から眺望できる山稜一帯が木幡で、その主峰が北端にそびえる大岩山であった。主峰の木幡山がいつ大岩山と称されるようになったのかは不明だが、この山頂付近が巨岩信仰の霊地になったことと関係があるようにも思われる。昼なお妖気のただよう異様な空間である。

現在の大岩山参道を横切って小栗栖に下る山越道を往年の木幡越道とほぼ了解したところで、付図①を利用しながら、大和大路と通称されたこの道の経路を再確認してみたい。

この道は、四条辺では現在の南座東の南北道で、鴨川東岸道として始発している。鴨川の流水は上流では東岸近くを流れていたが、五条辺では、東京極大路に相当する寺町通にかなり近寄っていることが分かる。西に低い地形の結果として当然のことである。そして度々の洪水で西岸は浸食され、八条・九条あたりでは、富小路が東京極大路に相当する道になっている。したがって、六条以南の東京極大路辺では、居住の家屋がほとんど確認されない（加納、二〇〇九）。それに対して、先述した東岸道は、そのまま蓮花王院横を南下、洪水の心配もなくて自然に出来た河原道（現在の本町通）と八条末辺で合流する。現在の本町通11町目辺（本町通一橋）である（③）。写真に見える寶樹寺（左端）は、平治の乱の際に常磐御前が幼い義経たちを伴って伏見に逃げる途中で立ち寄ったと説明されている寺である。今熊野観音への参詣道もこの辺に所在する。河原道に合流した東岸道は、九条末あたりで南に直進する伏見道（法性寺道・法性寺大路）とやや南東に向かう奈良道（大和大路）とに分岐する。後者はそのまま稲荷社前を通過して木幡山越に向かう山道になる。この道の路傍には極楽寺（④）・嘉祥寺（⑤）・仁明帝陵などが散在して、古道の面影を自然に身近に感じさせる。深草から山越道にかかり、竹藪の尾根道を進んで（⑥）、大岩山に続く参道を横切って大岩山東山麓の小栗栖に下る。この道を「竹ノ下道」と別称することは先に述べた。

その道が東進して石田辺で北国街道に合流、南に向かえば南都に至る。四条通辺から下る鴨川東岸道までが「大和大路」と呼称されるのはそのためである。明治期に作成された旧版地図を参考にして、山科地域の古道を探索してみると、北国街道は多少経路を変えるところもあるが、現在の奈良街道とほぼ重なっている。北国街道を南に向かう道は、大宅辺で東の山麓を南下して醍醐・日野を経る道に分岐、この道は御蔵山を経て現在のＪＲ木幡駅辺で再度北国街道に合流している（通称、頼政道）。後に伏見が政経の中心になると伏見から稲荷山と木幡山との間を通って大津から東国に向かう道ができた。これが、現在名阪高速道も走る、秀吉によって開かれた道で、さぞかしの大事業であっただろうと、木幡山（大岩山）頂から北に下る急斜面の坂道を見ていて、あらためて実感する。墨染から八科峠を経て六地蔵に下る道（府道７号線）は、さらに後の近世期に整備された道で、ここに置かれた関所跡を古代のそれと迂闊に誤解したために、筆者の木幡山越道も、徒労の数年を要してしまった。

本書の記述も終稿近くなった頃、木幡山から小栗栖に下る道を再度確認しておきたい気持になり、連休明けの一日、藤森から山科に越える体験をした。路傍の石標（⑦）の文字をあらためて確認したら、「すく小栗栖道」との刻字に見えた。この道は、秀吉によって伏見から大津に通じる道が作られた後に、深草辺から小栗栖に通じる山越道として開かれ、現在では、合流した新道の方が主要道になっている。この小栗栖道に、古代の木幡山越道が合流する地点がないかと注意して歩いた。下りにさしかかるところで、左手（写真では右）の竹藪から合流して来る道があった（⑧）。やっと木幡山越道になったと喜びながら、小鳥たちのさえずりも楽しみながら竹藪道を進んでいると、前方を横切る尾根道（大岩山に至る参道）にぶつかった。その参道の向こうが私有地で、立入禁止の表示がある（⑨）。前方に続く道の痕跡も見ながら、やむなく伏見方面への道をたどり、分岐して小栗栖に下る道（明智光秀が土民の竹槍で落命した道）を下る。私有地ということで検証をはばまれた古道がどこかで合流して来てはいないか、ドキドキしながら歩行していて、かなり麓に近い場所でこれかなと思う痕跡を見つけた（⑩）。最初に合流した竹藪道といい、最後に合流した山道といい、これが本当の木幡山越道かどうかは、実際に踏査を実行してみないと確かなことは言えない。後の楽しみということにしておきたい。

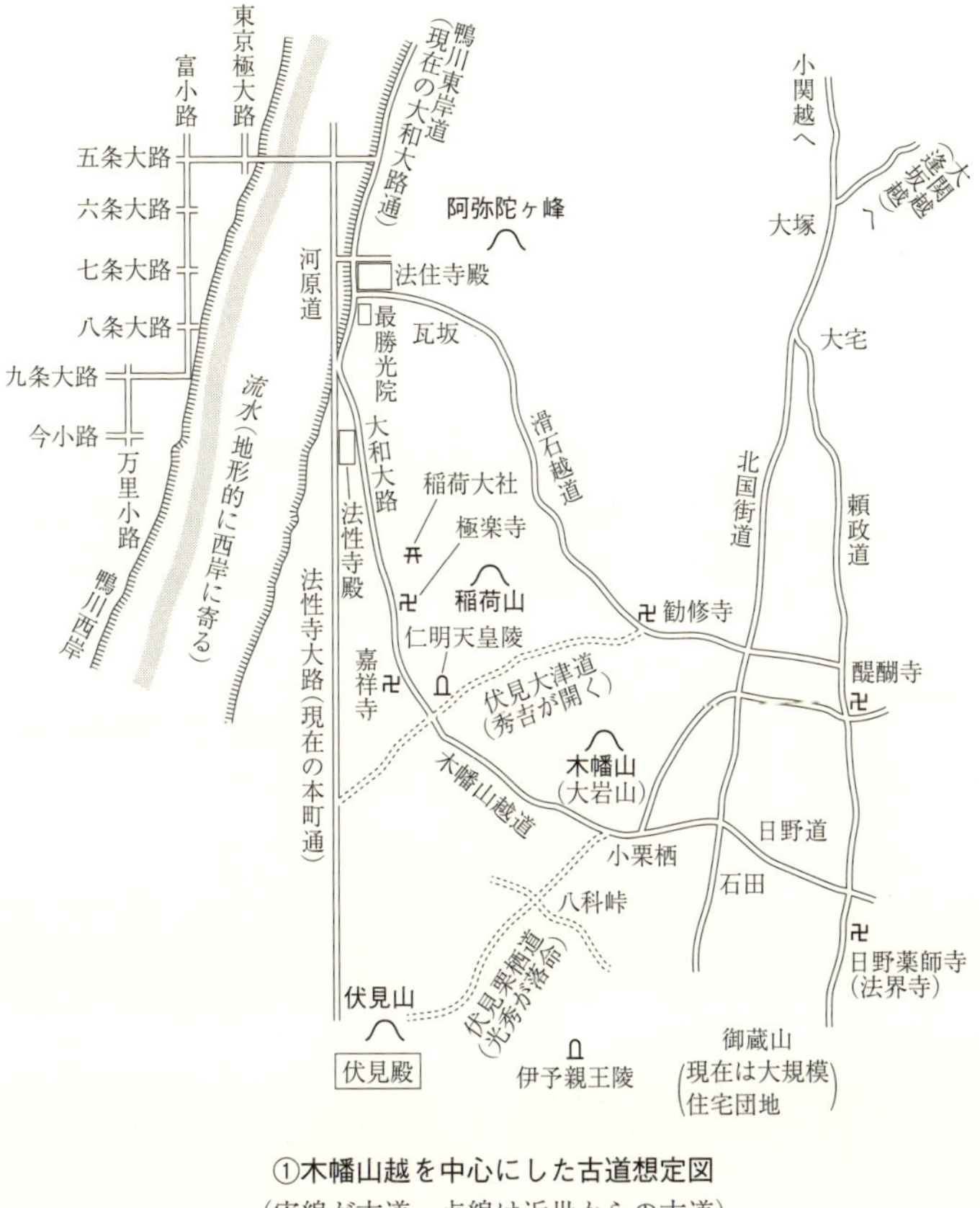

①木幡山越を中心にした古道想定図
（実線が古道，点線は近世からの古道）

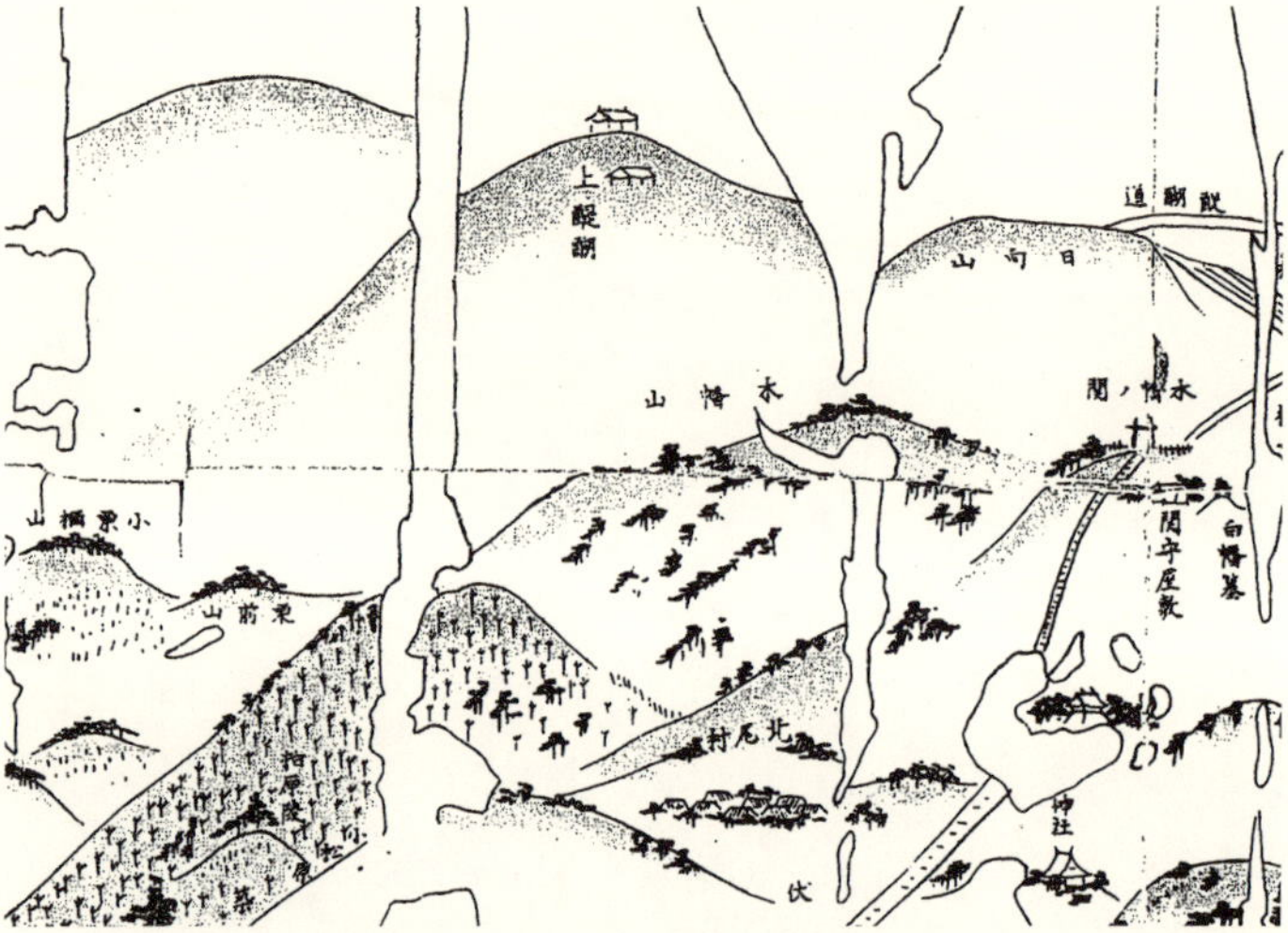

②木幡山（『伏見町誌』1929年より）

④極楽寺跡

③鴨川河原道一橋辺

⑧旧木幡山越道

⑤嘉祥寺跡

⑨木幡山越道
（前方，私有地につき立入禁止）

⑥小栗栖道

⑩木幡山越道の伏見小栗栖道合流地点

⑦小栗栖道石標

第六章　終局の執政

1　確執の終焉

願望してやまなかった摂関の立場を現実にした文治二年（一一八六）、兼実には、本来の人生の始発の年と意識されていたであろう。神恩を謝した春日社参詣によって、いよいよ確固とした権勢の確立を認識したつもりであっただけに、二年も経たずにむかえた正嫡の死の打撃の深さは、推測に余りある。その後数ヶ月にわたって日記の筆録意欲をさえ喪失させた兼実の失意は、しかし失意のままには終わらなかった。再び兼実の執政への熱意を燃えたたせたものは、女任子の入内による伝統的な摂関権威への夢であった。兼実を支えたものは本質的には権力への願望であった。その意味で、文治に続く建久年間は彼の願望をさらに充足させた時代ではあったが、最終的には失意と表現してよい晩年を過ごすことになる。兼実の政治家としての終局の時代を辿ってみたい。

信頼を託し得ない臣下が執政となって、法皇に不本意の感情があったことは先に述べた。伏見御所に移御されたのも、その憤懣からとの風聞があった。しかし、兼実にはともかく、背後の勢力となっている頼朝に対しては、法皇といえどもすでに対立し得ない状況になっていた。法皇と兼実との関係は、表面融和と言ってよい状態にはあるが、頼朝という存在が背後にあっての危うい調和というのが実質であった。建久元年（一一九〇）十月十七日、東大寺上棟のために南都に下向される法皇は、途次、宇治平等院で兼実の饗応を受け、翌日は兼実も供奉して南都に到った。同二年正月二十七日の今上帝の法皇宮臨幸は、方違行幸ということになっているけれど、実は、法皇と孫にあたる主上（後鳥羽）との「心閑かな」対面のために、兼実が計画したものであった。翌日、院北面の者によって雑芸が奏された。これは、（中宮任子の父である）兼実をも楽しませる意図のものであったが、兼実は頓病で起居不能のため参上できなかった。このあたりの記述を見れば、長く続いた対立と政争の時代から、漸く安定協調の時間が流れ始めている気分も感じられる。

しかし、人間の生来的な感情はなかなか変わり難いものである。建久元年十二月二十二日には基通の息家実が院御所において元服、当夜従五位下に叙されるなど、法皇と前摂政基通の好誼的な関係は依然として続いていた。一方、兼実の方は、稀に院参しても「胡旋袖を翻す」遊興の際には、申し入れずして逐電したり（同二年四月二十四日）、供花の間なので「暫く待つべし」と言われても、「御前に召すべからざるの天気」を感じて逐電退下したり（五月二十九日）、些細にすれ違う関係はなかなか修復し得ない。建久三年春の除目には、宗頼が仰せを承るために参院したが、院は「巫女遊戯」の最中だったので、奏上もできずに退出した。兼実に言わせれば、「仙洞の礼すでに廃る。悲しむべし悲しむべし」というものであった（建久三年正月二十六日）。同年二月十三日、法皇は病悩祈禱のために東遊を日吉社に献じた。円融院が北野に奉納された旧例に似るが、今度は巫女の狂言から出たまったく異なるものであると、法皇の病状は顧慮のほかで兼実は批判している。後白河法皇と兼実の間には、政治的立場からだけでなく、人間的に融和し難い異質なものがある。

建久二年七月十七日、院の寵人丹後二位から落書が兼実のもとに届けられた。丹後二位は法皇晩年の寵妃で、建春門院滋子の乳母であった若狭局を母とし、夫は治承三年（一一七九）のクーデターで殺害された院近臣の業房で、鳥羽殿に幽閉された法皇に侍している間に寵愛を受けるようになって皇女覲子を生み、通親と結んで権勢をふるうようになった女性である。その丹後二位が法皇に代わって兼実に抗議してきた。兼実に親近する光長・頼輔の二人が、摂関家領を長者（兼実）に付すことを抑留しているという理由で法皇を呪詛しているという内容である（「丹後局自身がこの事件の筋書の作者であった」〈芳賀、一九六一〉）。勿論根も葉もないことで、「詞を以て言うべからず。筆を以て述ぶべからず」、落書は使いに付けてそのまま返した。まったくの虚妄の風聞であるけれど、風聞が立つような雰囲気は存していたということである。同年十一月の京官除目では、高能の任中将、右大臣兼雅の加階に関して、院と兼実との間に意見の違いがあった。高能については中将の員数がすでに過分であること、右大臣兼雅については上臈の官位を超越するとの理由で、法皇の仰せを留めた。伝奏定長の消息によれば、法皇は「頗る逆鱗」で、兼実の返事が到来の後は「むつけさせ給つつ、成功も何も任ずべからず」と不興の様子であったという。兼実の心情は次のようなものであった。

叙位除目に毎度心肝を摧《くだ》く。実に生涯その要無き事なり。自今以後と雖も、過たざるの事を以て、果たしてその殃《わざわい》に懸かるか。恐るべし慎むべし。今度、中将の事の覆奏、頗る自讃するところなり。只御定に任せて馬頭を拝任の事は追って沙汰有るべき事なり。而して叡慮を察し時儀を計りて再三覆奏、已に天気人望等に叶い了んぬ。此の如きの用心、いかでか越度無からんや。無権の摂政、孤随の摂籙、薄氷破れんとす、虎の尾を踏むべし。半死半死。（建久二年十一月五日）

法皇の意向に対して再三覆奏、ようやくに穏当な処置にたどり着いた。薄氷、虎の尾を踏む思いに恐々とする。もともと相容れない肌合いの二人であるが、頼朝という強圧のもとにどうにか実現したかに見えた融和の状態は、端緒があれば一挙に瓦解してしまう表層のものであったと、あらためて認めざるを得ない。

権力の周辺

兼実の批判には一つの特徴がある。建久二年六月十三日、主上の大内への行幸があったが、右大将頼実が初めは供奉すると言っていたのに参入せず、出御の後に「人数が多いと承ったので不参する」と連絡してきた。近衛大将たるもの、行幸には必ず供奉すべきで、非礼この上ない。兼実の怒りは、そのことよりも、頼実の態度が「法皇第一の花族」で院に深く信頼されていることを背景にしての放恣《ほうし》の振舞いであることにある。対立する権力に従う者への反感と言ってもよい。八幡別当成清が宮寺にかかわる四ヶ条の訴訟の裁断を求めてきた。兼実の抑留に対して、「裁断がなければ放生会を中止する」と抗議してきた。法皇は「成清の申し条に理有り」として兼実に裁許を命じた（同年八月十四日）。摂政の頭越しに法皇の権力を求める態度に、兼実は憤懣やるかたない。建久二年四月一日の除目で、頼朝腹心の因幡前司中原広元が明法博士ならびに左衛門大尉に任じ、使宣旨も受けた。文筆の士の武官への任官が天下の耳目を驚かせたが、これは通親の追従によるものであった。法皇に親近する姿勢のあった通親が、今度は頼朝への接近も画策し始めたと兼実は感じた。獅子身中の虫と非難し、ために「頼朝卿の運命の尽きんすることを恐る」と頼朝の立場を案じるかに見えるが、事実は、兼実自身の背後の勢力となっている頼朝への通親の接近に、兢々としているだけである。兼実は、頼朝はもちろん後白河法皇に対しても、正面きって対立の姿勢を見せることはできない。だから、自分が対立できない、自分よりも優位の権力に結び付こうとする者に、防御本能的な過敏な感情を覚えてしまうのである。通親は、もともと公事の面でも学問・和歌愛好の性格の面でも、兼実に近い資質を持った朝臣である。ただ一つ顕著に違うのが権勢に寄る姿勢である。高倉の近臣から始まって後白河・清盛・頼朝と、通親は精勤と奉仕の姿勢を常に示すのに対して、兼実は傍観者的な態度でしか願望を表現できない。兼実の通親嫌悪の感情は、本質的には嫉妬に根ざすこんなものではなかろうかと、筆者は推測している。

後白河法皇にさらに親近する存在があった。先にも述べた寵妃丹後二位である。この年三月一日に催された彼女の浄土寺堂での逆修法会には、法皇も渡御されるという愛寵ぶりであるが、この時に記した「弾指すべし弾指すべし」の批判は、このような私事にさえ扈従して法皇の意を迎える頼実以下十四人の公卿の行動に対してのものである。「是れ、臣の不忠に非ず。君の私曲なり」とするのであれば、その対象を正面きって批判すべきであるが、兼実がそういう明瞭な態度を取ることはない。丹後局所生の皇女覲子内親王の女院号宣下には、「后位にも非ず母儀にも非ずして院号を蒙る例は今度が始めなり」と呟きながら、「時儀の推するところ、是非に及ばざる者か」として奉仕する。

日来所労不快なるも、追従の心切なるに依りて、相扶け参入す。座に於いて更に発熱、しかれども相構えて祗候、事了りて退出し了んぬ。（建久二年六月二十六日）

兼実が、丹後二位に対しては、頼実や通親に対するような敵意を露骨にしないのは、彼女がすでに法皇権力と一体化した存在になっているからである。だから、批判の心は底に隠して「追従の心」と自嘲しながらの行動を取るしかない。

巷説嗷々の後、今日始めて龍顔に謁す。天気快然、中心に喜悦をなす。然る間、女房二品法皇愛妾丹後二位是なり、出で来。法皇相代わりて入御、前周公に謁す為なり。その後、女房と談語、蓄懐を陳じ了んぬ。貴妃、理に伏すの色あり。（建久二年九月七日）

前周公とは前摂政基通のことらしい。先にも述べた呪詛の落書や風聞の後なので、恐恐とした思いで法皇に拝謁したが、「天気快然、中心に喜悦をなす」と記している。現実に政務の折衝を行う立場になって、兼実の法皇に対する懼れはむしろ増している。法皇が入御された後は丹後局と談語、彼女はほとんど法皇の代理に異ならない。同年十一月十三日、丹後局が浄土寺家に移る。法皇も共に渡御して逗留三日。三夜の夫婦の儀に等しかった。丹後局の息少将教成が兼実のもとに拝賀に来た時は、拝の後は前に呼んで親しく声をかけた。「追従のため」である（十一月十六日）。法皇と等しくなった丹後局に対しては、ただ自嘲のほかかない。

後白河崩御

果てしなく見えた重圧が取り除かれる日が来た。後白河法皇の崩御である。建久の末年から伝えられていた病悩は次第に深刻となり、ついに建久三年（一一九二）三月十三日寅刻、六条西洞院殿で他界された。御年六十六歳。兼実は「寛仁の稟性、慈悲世に行い仏教に帰依の徳、殆ど梁の武帝より甚だし」と述べながら、「只恨むらくは、延喜天暦の古風を忘る」とも記さざるを得なかった。延喜天暦の古風は摂関を肯定しない。兼実の真意からいえば、むしろ「長保の古風」と表現されるべき感情であったかと思われるが、いずれにせよ、保元以来の混迷と、朝廷の権威が関東の武門の膝下にあるがごとき現状を、朝威の上に君臨した（院政という）変則権力の将来したものとして、兼実には追求の心は深かった。

それにしても、後白河院の実像が見え難い。次は、歴史家としての安田元久氏の把握である（安田、一九八六）。

この激動期における三十七年の治世の間、後白河の前には、幾度か強力な政治的対抗者が立ちはだかったが、そのたびに結局は対立者を降して王者の地位を守り続けた。それを可能にしたのは後白河上皇の老獪な政治力にあったとされている。たしかに上皇は、政治上の駆引にすぐれ、不利な状況の下では忍耐を続けて自然に好機が訪れるのを待ち、そこで一挙に恣意的行動に出るといった特性をもっていた。また一人の実力者が頭角をあらわすと、必ずこれの対抗者を育て上げ、両者の対立と勢力競合の上に、自らの保身をとげようとする謀略にも巧みであった。こうした上皇の政治的謀略は、とくに権力争いが激化した治承四年（一一八〇）以降の内乱期に、顕著に見られる。

後白河院の生涯を通じての妥当な把握と感じるが、その人間性に迫るような記述をなかなか見難い。井上靖氏の『後白河院』は、小説として書かれたものなので、人間追求という意味では出色のものがある。この内容も紹介してみたい（井上、一九七五）。小説は四部に分かれ、平信範・建春門院中納言・吉田経房・九条兼実に、それぞれに浮かんだ後白河院把握を語らせている。そのなかで、信範には「信西がその死にあたって、自らの滅びを願う者としての院」に気付かせ、建春門院中納言には「寵愛深かった建春門院との間の心の疎隔」を語らせ、経房には「心の奥に仕舞われたものは決して見せない」本性を指摘させている。最後の兼実には、「ご自分を取り巻く誰にも心をお預けにならない立場を運命付けられていた」帝王と述べさせている。人間を語るという意味では、十分に語っているとは思うが、まさに小説たる所以《ゆえん》で、その独自の個性が歴史事実とどのように不可分にかかわっているかというところで、双手をあげて賛意を表しかねるというのが、筆者の感想である。

2　親幕派公卿の内実

望外の誤解

兼実が、執政数年を経た建久二年に至っても、「無権の摂政、孤随の摂籙」と孤塁を嘆いていた背景には、後白河法皇との疎隔よりも、兼実背後の勢力とされている頼朝との関係の希薄の方が大きいのではないかと、筆者は推測している。兼実が頼朝を評価する姿勢に、当初はさほど熱意がなかったことはこれまでも述べてきた。東夷であり朝敵でもある頼朝が、最後には天下平定の任にあたるなどは、想像もしなかったし期待もしていなかった。義仲の粗暴を眼前にすると、さすがに彼による安定を望む感情にはならないが、その後に頼朝が入洛を果たしたとしても、彼がどれだけ義仲に隔たる人物かは保証の限りではない。「頼朝若し賢哲の性質有らば……」の危惧は、頼朝が義仲に優る人材であれば、それだけ天下がまさに武門によって支配される暗黒時代に入ってしまうという不安と懸念を表現するものでもあった。

兼実の感情が変化を見せる端緒は、先学諸氏の指摘するように、寿永二年十月二日に都にもたらされた頼朝の三ヶ条折紙の内容であった（先にも述べたが、再度触れる）。

頼朝申すところの三ヶ条の事、一は平家横領する所の神社仏事の領、たしかに本の如くに本社本寺に付くべき由の宣旨を下さるべし。平氏の滅亡も仏神の加護の故である。一は院宮諸家の領、同じく平氏多く虜掠すと云々。是また本の如くに本主に返給し、人の怨みを休めるべしと云々。一は降参して帰り来たる武士などは、各その罪を宥し、斬罪を行うべからず。その故は如何となれば、頼朝も昔勅勘の身たりといえども、身命を全くするに依りて、今君の御敵を伐つの任に当たる。今また落ち参る輩の中にも、自ら此の如き類も無からんや。仍て身を以て之を思えば、敵軍たりといえども、帰降の輩に於いては、罪科を寛宥して身命を存ぜしむべし云々。

平氏押領の寺社・院宮の領は本主に返給し、降伏して帰参して来た武士には、我が身の過去も思い寛宥に努めるという、思いのほかの頼朝の意志表明であった。ここにおいて兼実は、「一々の申し条、義仲等に斎《ひと》しからざる」頼朝の資質を確認した。「頼朝若し賢哲の性有らば……」の危惧が幸か不幸か現実になったのである。今後の政情が頼朝の存在を顧慮しないでは動いていけないことも確認した。兼実自身も、特に政局の中枢に近くなるとともに、今後は頼朝とのかかわりを求められるであろうということを予感した。であれば、極力好意的な関係が望ましいとは、兼実ならずとも思慮するであろう。

しかし兼実は、積極的な行動に出るような態度は取らなかった。武門に対する摂関家の血の誇りの意識もあったであろうが、兼実は生来的に行動する権謀家でない。どのような運命も、伊勢・春日社の冥慮によるものだとして、ひたすら祈念する以外のことは考えも及ばない。このような、神慮を至上として泰然と動かざる態度は、誤解を与えるところがあった。権謀術策に遠く権勢に恬淡とした清廉の公卿という、望外の「誤解」である。頼朝が兼実を支持し、法皇に兼実執政をしきりに求めた背景は、法皇に対立する立場の公卿の必要が第一のものであるが、第二の理由となったのはこの誤解の要素ではなかったかと筆者は推測する。このことは先にも述べた。

頼朝入洛　その頼朝が、建久元年（一一九〇）十一月七日に入洛して六波羅新造亭に入った。院以下の洛中諸人が見物したというのに、兼実は見物しないだけでなく、方違と称して雲林院辺に向かっていた。この、一見「毅然」と見える兼実の態度を、頼朝はどう評価したのだろうか。頼朝の十二月十四日の離京までの間、兼実と頼朝との対面は、兼実の日記を見るかぎりでは、入京直後と離京直前の慌ただしいそれと、二度しかなかった。初めの対面の際に頼朝が述べたとされる所懐が、次の記述である。

八幡御託宣に依りて、一向に君に帰し奉る事、更に百王を守るべしと云々。是れ帝王を指すなり。仍て当今の御事、無双に之を仰ぎ奉るべし。然れば、当時の法皇、天下の政を執り給う。仍て先ず法皇に帰し奉るなり。天子は春宮の如きなり。法皇御万歳の後、また主上に帰し奉るべし。当時も全く疎略に非ずと云々。また下官辺の事、外相は疎遠の由を表すと雖も、その実、全く疎簡無く、深く存する旨あり。射山の聞えを恐るに依りて、故《ことさら》に疎略の趣を示すなり、と云々。又天下遂に直立すべし。当今幼年、御尊下もまた余算猶遙かなり。頼朝もまた運有れば、政何ぞ淳素に反《かえ》らざ

らんや。当時は偏に法皇に任せ奉るの間、万事叶うべからず、と云々。而して示す所の旨、太だ甚深なり。（建久元年十一月九日）

まだ後白河法皇の崩御以前のことである。法皇を主上のように、天子を春宮のように認識しているのが注意される。権威の実質を言えばその通りである。「天下平定の後に、権を法皇さらに主上に帰し奉る」と言っているように見える。兼実に対しては、「外面は粗略のように振舞ってはいるが、深く信頼している。いずれ、頼朝と兼実とで主上を支え、平穏な世に返そうではないか」と言っている。兼実は「示す所の旨、太だ甚深」と感じた。有名な記述であるが、この謁談を「両者の肝胆相照らした様」（芳賀、一九六二）と解釈できるだろうか。おおむねその方向で理解されてきたが、兼実との距離の後退を語るものだという意見も示され始めた（上横手、一九七二）。筆者にも、法皇を憚って「外相は疎遠の由を表す」の言葉がなにか空々しく聞こえるところがある。頼朝と兼実との関係は、すでに実際以上に親近なそれと世には風聞されている。それを今更外貌を繕《つくろ》ってどういう結果があるというのであろうか。むしろ、法皇とその周辺の動きを牽制する意味では、頼朝の兼実の関係緊密を喧伝しておいた方が良いのではなかろうか。二度目の対面の際にも、頼朝の「祝言」のようなものはあったらしいが、兼実は「祝言、信用すべからず」と日記に記している。兼実にも、見えるものはすでに見えていたのであろう。一方、頼朝は在京中に数度の院参をし、その入洛は法皇との何らかの接近を示す形のものになった。「やがて開始するであろう或は既に行ないつつある兼実への背信行為に対する頼朝の言訳であり、伏線であった」（杉橋、一九七一）可能性がかなり高いように、筆者にも感じられる。

馬二疋

建久二年四月五日、兼実の驚愕する報知が届いた。頼朝女大姫のこの十月の入内の報である。道長をもって自らに比し、道長女中宮彰子をもって任子に擬す兼実にとって、青天の霹靂というべき事柄である。この入内についても、前年末の頼朝入洛の際に、すでに折衝があったとも推測されている（杉橋、一九七一）。頼朝に女子の入内を実現する意志があったとすれば、任子を入れて今上天皇の外戚を目指している兼実の存在は、当然競争者とならざるを得ない。同盟者の初めての対面が、案外によそよそしかった事情が了解されてくる。支援者と憑んでいた存在が対立者として現れた兼実の衝撃は察するに余りあるが、対抗し得べくもない相手に対して、兼実は「此の如き大事、只大神宮八幡春日の御計らいなり。人意の成敗に非ず」と呟くしかない。頼朝周辺の記述に、筆者は兼実の諦めに似た感情を感じる。

頼朝の二度目の入洛は建久六年（一一九五）三月四日のことであるが、兼実の日記には記述がない。同月十二日の東大寺供養には主上（後鳥羽）も臨御、兼実・頼朝も参列した。政子や頼家を伴って滞在していた頼朝は、同年五月二十五日には東下の途に発ったが、二ヶ月有半の間、兼実との対面は、頼朝の参内の機会に謁して雑事を談じた三月三十日のそれが唯一であった。しかもその間、頼朝は、丹後局・通親と頻繁に交流し、豪奢な贈り物をしている（『吾妻鏡』建久六年四月一日）。これを、「頼朝卿、馬二疋を送る。甚だ乏少」（四月一日）であった兼実への待遇と比較してみれば、頼朝の心が完全に旧院周辺に移っていることが、明瞭に知られる。兼実は「これを為す如何」と言いながら記述を続けている。頼朝のこの明瞭な疎隔の意味するものは何であったのだろうか。

頼朝の二度の入洛を通じて、ますます離間していく兼実との関係が明瞭に観察できた。背景には、当面共同の敵であった後白河法皇の存在によって成立していた提携関係が、崩御によって存立の意義を失ったこともあるとは思う。頼朝女の入内交渉が事実であれば、二人は協調よりも対立が当然の関係になる。そういう背景もあると思うが、兼実の人間を観察してきた筆者には、毅然と清廉な政治家であり得なかった兼実の本質が、接近とともに頼朝に見えてきたことが、根本的なそれであったように思われる。後白河法皇が憑み難い臣下として生涯信を置かなかった感情を、頼朝もすぐに感じ始めたということではなかろうか。頼朝が同盟者として深く信託するものが兼実にあったなら、大姫入内といった思慮も現実になる必要がなかったかもしれない。

3　虚しき望月

希薄になる感覚

兼実が人生で得意を感じた時は二度あった。一度は、頼朝の一応の支援を背景にして、安定した執政の座を実現し、春日社の冥慮に感謝の参詣をした文治四年（一一八八）正月の頃。もう一度は、法皇の崩御によって長年の桎梏《しっこく》から解放され、憚ることなく願望を求められるようになった建久三年（一一九二）三月以後の数年。法皇崩御の後、七月十二日には頼朝を征夷大将軍に任じて意を迎え、十一月には苦楽をともにする同母弟慈円に天台座主職を与え、建久六年十一月には二男良経を内大臣に任じるなど、懸案を次々に現実にしていった。

慈円の天台座主就任が建久三年十一月二十八日到来の関東の返札到来を待って定められたように、兼実の施策には、常に鎌倉の意向のもとにという制約があった。兼実はもともと理想の政務を求めていくような為政者ではない。与えられた政務を堅実に遂行する実務官僚型の政治家である。頼朝を歴史の必然が生み出した権勢者と認識すれば、その意に従って自らを律することはさほど苦にはしないのが兼実の本性である。法皇が隆職を宮中の執権にと仰せられた時も、頼朝在京時の指示に従って「関東に触れ仰せて後に思慮有るべし」と進言したり（建久二年四月二十二日）、良経と能保女の婚儀を頼朝の指示によって「大将を迎える」儀としたりなど（同年六月二日）、兼実は、頼朝の意向を汲んで行動する姿勢を異としなくなっていた。自らの執政が支えられる重さの前には、摂関家の誇りや武門へのこだわりの意識は、昔日の感覚を希薄にしていた。

摂関の見識

執政となった兼実の姿勢には、二つの顕著な性格を見得る。一つは、最上級者の立場からの峻烈果断の感覚である。たとえば、

去る十日の従僧、織衣幷びに表袴等の事、内々僧徒存知の趣、尋問すべきの由、仰せられ了んぬ。而るにその後無音、一昨日各々始めて聞かざるの由を申す。懈怠の至り、責めても余りあり。本所より尋問さる。（従僧の織衣・表袴などを尋問するが返信無し、建久二年五月二十六日）

使以下舞人等一人も参内せず。懈怠尤も甚だし。長房に仰せて之を催させる。

（賀茂社臨時祭の使・舞人など一切参入なし、同年十一月二十八日）

巳の刻に至るも、一切参入の人無し。仍て大外記師直を召す（その家陣口に在り。）即ち参上、懈怠の由を仰せ、公卿已下に使部を分け遣わして各々相催す。諸司過半参入、見参に逢い猶々譴責《けんせき》する。

（松尾社行幸に供奉の朝臣たちが遅参、同年十二月八日）

などは、公事に参加する僧侶や使・舞人の「懈怠《けたい》」に、強い不愉快の感情を示すものであり、場合によっては「過状」を求め（建久四年正月三日）、「勘責」を加えて罪科に処すなどのこともある（建久五年二月十三日）。

職事など（宗頼は追って参入、）官外記の参るを知らず、大将に告げず。言うに足らず。仍て大将、禁裏に候し乍ら今日の事を行わず。

（建久四年正月一日）

余、受領の挙《きょ》有るべき由を仰す。此の間、窃《ひそ》かに大間を巻き、暫く置きて挙を待つべきの処、早く以て奏聞、大失なり。

（同年正月二十八日）

などは、公事作法の〝失礼〟を非難するものである。これらは、兼実の従来にも見えた態度であるが、誰にも掣肘《せいちゅう》を受けない最上級者の立場になって、さらに峻厳あるいは偏執《へんしゅう》の度を加えたように思われる。

法皇宮に行幸（六条西洞院亭）。蓋し御悩を訪わるなり。（中略）鳥羽院御悩の時、不快の例と称して行幸無きも遂に以て事有り。安元の建春門院の御事もまた行幸無くて大事出来する。仍て余之を案ずるに、行幸有るも吉例有り、不吉の例有り。行幸無きも近例両度は皆不吉なり。仍て寛治・永承等の吉例に就きて、此の行幸を申し行う。法皇太だ悦し給う。（建久三年二月十八日）

当今御元服以後、始めての御吉書。（中略）古昔は白昼に之を行わる。中古以来は夜漏に及ぶと雖も、粗ら日中の例有り。当今は無事、旧例を興行せらるるに似たり。仍て此の旨を仰せる。（建久四年正月二十六日）

前例は後白河法皇の崩御が近いので今上帝（後鳥羽）が行幸された時の記述で、後例は今上帝の吉書御覧始めの記述である。ともに先例を考慮の上で、前例は主上の行幸を実行し、後例は早暁に吉書の儀を催した。兼実本来の先例尊重主義は執政となっていよいよ厳密となった。中心者としての意識は、「今日、家の拝礼に来臨の公卿……」（建久六年正月一日）、「参入の公卿……」（正月五日）などと、公私を問わず臣従の態度を測る姿勢にもつながっている。異見の者があれば、

その後、女房と談語、蓄懐《ちくかい》を陳じ了んぬ。貴妃理に伏すの色有り。（建久二年九月七日）

能保入道の許に、條々の事等を諷諫《ふうかん》す。理に伏すの報有り。
（建久六年正月十一日）

などと、正論を理解させたつもりでいる。権勢者の前で口を噤むのは、「理に伏した」のではない。議論の余地ないこととして黙しただけのことである。これらの事柄を観察してくると、故実典礼にのみ厳格な性狷介《けんかい》の執政の孤立と、権勢に馴れて鈍になった中心者の陥穽《かんせい》と、両様の要素の進行を感じる。

願望の中宮

述べてきた性格のほかに、執政兼実のもう一つの顕著な特徴は、鎌足・道長の後裔をもって任じる自尊の意識である。そのことを夢告によって知り、それを真実として、伊勢・春日社の神慮によって藤氏興隆が再度現実になるとして祈念する。そして現実は、一条帝と道長の時代にほぼ等しい進行を見せている（と兼実は信じようとしていた）。道長の頼通に比すべき良通を不慮に失ったことは不安な陰影であるが、それを強いて打ち消して藤原氏再興と我が身の存在とを重ね合わせる夢想をしていた。したがって、建久元年（一一九〇）の任子入内と立后は、鎌足の女光明子、道長の女彰子のそれに重なる事実となるはずのものだった。建久三年正月、中宮任子御願の吉祥天像が完成した。兼実によれば、

此の事の濫觴《らんしょう》、光明皇后の御願なり。我氏繁花の起こり、彼の皇后を以て始めとなす。今中宮の后位の時に当たりて再び霊像を造立、実に機感の時至るものか。南円堂の不空羂索《ふくうけんじゃく》、余また之を

造る。藤家の中興、法相の紹隆、窃《ひそ》かに此の時に在るものか。（正月十日）

ということになる。吉祥天像は光明皇后（聖武后、不比等女）の御願で初めて作られた像であるが、藤氏繁栄の始発となった皇后の志をはるかに仰ぎ、今、後鳥羽中宮の兼実女任子がこの霊像を像立する。「ここに藤原氏中興の英業が、兼実によって実現される」とひとりよがりに確信する。鎌足・道長時代との大なる差異は、太上天皇という朝威に優越する存在であったが、その法皇もこの建久三年三月に崩じた。兼実は、いよいよ鎌足・道長時代の再来を、勝手な夢想ながら予感し始めていた。

任子に皇子隆誕そして践祚の夢告は、すでにその年余以前に得ていた（建久二年二月二十一日）。建久五年三月十六日の中宮大原野行啓はすべて道長女彰子の寛弘の佳礼をもって行った。試楽から始めて一事違乱なく、風雨の難にも見舞われず、まことに神感を感じさせる行啓であった。そして中宮の懐妊。寛弘の例に倣《なら》い、五ヶ月以前に里邸に出、翌建久六年三月十五日に着帯の儀を行った。着帯には大将が吉例であるが、右大将良経の初度の子が女子であったので、兼実自身が奉仕した。御産は八月十三日、兼実の準備万端の祈念にもかかわらず、誕生は女子であった。このあたり、着帯直後の安産祈禱の記録を僅かに残すだけで、日記にはまったく記述が欠け、皇女誕生の当日の記録さえ残していない。誕生以前には皇子誕生の祈禱に余念がなかったが、皇女が誕生してからは、その落胆のために記述の気力も失ったようである。

ここにおもしろい記述がある。建久六年（一一九五）の伊勢例幣の際に、去春、御産御祈の時、若し御願成就おぼしめせば、禰宜等に一級を授くべきの由、内々祭主に仰せられ畢んぬ。而るに皇女降誕、頗る御本意に非ざるか。仍て沙汰無きの処、猶神宮感応の由有り。聊か所存有るの上、祭主能隆朝臣、少々行わるべきかの由申さしむの間、事の由を奏し下知するところなり。之に加えて、聊か夢想の事有り。（九月十一日）

ということがあった。先の御産の折りに神宮の禰宜が祈願に奉仕し、御願成就の後に一級昇進の約束もしていたが、皇女誕生で沙汰止みになっていた。姫宮誕生の直後であるが、再度神宮に感応のことがあって、加階を履行したというものである。この処置にあたっても、兼実は長保・寛弘の例に倣うことを忘れていない。理想と現実の乖離《かいり》は続くが、皇子誕生の望みを兼実はまだ捨てていないということである。用例末尾の「聊か夢想」とは、再度の皇子誕生の夢告であった。その五日ほど以前の、春日社頭に神鹿出現の報知に、兼実は「深くその憑み有り」との思いを持っているが、十月にも或人の夢に「今冬、皇子懐孕の慶有るべし」との霊告があったという。建久六年十月の記事は、このことを伝える一日の記述しか残していないのも意味深く興味がある。

関白、罷免

兼実が見果てぬ夢に執着している間に、事態は兼実の背後で着々と進行していた。兼実が任子御産に奔走していた時は、頼朝が二度目の入洛を果たした時と重なっていた。先にも述べたように、この入洛の間中、頼朝は丹後局や通親などと頻繁に会って豪勢な贈り物をするなど、目に見える接近をしていることに（『吾妻鏡』建久六年三月二十九日）、兼実はまったく気付いていない。気付いていても為し得るものは何もないから、焦慮しながらも黙視していたのかもしれない。それにしても、「頼朝卿、馬二疋を送る。甚だ乏少、之を為すに如何」とは、あまりの鈍感ではないか。

のみならず、前年十月一日の皇子懐胎の夢告に、いまだに未練がましく希望を抱きながら、七年正月の小朝拝には蔵人の殿上椅子の立様が違例だと非難したり（正月一日）、奉膳に関しての大外記師直の作法を「故実を知らず」と批判したり（正月三日）、弓場始で賭弓を停止する例は希有であると上奏したり（三月九日）、主上に教え奉った賭弓作法に無難を祈念したり（三月二十五日）、故実政治に喜憂する態度を相変わらず続けていた。背後で着々と進行している事態への無感覚は、惨めと言ってもよいほどのものであり、政変が表面化した時、執政兼実を支援する外部勢力は皆無と言ってよかった。金澤正大氏は、その理由を「兼実の公卿減員政策が近臣にも理解されず、貴族層の支持を失ったことにある」と説明したが（金澤、一九八五）、そんな理由もあるかもしれないが、頼朝との親和協調の消滅が根本の理由であろうと思う。一年半以上前の頼朝滞在中に、この事態への承認がすでに保証されていたのではあるまいか。あるいは頼朝の指示であった可能性さえある。建久七年の十一月二十五日、上表の形式も無いままに、兼実は関白職を罷免された。藤原長兼の記述によれば、「九条殿に参るの人、関東将軍咎を成す」（『三長記』建久七年十一月二十八日）という風聞もあった。この辺の経緯を、兼実はまったく記録していない。

兼実の心の内面を推測してみる。執政となった兼実の法皇批判には、朝威の希薄の裏返しの感情があった。朝儀を催しても朝臣は多く院に候し、院に使いをやってあらためて参内を促し、また参内するようにとの院の仰せを懇願するなどのことも再々で（建久二年四月二十六日）、主上の聖断（実際は兼実の判断）も叶わざること多く、行幸のような公事でさえ朝臣の参集がままならない。建久二年の松尾社行幸では、

見物の輩はただ僅かに十分の一を見る、と云々。人々の不忠、之を以て知るべし。王化の衰陵、悲しむべし悲しむべし。（十二月八日）

という状態であった。兼実には、特に任子の入内以後、天皇と執政が協調し合う朝政を理想とする感情が強くなっていた。それこそ理想の道長時代の再現である。朝威を重んじその衰微を嘆く心の内面は、自らが理想の執政たり得ない憤懣の裏返しであった。主上（後鳥羽）はいまや、側近の蔵人の行為に不快を示したり（建久四年二月三十日）、公事を指示したりするほどに成人されていた（建久六年正月三十日）。宇佐社への勅使を召して、ことに御在位長久を祈願すべく命じる兼実の心の内面に、朝権と執政の本来のあり方を夢想するものがあったことは明瞭であるが（建久四年十二月十三日）、それは、頼朝から見れば故法皇の再現である。故法皇の専恣の抑制にのみ存在価値があった兼実の思い上がりを、最も不快に思ったのは頼朝ではなかろうかと、今では筆者も推測する。

こうして、建久七年末の政変はごく自然に現実になった。この政変劇は、普通、兼実に対立する通

親の陰謀のように説明されているが、通親の姿勢は権勢寄生的あるいは奉仕的なのが常である。最近、佐伯智広氏は「事件における通親の立場は、黒幕というよりも実行犯とでも評すべきものである」と見解を述べたが、同氏によると、黒幕は後鳥羽院ということらしい（佐伯、二〇一四）。だとすれば、僅か四歳で帝位を踏み、後白河法皇崩後は、摂政として幼帝の補佐に努めてきたと自覚する兼実にとっては、信じかねる悪夢のような出来事であっただろう。まったく孤立無援の状態になったのは、兼実の執政としての資質にもともとの因があると思うが、これが追放という形で顕在化したのは、今や通親の背後勢力となっている頼朝の意向に添ったものではないだろうか。兼実の摂政就任の時点においても、次のような状況変化がすでに指摘されていた（橋本、一九九二）。

政変のたびに法皇の近臣という理由で解官され、或いは配流された多くの廷臣の間に、兼実に対する信望が薄かったのも当然であろう。いきおい兼実は頼朝の支援に頼らざるを得なかったが、法皇は兼実の頭越しに頼朝と交渉して、ねばり強く意思の貫徹を図り、頼朝も兼実の無力をみて、しだいに法皇との直接交渉に重点を置かざるを得なくなった。

頼朝の感情は、娘の大姫の入内問題などよりも、かつては信頼を託そうとした朝臣への落胆に類するものではないだろうかという気がする。

4　追放以後

老残の前摂政

関白職を罷免された後も、兼実の変わらない態度はどういうことであろうか。当然強烈な打撃を受けたとは思うが、翌八年（一一九七）三月十三日に女房が見た「魔事を払う」趣の吉夢を「信ずべし信ずべし」としたり、薬師経七巻を転読の際に思わず睡眠した時の夢に「吉瑞」があって「悦すべし信ずべし」と思ったり（建久九年正月一日）、奈良僧正の許に夢想を吉事となすべく祈念を依頼したり（同年六月十六日）、正治二年（一二〇〇）七月一日には「今月二十日に兼実に慶賀が有る」という夢を女房が見たり、執政以前と少しも変わらない神冥と夢告を頼む態度が続いている。文治・建久の執政期間の転変は兼実に何を与えたのであろうか。執柄《しっぺい》の家に生を受けた者の感覚は、通常の人間のそれとはかけ離れたものがあるのだろうか。

変わらないといえば、兼実に代って執政の座を得た基通に対して、かつて権力者に対して取った、皮肉に横目で眺めているような態度も、兼実は復活させている。叙位の儀式で、関白が参議の着座を待たず、また主上の喚にも応じないで円座に着したとか（建久八年正月六日）、僧弁雅が御持僧となったのは基通の子がその弟子となっているからだとか（建久九年正月一日）、基通の些細な瑕瑾《かきん》を冷視するような態度でいる。追放以後の兼実がもっとも感情を激したのが、次章でも触れる後鳥羽譲位と土御門即位であるが、この事態に基通が関わっていた。新帝の外戚にあたるのが、兼実には政敵といってよい通親であるが、この状況の実現に、関白基通が手を貸した。摂関となって政治の実権を握っていくのが、藤原氏の伝統的な姿勢である。基通は、関白という形式から外れないことを条件として、実質的に藤原摂関政治を崩壊させた。兼実という扶者を失った基通にとって、通親は欠くべからざる存在であるが、自身の保身のために藤原氏の藤原氏たる所以《ゆえん》までも売り渡した基通は、兼実には許し難い裏切り者であった。しかし、この事態の因縁を考えれば、皇子誕生に失敗して、関白の座を追われた兼実にも責めがないともいえず、切歯扼腕《せっしやくわん》しながらも、事態の進行をただ傍観するほかなかった。

傍観しながらも、行幸混乱、禁中物騒を執行の人無き故と冷笑したり（建久九年正月十日）、新帝渡御の剣璽の道に内裏造営の際の工人の闘諍の血が流れたのを甚だ不吉と評したり（正月十一日）、正月節会には候しながら翌日の院拝礼に籠居する基通を「弾指すべし弾指すべし」と批判したり（建久十年正月二日）、院拝礼の折りの摂政の作法不審を一々並べたてたり（正治二年正月一日）、白馬節会で大将の奏以前に主上が入御されたのは、摂政が儀の子細を知らないためで、「哀れむべし哀れむべし」と見下したり（正月七日）、摂政が御堂供養の御幸には供奉しながら供養の座には候しなかったのを人々が「傾き奇しんだ」（十月十七日）と記したり、五節参入の際に摂政がいつまでも座に着かないので、他の公卿は板に居したままで「尻の冷、堪え難し」であった苦情を述べたり（十一月十三日）、すべて伝聞であるが、執政基通の挙動に一々注意を払っている。これらを、兼実のどのような心性と説明したらよいのであろうか。いまだに吉夢の将来するものをひそかに願望する心があるのだろうか。老残の前関白もさすがに気力を失ったのであろう、正治二年（一二〇〇）の末年をもって、彼の本領であった日記記述の筆をとどめている。長寛二年（一一六四）の十六歳の時から延々三十六年、寝食を忘れてと言ってもよいほどの長大な記録であった。

第七章　晩年の兼実

1　執政の後

建久七年（一一九六）十一月二十五日、関白兼実は、上表のこともなくて関白職を免ぜられた。鎌倉の頼朝を後援の勢力と頼み難くなった時にはこういう事態も起こり得ることも、漠然とした不安感として心中にはあったのではないかと思う。建久七年は、十一月五日に今上帝（後鳥羽）の賀茂社行幸があって、この時の行幸には、兼実は寅刻（午前三時）に参内、間もなく来た内大臣良経（兼実男）以外には参入の公卿が一人もなく、しきりに催促を加えて、天曙にようやく出御になった。なにか凋落の雰囲気を感じるものがある。日記の記述はその後が途絶、次は翌八年正月の記述になる。

後鳥羽譲位

兼実の関白辞任とともに、新摂政には基通が復職、兼実流罪のことも詮議されたが、特にこれといった罪科があったわけでもなく、後鳥羽院の反対の意向もあって沙汰止みになった（『愚管抄』巻六）。兼実弟の兼房は直後の二十八日に太政大臣を辞し、同じく弟の慈円も天台座主の職を退いた（二十六日）。九条家にかかる圧力には、相当なものがあったらしい。内大臣良経も閉門状態で、定家が良経の一条家（舅の能保邸。一条北室町西）に年賀に参っても、南の一条大路に面する門はすべて閉鎖、牛車も立てられない状態であった（『明月記』建久九年正月八日）。前日には、良経は兼官の左大将も止められていた。九条家の家司である定家も、先の見えない圧力に恐々として過ごしていた。

故実政治家である兼実が、果断な施策には無縁であったことを、筆者は折りに触れて指摘もしてきた。そういう兼実なので、特に他に危険と感じられるような覇気に富んだ行動にも無縁である。まして兼実の関白罷免自体が頼朝の承諾のもとに行われたという要素もあるのであれば、兼実の関白辞任にとどまらず、一族全体に圧力をかける施策は、政変を導いたともいわれる通親の思惑通りに進んだ。通親の思惑は、政変のすぐ後に現実になった。後鳥羽譲位と新帝（土御門）即位の実行である。

桑門の外孫

後鳥羽帝の譲位は、突然の風聞として廷臣たちの耳に入った。近日中の儀礼次第までも含んだ、具体的なものであった。定家は、「このような重大事があまりに唐突に示される。混乱この上ない」と所懐を述べている（『明月記』建久九年正月七日）。譲位のことは、兼実の耳には前日の六日には届いていたが、その時は新帝のことはまだ決まってなかった。関東の許可を得て御占が行われ、その度に「吉兆」との卦が出て、能円の孫（通親猶子）が新主に定まった。このことを飛脚をもって鎌倉に伝え、その返書も待たないで践祚の儀を行うという。この践祚について、兼実はすこぶる批判的である。

桑門の外孫、かって例無し。而して通親卿の外祖の威を振わんがためなり かの外祖母の嫁す故である。 二、三歳の践祚は不吉の例たる由を申し出るが 信清孫は三歳、範季孫は二歳、 博陸また饗応し、尤も例を忌むべきも外祖の沙汰に及ぶべからざる由、再三申し行わる。（建久九年正月九日）

桑門とは法勝寺執行能円のことで、能円室が後に通親に嫁したので、その連れ子であった能円女在子が後鳥羽後宮に入って生んだ皇子（土御門）にとっては、通親が外戚の立場になる。割注の信清孫は信清女所生の皇子（道助）、範季孫は範季女所生の皇子（順徳）である。今年四歳の皇子（土御門）も含めて幼帝の践祚は不吉と言っているのか、明瞭に意味を取りかねるところはあるが、どちらにせよ博陸（基通）も、そういう批判は当たらないとして践祚を穏当と認めた。兼実の解釈によれば、基通息の新侍従兼基の母も桑門（法眼最舜）の女なので、その嘲りを休めるために通親の謀に与したものだという。幼年の践祚を不吉とするのは、二歳で受憚して十三歳で崩じた六条院のことを暗に指しているのであろうが、そんな例をあげなくても好ましいことでないことは明らかである。

桑門（僧侶）の孫であることが世人の嘲りを受けるものかどうかについては、筆者には分からない。この場合、通親の養女がたまたま能円という僧侶の女であったことで、それを批判の口実にしている向きもある。兼実の批判は、結果として、通親が新帝の外戚になって専権を振るうことへの懸念にある。新帝を選んだ占卜・孔子賦の真偽についても、ひそかに疑う気持もあったであろう。それらの疑念を残しながらも、新帝の践祚がなれば、摂関が通親の立場になる。

通親たちまち後院に補して、禁裏仙洞は掌中に在るべきか。彼の卿、日頃なお国柄に執す（世に源博陸と称し、また土御門という。）今、外祖の号を仮りて、天下に独歩するの体は、ただ目を以てすべきか。

（建久九年正月七日）

藤原摂関家が代々に渡って行ってきた家職である。それが、通親によって源家に奪われた。これが、兼実にとっての痛恨の思いである。摂関の家職を奪った通親は、朝儀を摂政にも触れず上皇にも奏さずに任意に行うので、諸々の公事の違乱が目に余る（正治元年正月五日）。後鳥羽院は、高倉院の国忌の日にも節分違で前日から山崎に御幸、遊覧して晩になって帰洛された。内大臣通親が執奏したためである（正治二年正月十四日）。

執政の感覚

通親の専横は弾指すべき状態であるが、兼実に替った摂政基通の挙動は弾指以上である。基通の違例・失礼については、前章で兼実のこまごまとした感覚を紹介した。それらも、故実を本領とする執政であった兼実から見れば、不堪かつ無知の所業であったかもしれないが、通親・基通の感覚では特段の批判にも当たらないし、家の流儀であったところもあるかもしれない。したがって、どちらがどうと批判されても、それはたいした問題でない。それよりも、執政の立場を失った兼実に、執政の感覚が抜け切らないことの方がおかしい。もしかしたら兼実は、今も復権の希望を持つところがあったのであろうか。

兼実には、いまだに夢想に託する感覚がある。建久八年三月十三日に室が伝えた吉夢は「魔事を払うの趣」のもので、「信ずべし信ずべし」というものであった。翌九年正月早暁に薬師経七巻を転読した後に不覚に睡眠した時の夢は、「心中に吉瑞有り、仏法の空しからざる」ものであった。建久九年六月十六日に奈良僧正が伝えてきた夢想は、「吉事が成るので祈念するように」というものであった。正治二年正月十三日暁の吉夢は僧事の吉瑞であるが、同年七月一日暁に兼実室が見た夢は、「兼実に慶賀のことが有り、奈良僧都が上洛する」という夢であった。今更、兼実は夢想に何を託そうというのであろうか。

長大な日記の閉じ目にあたって、兼実は二つの記事を伝えている。一つは、正治二年二月十八日の良経の院参の記述である。

天晴る。左大臣、参院して始めて龍顔に謁すとか。五廻の春霞を披きて一人の天顔に拝し、感涙を拭い懐旧を催すとか。（同日）

伝聞の記述である。父兼実の失脚後、官は左大臣に在り、たがいに認め合う歌人であっても、閑談する時を持つことがなかった良経と後鳥羽院である。二人に加えて、兼実の感涙も伝わるような気がする。今一つは中宮任子の院号の記述である。同年六月二十八日、女院号宜秋門院を賜った。秋の音が愁に通じるので不吉という難もあったらしいが、后宮を長秋宮と呼ぶ秋には万歳千秋の心があり、万物成就の秋を含む佳名であると、兼実は故実家らしい反駁を加えている。失脚後も絶えることのなかった夢想の記述は、あるいは良経・任子にかかわるものであったのだろうか。すべてが無に帰した今は、故実も作法もかかわらない、ひたすら弥陀に救いを求める晩年であって欲しいと、筆者は心から念じる。

法性寺新御堂

兼実が執政の立場を失った時、彼は、本来の地である九条の旧邸に戻っている。移徙を明記した史料を今のところ見ないが、建久七年十二月二十日に、前斎院式子内親王の大炊御門殿移御の記述があるので、その以前、失脚した十一月二十五日から程ない時点のことと思われる。この九条邸であるが、九条北富小路西の位置は確実として、ほぼ一町四方の邸内には、いくつかの居家が位置していた模様である。失脚以前は大炊御門殿に対して九条殿とするだけで良かったが、失脚の後はもっぱらこの邸に居住しているので、南家（建久八年三月十六日）・東宅（正治二年正月十六日）といった区別が見えるようになる。『明月記』を見ると、兼実居所はほぼ角殿に決まっている。南家は頼輔家の可能性があるので、東家を一応角殿と認めて、先に進みたい。

九条邸東の富小路はほとんど鴨川西堤道といって良い状態なので、角殿が東家とすれば、河原から流水を隔てて東山山麓を見る景勝の場所であろう。しかしこの家も、正治元年五月十六日に北殿の呼称を見た後には見なくなって、兼実の居家はほぼ北殿になる。その後に頻出する南殿は良経の居家かと思われるので、角殿（東家）は宜秋門院任子の居所になっていたかと、一応推定しておきたい。兼実女任子（後鳥羽中宮）は、その御所の所在によって、東九条院という女院号が取り沙汰された。また時に向殿の呼称も見るが、これは故皇嘉門院御所内の邸で、養子になっていた良輔（兼実三男）の居家のことのようである。

兼実はその後、九条邸よりも父母居住の山荘があった法性寺域に住家を求めて住むようになる。もともと法性寺近辺には、兼実室である季行女の伝領する堂があった（元暦元年八月二十二日）。光明院と呼ばれる堂で（文治元年十月二十六日）、方違の場所などに利用されていた（元暦元年十二月二十六日・翌二年正月十一日など）。義経が鎌倉からの追討を受けて鎮西に赴く際には、後白河法皇以下兼実なども引率するとの風聞が流れ、兼実が周章して室などを退避させたりすることもあった（文治元年十月二十六日）。

兼実は、執政の後には九条の地に戻り、さらに終焉の場所としての御堂御所を法性寺域に営んだ。正治元年五月十三日に定家が兼実・良経に供奉して訪れた造作所がこれにあたる。この新造御堂は三ヶ月ほど後に造営が成り、再度定家も兼実に供奉して訪れた。

> 未時ばかりに御堂に参り、御供して駑駘に騎る、法性寺に参る御輿。御覧ずるに、瀧水濺湲《せんえん》として景勝の地なり。瀧の高さ一丈五尺云々。明日、宮女房歴覧すべし。
> （『明月記』正治元年九月十八日）

翌年の初めにも、雪の朝、兼実とその室、女房、良経・良輔などが訪ねた。一同はまず最勝金剛院に入った後、女房たちは雪の粉飛するなかを御輿で新御所に渡った。後にこの新御堂が月輪殿と通称されることになるが、『明月記』では、兼実が出家した時の呼称が初例である（建仁二年二月二十八日）。月輪とは、出家にあたって兼実が御堂に命名した呼称が、人物呼称となり地名にもなったものと、筆者は理解している。

月輪殿

月輪殿については、洛西愛宕山腹に所在の月輪寺に同所との説があり、ここが兼実の閑居した地で、配流の身になった法然と親鸞が兼実と別離を惜しんだとの風聞とともに、三祖像を現存したりしているが、これは浄土宗門による俗説と思う。風聞のような場面があったとしても、それは早く田村圓澄氏が推測したような、法性寺の小御堂に法然を請じての別離といったものであろう（田村、一九五九）。月輪寺そのものは、はるかに以前の天応元年（七八一）に開創と伝える古寺で、愛宕に所在する地名が月輪であることも確かであるが、兼実の月輪殿とは無縁である。兼実が晩年に洛西に通ったという史料も皆無である。兼実がその新御堂に「月輪殿」の名を称したところにも、法然の専修念仏に帰依した兼実の、弥陀への深い宗教心が込められていることが確かである。筆者もその確信を持って、月輪が弥陀の救いそのものを指す明証を探し求めているが、現在までのところでは「これが確証」と言えるものを提示できないでいる。この辺のことについては、後にコラムとして述べる。

法性寺が貞信公忠平によって始められた寺であることは、忠平が父基経と同車して極楽寺に向かっていた時に、「こここそよき堂所なめれ」と発願して、後にその地に御堂を営んだという挿話（『大鏡』巻五）によっても、よく知られている。忠平は、薨後、この法性寺東北の山上に葬られた。法性寺は、その後も藤原氏縁故の寺として信仰され、なかでも道長の崇敬の念は篤く、造営した五大堂は

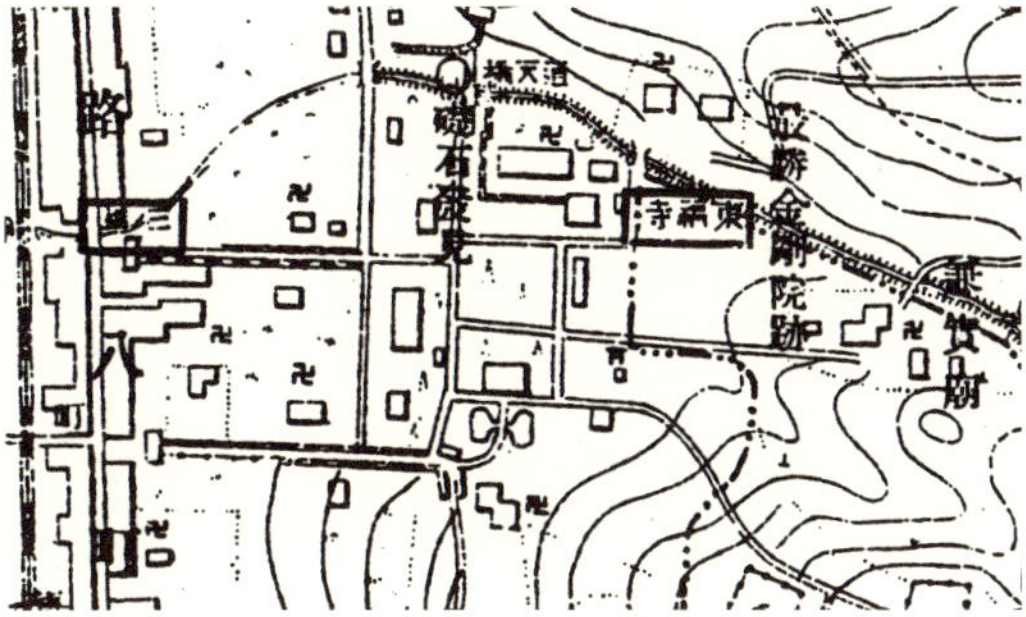

旧法性寺地域付近図
（京都府編『京都府史跡名勝天然記念物調査報告』第９冊，1928年より）

塔頭同聚院の称で現在にも伝えられている。次に知られるのが兼実の父忠通で、その妻宗子が建立した最勝金剛院は寺域最大の寺院で、忠通夫妻晩年の居所になり、宗子もこの地で出家・死去し（『兵範記』久寿二年九月十四日）、忠通も法性寺山に葬られた（長寛二年二月二十一日）。忠通夫妻に愛情を受けた兼実には、早くから尊崇の念があり、忠通室の建てた最勝金剛院には折々に詣でることがあった。兼実自身が晩年の居所とする思いも早くからあったと思う。その思いを形にしたのが、月輪殿造営である。

なおこの月輪殿の所在地であるが、先の用例からみても最勝金剛院に遠くない瀧水の落ちる地と知られるが、京都大学蔵「法性寺御領山指図」にも、現在の東福寺域を流れる渓流の北に面した地に「月輪殿」の記入がある。現在、即宗院が所在する山麓の地である。杉山信三氏の指摘によ

れば、兼実自筆の宜秋門院への処分状なるものがあり、本堂（最勝金剛院）別院（法恩院）処分の記載がある。これは、東北谷外地の所在からみて、兼実の月輪殿に同所とみてほぼ間違いない（杉山、一九五五）。道家（兼実孫）の処分状では、この法恩院に「故禅閤草創終老の地」と注している由である。

2 新古今の時代

筆者が思うに、兼実の本性は文雅の人であった。執政の立場を離れた今は、晴れてその道に進んで穏健な人生を得ても良かったと思うが、前節に述べた通り、摂関の家に生まれて故実政治家に邁進した性も、一面の本性であった。兼実の晩年は、後鳥羽院によって主導された和歌全盛の時代にも重なっている。もともとは文雅に好尚の質があって、一時期の歌会の中心者であった兼実が、後鳥羽院と和歌の時代を同じくしていたらどのようであったか、興味津々の想像であるが、歴史はこの二人を同じ舞台には乗せなかった。兼実にはほぼ無縁に過ぎていった時間であるが、この辺のことも紹介しておきたい。

超凡の行動力

兼実が失脚した建久七年十一月から一年余の後に、後鳥羽帝は僅か四歳の皇子に譲位して上皇になった。この異例の事態を現実にしたことについて、兼実の弟の慈円が「《今はやうやう意にまかせなばや》と思うようになられた結果だ」と説明しているのはよく知られている（『愚管抄』巻六）。すぐ直前に後白河院の例もあり、まだ十九歳の青年が、帝位の桎梏《しっこく》から離れて自由な意志的人生を望んだことは、あらゆる面に好奇心旺盛で、それぞれにすこぶる優秀であった資質を知るにつけ、自然な欲求に基づく人生の選択であったという気もする。譲位直後から、青年後鳥羽院は放恣闊達に人生を謳歌するような生活に入る。まさに「水を得た魚のように生き生きと動く十九歳の若者」であった。その若者が和歌に優秀な資質を向ける。目崎徳衛氏は、それが譲位を導いた意欲のように語っているが（目崎、二〇〇一）、それは時期が少しずれるような気がする。同氏の指摘する「超凡の行動力」が譲位後の自由のなかでたまたま出会った指標であったように、筆者には思われる。

目崎氏はまた、譲位翌年の大内裏の花見場面での通親との贈答を紹介して、後鳥羽院を和歌に誘導したのは通親ではなかったかと推測している。次の場面である。

「花一枝折りて参れ」と仰せあれば参れり。御硯召し寄せて書かせ給ひて、結びつけて御供なる内大臣通親に賜はす。

雲の上に春暮れぬとはなけれども　馴れにし花の蔭ぞ立ち憂き

御かへし

飽かざりし君がにほひを待ちえてぞ　雲居の桜色を添へける

（『源家長日記』）

目崎氏は続けて、「まだ初心者の後鳥羽院は、おそらく歌会の詠とは異なる軽い即興として、通親をはじめ幾人かの心許した側近との応酬を楽しんだのであろう。昔も今も、人はえてしてそんなきっかけで詩魔の虜になるのである」と述べている。この後鳥羽院の歌壇処女作の詠作時点を、久保田淳氏は正治二年春と考証している（久保田、一九九四）。いわば新古今時代への序曲の時点である。後鳥羽院を和歌の道に誘った通親の存在は大きく、建仁二年（一二〇二）十月二十一日にその急死に接した時には、「上皇が和歌を詠むようになったのも、その和歌を詠むうえでのさまざまな便宜を提供したのも通親である。通親の死によって《和歌の道》が廃れるとさえ思われた」とまで言われている（五味、二〇一二）。

『古今集』の再現

こうして「詩魔の虜」になった後鳥羽院の本領の時間が始まる。放恣な好奇心がたまたま出合ったと思われた和歌の世界に、上皇は疾風の如く突き進む。同じ正治二年（一二〇〇）のうちに、二度の百首歌の応召を命じられた。初度百首の計画は、七月十五日頃に定家義弟の公経がしきりに定家を推薦しているといった情報が、定家の耳にも入って来た。定家も「もし事実であれば極めて面目本望である」と答えたりしていた。それが一時虚報と伝えられて定家が激怒、父親の俊成が陳情書を献じて再度作者のうちに入るといった、知られた話がある。定家が詠出した百首歌が後鳥羽院の目にとまり、そのうちの地下述懐の一首に感じた上皇によって、定家の昇殿のことが認められた（『明月記』八月二十六日）。また、この年のうちに再度の百首歌が召され、院主催の歌合も頻繁に催された。翌建仁元年（一二〇一）七月二十七日には、歌界の金字塔ともいうべき『古今集』の再現を目指して、院御所二条殿のうちに和歌所が設けられ、同年十一月三日、『新古今集』撰進の詔が下された。

左中弁奉書して、上古以後の和歌を撰進すべしと言う。この事を所の寄人に仰せらる、云々。

（『明月記』同日）

後鳥羽院はこの年の十月五日に熊野社参詣に出て、この二十六日に還御されたばかりであった。上皇に供奉した定家にとっても、最初で最後、ただ一度の熊野詣であった。上皇は還御の当日にただちに稲荷社に参詣されたが、定家も帰洛のその日のうちに日吉社に参っている。「私の宿願に依ってである」というが、その宿願の内容は語っていない。新勅撰集撰進の院宣はその数日後に下された。熊野詣の折々に歌会が催され、その詠草は熊野懐紙として現在に伝えられている。結果から見ると、今回の熊野詣は、新勅撰集の成就を祈願しての参詣とみえる。その後も後鳥羽院の催される歌会・歌合などの間に、和歌所寄人による撰歌作業が続けられ、元久二年（一二〇五）三月二十七日に竟宴を見ることになった。院宣が下されてからも三年有半の日時が過ぎている。

この間、後鳥羽院の好尚にあって、九条家臣従の朝臣から院近臣（側近）への希望を見かけていた定家であったが、生来の非社交的な性格が改められず、院近臣の夢はとっくに諦めて、九条家の命運に期待を託さざるを得ない状態に戻っていた。九条家は、兼実の失脚にともなって追放の身を免れて僅かに高位の身を保っているとみえた良経が、突然に解任された基通に替って摂政の地位に任じた

（建仁二年十二月二十五日）。『新古今集』撰進の院宣が下された翌年のことである。後鳥羽院の好尚が和歌に浸りきっていた時である。短期間のうちに類稀な詠者となり評者にもなった後鳥羽院の目にも、父親をしのぐ良経の出色の資質が見えた。

故摂政は、たけをむねとして諸方を兼ねたりき。いかにぞや見ゆる詞の無き、歌ごとに由あるさま、不可思議なりき。（『後鳥羽院御口伝』）

良経が執政の立場を得た背景は、和歌という別次元の要素が放恣な強権に結び付くという、思いがけない成り行きによっている。兼実が失いかけた摂関家の権威が、その追放を容認した権威（後鳥羽院）によって回復される。まことに、歴史は個人によって作られ、個人は歴史によって翻弄される。

九条家の和歌

ところで筆者は、治承三年（一一七九）前後を兼実の和歌意識の最も昂まった時期として、その後は和歌への関心が希薄になっていったというようなことを先に述べた。兼実自身についてはそう言ってほぼ間違いないと思うが、新古今時代に慈円と良経という二人の歌才を出したところから見ても、九条家の和歌としてはいささか浅薄な発言であったかもしれない。新古今風和歌誕生の道筋のなかで、辿り直してみたい。

先にも説明したように、兼実は、当初清輔を和歌の師としていた。清輔は顕輔男、六条藤家と通称される歌道の家の継承者で、歌人というよりは歌学者として功績のあった人物である。顕輔以来、摂関家との縁故が深く、学問的資質で通い合うところもあって、兼実も深く畏敬するところがあった。その清輔が薨じて、俊成との交渉が生じた。俊成には縁故の隆信（妻の先夫為経の子）の仲介するところであったが、結び付きの初めは、必ずしも円滑ではなかった。清輔と俊成とでは和歌への接し方が対照的で、詠作が中心の俊成を師とするには、兼実に多少の戸惑いがあったためであろう。ところが、俊成の芸術至上主義ともいうべき態度に接して、兼実の方が思わぬ開眼をする結果になった。これが治承二年の右大臣家歌合に結実し、兼実も歌人的素養を得つつあったが、もともと執政の家に生まれた兼実の立場が、歌人としての精進の意識を希薄にさせた。けれども、俊成という歌の師に対する敬愛の感情は持ち続けていた。源平動乱最中の寿永二年（一一八三）、俊成に院宣が下り、『千載集』を撰進して新古今和歌への道筋がつけられた。俊成の和歌理念たる「あはれ」が、新古今和歌への道筋になった（実方、一九六八）。

その道筋を決定的にしたのが、建久四年（一一九三）に成立した「六百番歌合」である。弱冠二十五歳の左大将藤原良経が主催、新旧両派の歌人十二名の百首歌を結番した。判者は俊成。「源氏見ざる歌詠みは遺恨の事なり」の判詞で知られる歌合でもある。この歌合から『新古今集』に取られた歌は合計三十四首であるが、内訳は、良経十首・慈円八首のほか、定家・家隆・寂連がそれぞれ四首と、新風と称される九条・御子左家でほぼ独占している。守旧派からは「新儀非拠達磨歌」と蔑称された新風の和歌が完全に勝を制し、新古今の歌への流れを定着させた（塚本、一九九四）。その後の転機は正治二年（一二〇〇）の二度の百首歌である。この百首歌は、当面の和歌界ではまったく新人と言ってよい後鳥羽院によって主導された百首歌であることを特徴とするが、この新人は単に和歌行事を主催するだけでなく、質的にも歌界をリードするとてつもない才能を有していた。九条・御子左家中心の和歌が、新しい中心を得て、時代を代表するものになった。定家の歌も、「温雅な言葉の微妙な続けかたによって、新しい心を表現するといった形に変っていった」（久保田、一九七三）というのも、特異な表現や発想によって惹きつける必要がなくなったことに関連があるであろう。

後鳥羽院主催の第三度百首歌は、「千五百番歌合」として形をみた。建仁二年（一二〇三）春頃の成立と推測されている（有吉、一九六八）。当代の歌人三十人が詠歌を提出、後鳥羽院自身を含む十人が分担して判者になるという、意欲的なものであった。『新古今集』の撰集作業が並行して進められており、和歌史における希有な達成を陰で支えた試みであったと評価してよい。上皇は秋二・秋三の判者になったが、高く評価したのは、良経・慈円・俊成・定家・家隆など、すべて九条家縁故の歌人であった。新古今に通じる和歌の道は、九条家と御子左家の和歌によって支えられていた。『新古今集』でも、西行（九十四首）のほかは、慈円（九十一首）・良経（七十九首）・俊成（七十二首）・式子内親王（四十九首）・定家（四十六首）・家隆（四十三首）と続いて、新古今風の詠歌が九条・御子左家の土壌の上に育ったものであることが、あらためて知られる。久保田淳氏は、良経・定家に万葉歌への傾斜という特徴も見ている（久保田、一九七三）。

新古今の和歌

最後に、『新古今集』中の佳吟を紹介して、新古今和歌の艶の気分をいささかでも味わっていただきたいと思う。

水無瀬殿河口の石標と遠望

《後鳥羽院》

ほのぼのと春こそ空に来にけらし　天の香久山かすみたなびく　（巻一春上、二）

見わたせば山もと霞む水無瀬川　夕べは秋となにおもひけむ　（巻一春上、三六）

《西行》

人は来で風のけしきも更けぬるに　あはれに雁のおとづれてゆく　（巻十三恋三、一二〇〇）

心なき身にもあはれはしられけり　鴫立つ沢の秋の夕ぐれ　（巻四秋上、三六二）

津の国の難波の春は夢なれや　あしの枯葉に風渡るなり　（巻六冬、六二五）

《慈円》

そこはかと思ひ続けてきてみれば　今年のけふも袖はぬれけり　（巻八哀傷、八四一）

わかの浦に月のいでしほのさすまゝに　よるなく鶴の声ぞかなしき　（巻十六雑上、一五五四）

《俊成》

昔おもふ草の庵の夜の雨に　涙な添へそ山ほとゝぎす　（巻三夏、二〇一）

雨そゝぐ花橘に風過ぎて　山ほとゝぎす雲に鳴くなり　（巻三夏、二〇二）

《良経》

空はなほかすみもやらず風冴えて　雪げにくもる春の夜の月　（巻一春上、二三）

人住まぬ不破の関屋の板びさし　荒れにし後はたゞ秋の風　（巻十七雑中、一五九九）

《式子内親王》

山ふかみ春とも知らぬ松の戸に　たえだえかゝる雪の玉水　（巻一春上、三）

跡もなき庭の浅茅にほすぼほれ　露のそこなる松虫の声　（巻五秋下、四七四）

《定家》

大空は梅のにほひに霞みつゝ　曇りもはてぬ春の夜の月　（巻一春上、四〇）

白妙の袖のわかれに露落ちて　身にしむ色の秋風ぞ吹く　（巻十五恋五、一三三六）

《家隆》

谷川のうちいづる浪も声立てつ　鶯さそへ春の山風　（巻一春上、一七）

しがのうらや遠ざかりゆく浪まより　氷りて出づる有明の月　（巻六冬、六三九）

新古今風の佳吟として目についたところを、脈絡もなく並べてみただけであるが、俊成が端緒となって開いた「あはれ」が、良経・定家などに受けとめられ、新たな境地を開拓していった跡を、それとなくでも感じていただければ幸いである。

兼実の詠も、『新古今集』には十一首が見える。任意に二首ほど選んでみると、

ふる雪にたくもの煙かき絶えて　さびしくもあるかしほがまの浦（巻六冬、六七四）
日をへつゝ都しのぶのうらさびて　浪よりほかの音づれもなし（巻十羇旅、九七一）

といった詠を選べようか。両歌ともに、治承二年の「右大臣家百首」での詠歌である。後鳥羽院主催の「六百番歌合」「正治二年百首」「千五百番歌合」などには、兼実の出詠はない。本来的には文雅に恵まれた資質を持つ兼実であれば、心ならずも閑居の時を得て、彼本来の好尚を復活する人生を得る機会を得られたのではなかろうかというのが、筆者のひそかな願望であったが、これは叶わなかったようである。谷山茂氏によっては、兼実は「千載前後の歌人たちを庇護し、後鳥羽院中心の新古今歌壇が成立するまでの過渡的な役割を果たした」にすぎず、「その歌は、結局大臣職の教養の一つであり、余技に過ぎなかった」と説明されている（谷山、一九八三）。それが新古今の歌になるのは、弟の慈円と息の良経によってである。血の繋がりということはあるものである。

3　兼実と定家

建仁元年（一二〇一）十月十七日に、後鳥羽中宮であった任子（宜秋門院）が出家した。その二ヶ月後の十二月九日、今度は兼実の正室であった兼子（藤原季行女）が薨じた。五十歳。故内大臣良通・摂政良経などの母で、兼実には最愛の女性であった。建仁元年歳末の除目が進行している最中であった。この不幸をめぐって、九条家に臣従する定家との間に、ちょっとした確執があった。極楽浄土をのみ願う心境になっていた兼実と、現世の願望に執着する定家の心情との離れも知られて興味深くもある挿話なので、紹介してみたい。

内々の御遺恨

兼実の失脚以前から沈淪の身を嘆き続けていた定家は、比叡坂本の日吉社に歳末の六日から参籠して、写経の終日を過ごしていた。

二十二日、除書と云々。ああ悲しきかな。今度若し恩に漏れば弥よ恥じを増すか。恩有りと雖も心中面目に非ず。況や恩無きに於いてをや。慭《なまじい》に近日出仕に列し、非実厚縁の交衆、只恥辱を増すのみ。出仕の思いを止むべしと雖も、三名の事を思うに依りて、猶強いて朝廷の咎を恐る。不肖と雖も一職若し存命せば、彼の成人の時を待ち付けて相転□、仍て恥を忍んで拝趨、毎後の末に列す。心中摧くが如し。

（『明月記』建仁元年十二月八日）

写経の趣は、長嫡三名《みな》（為家の幼名）の将来を思って、沈淪の憂き身を過ごす我が身の渾身をもって神徳を祈念するものであった。その定家にとっては、兼実室の逝去は「別殃」と感じられる事件であった。ただちに京に馳せ帰るべきであるが、「宿願限り有り、黙止し難き」によって、七日間の参籠を中止しなかった。その十一日、定家は夢を見た。夢中に現れた母に従って山里に入ったら鳥籠があり、寝所に入って来た犬が鳥籠を追い出したとか追い出されたとか、まったく意味不明の夢であるが、

日吉社東本宮（二宮神社）拝殿

定家は「早く亜相の望みを遂げ、即ち夕郎を拝す」という勝手な牽強付会をする。後日、この夢想の虚なるを知り、一転して「忌相」であったと歎息している。十二日、八巻写経の所願を果たし、十三日朝に帰京して鳥羽殿に参り、水無瀬殿に御出の間に院に見参、坊門の家に帰った。帰京しても、ついに兼実を九条殿に見舞うことをしなかった。

定家の内心が理解できないこともない。彼が「今度の穢気、殊に触るべからず」と考えたのは、今度の除目が、彼にとって乾坤《けんこん》となる事柄であったからである。「今度の除目で蔵人頭に任じ、いずれ官は大納言に至る」と、定家は願望本意の勝手な夢解きをした。信仰を重ねてきた日吉神の夢告と信じたからである。今度もまた任に漏れるようなことになれば、これはすでに恥辱である。九条家の恩顧はあって当然であり、加叙任官のことがあったとしても、ことさら面目を施したというほどのものでもない。そういう状況での兼実正室の突然の死は、これまでの必死の祈願を無にしかねない出来事で、定家にはまさに「別殃」であった。そういう定家の内心の感情を理解するとしても、両家のこれまでの結び付きを思えば、「木石の如き」と批判されても仕方のない定家の行動であった。それは、彼自身がよく了解していた。翌十四日に、兼実室の葬送が行われた。

今夜北政所御葬送と云々。今夜の不参猶以て心中の恥となす。但し又然るべからず。近将たる者、故無くしての供奉は尤も憚りあるか。而るに内々御遺恨有るの由伝聞す。志有りて之に参るは別儀なり。不参に於いては御恨みに及ぶべからず。事の理に随うべし。(『明月記』建仁元年十二月十四日)

今夜も不参の定家に対して、兼実が「内々ご遺恨有る」由が定家の耳に入った。定家は反論する。近将たる者が格別の理由もなく供奉して穢に触れることになっては朝臣としての役目を果たせない。兼実の遺恨の方が間違いで、「不参を遺恨に思うのは筋違いである」と、定家は日記に記した。しかし「心中の恥となす」と記しているように、落ち目の兼実の不幸にさらに打撃を与える自らの所行を、定家自身恥ずかしくも感じている。定家の、九条家との訣別の感情を、この時点では感じることができる。

翌建仁二年正月十三日、故人の法事が九条殿で催された。この日は、新年始めの歌会が和歌所で催されることになっており、定家は(貧乏の甚だしきにより)綾織物二重を送っただけで失礼した。「今日の事、更に不忠に非ず」と、彼は連日反論めいた弁明を記述している。翌日、二ヶ月以上にわたって不参であった九条邸に久しぶりで参入したが、兼実への見参は許されなかった。兼実は妻室の四十九日の日に出家した。定家は兼実の行動を批判した。

貴賤の妻室四十九日に遁世の事、頗るその例を聞かず。去年の秋、此の事天下に謳歌するも実無く、而して世の嘲を招く。今度此の如し。頗る然るべからざる者なり。（『明月記』建仁二年正月二十九日）

兼実が自身の感情にのみ溺れて、権勢者としての自覚も責任も失っていると、定家は批判しているのである。それは、非運の主家を選んだ自らの不幸に対する、失望と焦燥を背景にする感情であるが、兼実の思いはすでに別の世界にある（と思いたい）。日吉社に現世の願望を訴え続ける定家と、弥陀への念仏で救われる兼実の精神との差は大きい。どちらの人生がより価値が高いとも言わないが、人生の転変に翻弄された兼実にして初めて味わい得た安楽の世界であったといった説明はできるかなという気もする。

老者二人　その年の冬、定家は左中将に昇任した。後鳥羽院の処置によるもので、九条家の恩顧によるものではない。兼実の恩によるものではないが、定家の感情もやや融和を復したかに見える。翌年始めの挨拶に定家は法性寺殿に参向した。

法性寺殿に参る。（中略）退出を申し入れるの間、侍久言を以て暫く候すべき由を仰せらる。召に依りて御前に参る。仰せて云く、「今に於いては人に逢う事思い寄らざる身と雖も、今日は猶人に成り返りて祝言を申す。寿老は入道に同じく、官は祖父に超越すべし」。

（『明月記』建仁三年正月二日）

定家は兼実の祝言を黙して受け、昨日の朝賀の儀式作法についての談義に入るなど、表面、旧に復したような主従の態度であった。すでに自分とは違う世界にある隠遁者に対して、定家も感情の整理がついていた。

元久元年（一二〇四）暮れの俊成薨去にあたっては、兼実が細かい心配りを定家に見せた。すでに老者同士の思いやりの世界であった。

辰時ばかりに最勝金剛院に参る。入道殿下此の所に御す。御前に召し仰せて云く、「入道の病危急とか。臨終の事殊に構え沙汰すべし。善知識尤もその器量を択ぶべし。是れ多生曠劫《こうごう》一度の大事なり。秘計を廻すべし。此の事を示訓せんがために招請する所なり（今朝召しあり。）早々に構営すべし。又骨痛き時ハ湯槽に馬の食スル物を入れて温湯ヲ入れて上に蓆ヲ敷ムス、第一タスカル事なり。この事を試みるべし」。仰せを承りて退出、病者の御許に参る。

（『明月記』元久元年十一月二十九日）

俊成もすでに九十一歳の高齢、兼実も建久七年の政変によって、失意のうちに出家生活を送っていた。最勝金剛院とは兼実が父忠通から伝領した法性寺内の御堂である。故実の道を重んじる兼実には、その道の能者・達人を敬する態度が若くからあった。用例からは、歌の道の長者俊成を敬する態度とともに、今は共に晩年の出家生活を送る老者同士のひっそりとした共感と思いやりが感じられるかと思う。

4　彼岸へ

受戒の師

建仁元年（一二〇一）十月十七日に、後鳥羽帝中宮であった宜秋門院（兼実女任子）が出家した。二十九歳。父の失脚とともに後宮より退出、名のみの女院号を得ていたが、法然房源空に帰依して剃髪した。兼実はしきりに翻意を試みたが、無駄であった。兼実と法然との関わりは、これが初めてのことではない。日記に見るかぎりでは、文治五年（一一八九）八月一日の出会いが最初のようである。

今日、法然房聖人を請じて、法文の語および往生の業を談じる。

この文治五年は、兼実が念願の摂政に任じて三年、専修念仏を説く聖人を請じて「往生の業」を談じるにはやや不似合いの時と思うが、法然伝によく引かれる前年の嫡男良通の死去による挫折の思いが反映してのものであろうか。

兼実は、その後も時折法然を招くが、おおむねは受戒の師としてのものであった。以後、文治五年八月八日・建久元年七月二十三日・同二年七月二十八日・九月二十九日※・十月六日・建久三年八月八日・建久八年三月二十日・正治二年九月三十日※と、いずれの場合も受戒のためである（このうちの※

を付したものは、兼実自身ではなくて、前者が中宮（任子）で後者は兼実室のそれである）。ところで受戒には、「仏門に入るものが仏の定めた戒律を受けること」との説明があるが、何度でも折りに触れて行うようなものであろうか。仏教の道に疎い筆者には、この辺のことが分からない。兼実室の場合は病悩が大事の状態であったが、「その験があって、いささか落居」したという。そういった意味のものであろうか。中宮の受戒の際にも、「このような上人は強いて貴所には参らないものだ」との傍難に対して、兼実は「受戒は、伝受の人を以て師とする」と答えている。専修念仏の教え云々でなく、ただ高徳の上人による護身の祈念の意味のように見える。その後、田村圓澄氏の「兼実は、法然による受戒に、病気・邪気治療の効験を期待した」（田村、一九五九）との記述に接して、やや納得した。

筆者の今一つの疑念は、比叡山や南都を拠点とする旧仏教を信奉していたはずの兼実が、それと対立あるいは否定する信仰姿勢を持つ専修念仏に帰依し得るかという問題である。兼実の日記は正治二年（一二〇〇）をもって記述を終えているので、彼自身の心情を正確には計り難いところもあるが、建仁二年（一二〇二）正月二十八日に法然を戒師として法性寺月輪殿に請じての出家は、これまでの「受戒」とは同列に論じられない。田村氏も「法然との師檀関係が、《受戒》のみにとどまっていたか、あるいは、兼実の晩年における専修念仏帰依を想定すべきかについては、結論を下すことが出来ない」と述べている。兼実の法号円證はやはり旧仏教のもので、この時点で専修念仏帰依者としての兼実を見ることは無理であろうと、筆者も思う。

法然のことを考えてみたい。建久二年九月二十九日の中宮任子の受戒に法然を請じたことについて、兼実が「伝受の人を招いたものだ」と言ったことは先に述べた。美作の土豪の家に生まれた法然は、もともと兼実との間にどのような親近の関係もなかった。それなのに、法然が、以前からの兼実好誼の師であった湛斆《たんこう》に代わる立場になったのは、どういう事情によるものであろうか。文治二年（一一八六）に錚々たる天台僧たちと法文を語った大原談義が、法然を市井の念仏上人から高徳の聖人の存在にしたことは確からしいが、兼実と法然との結び付きは、単にそういう世評の結果としてなっただけのものであろうか。

親鸞と日野

法然の弟子になった親鸞が、慈円のもとに入室したとの記録がある（『親鸞絵伝』）。親鸞九歳の春に、叔父の範綱に連れられて慈円の房を訪ね、得度して「範宴少納言公」と名乗ったという。筆者が参考にしている平雅行氏の見解では、「この事実は疑問」とされているが（平、二〇一一）、筆者には、可能性が感じられそうにも思われる。平氏によれば、「日本中世で顕密僧となるには、入室・出家・受戒という三階梯を踏む」とのことであるが、入室にあたっては、それなりに有縁の僧侶を求めるのが普通であろう。近いところで言えば、兼実弟の慈円は十一歳で覚快法親王に入室し、十三歳で出家・受戒するという途を経ている。覚快法親王は鳥羽皇子で、親王の母は待賢門院（忠通女璋子）女房なので、兼実とも有縁の関係にある。親鸞の父有範は、資業以来日野を居住地にする朝臣らしいが、親鸞の叔父範綱が日野に住む一族の少年を青蓮院の慈円の房に伴ったというのも、兼実と慈円との兄弟の縁を想定して自然ではあるまいか。有範の兄宗業が「兼実家司」であったとする見解もある（今井、二〇一二）。また、この入室を、範綱男の信綱が後鳥羽院近臣であったところから説明する見解にも最近気付いた（五味、二〇一一）。筆者には、背景の日野の要素の方が気になって仕方がない。

延暦寺の僧侶になっていた親鸞が、建仁元年（一二〇一）の六角堂での夢告を機縁として法然の門下に入る。筆者は、法然の門下になった親鸞との縁で、兼実と法然との出会いが生じたかのように想像していたが、夢告の十二年も前の文治五年（一一八九）に、兼実はすでに法然の法文に接していた。後に宗門に縁を持った兼実と親鸞との間には、兼実女が親鸞の妻になるという縁故も生じている（分脈の有範孫印信《親鸞男》伝に、《母月輪関白女》と注されている）。先述の慈円坊入室の経緯を考慮すると、これはたまたまの姻戚関係ということではなくて、有範居住の日野の地縁によるものであった要素が考えられる。

実を言うと、兼実女の任子や没年近い兼実が長期に渡って日野法界寺辺に止住していた事実がある。建仁三年（一二〇三）九月二日に兼実室が日野に参拝されるというので、定家は供奉を命じられて女院御所に参ったことがあるが、事実は女院（任子）の渡御であった。兼実も同日に日野に渡った（『明月記』同日）。翌年三月二日、今度は春宮権亮良平（兼実三男）の供をして、日野に参った。七日参籠を続けられていた女院の退出の迎えであった。その時、兼実も同じく退出した。前年九月の移御以来日野に滞在していたということではなくても、兼実が頻繁に日野寺（法界寺）に参詣していたらしいことが知られる。同年八月三日に定家が兼実のもとに参った時も、先月二十三日から日野に参籠の由であった。元久二年（一二〇五）五月八日に、定家が女院女房に従って日野に参った時は、兼実の病悩にさしたる変化はなかったが、言語にはやや不自由が見られ、「苦痛も増してきたので、もはや人に逢うことは避けているが、最後の面謁として招いたものである」と仰せられ、定家に不覚の涙を誘った。定家は翌月八日にも日野に参っている。兼実が法性寺殿で没したのは翌々年四月のことであるが、病重篤のため、翌六月十七日には難渋しながらも法性寺殿の方に戻った（『明月記』同日）。兼実にはこの地での死没を望むところがあったようである。

日野薬師堂（法界寺）

任子・兼実が日野に持つ感情は、法然の専修念仏に帰依した結果のものでなく、この地には以前からの因縁があった模様である。兼実の日記にも幾度となく登場していた。初例は安元元年（一一七五）九月五日、次例は治承元年（一一七七）九月十五日に見るが、日野に参詣した兼実はこれを「毎年の例事なり」（多賀氏によれば忠通室宗子の忌日か。久寿二年九月十五日没）としている。翌年十二月二十二日には、「恒例毎年の参りが、自然懈怠して今日に及んだ」と釈明している。治承三年三月八日の密々参詣では、「年来毎年参詣するが、この四五年は天下の不静によって自然不参したので、思うところが有って今日は参詣」したと言っている。関東の軍勢が入洛した時は、源氏が早くも木幡山を占拠したために日野への路をたどることができなかったり（寿永二年七月二十五日）、日野に参詣しての帰途に、後鳥羽院の伏見からの還御に遭遇することを避けて別路の瓦坂を選んだり（元暦二年二月二十八日）、なにかにつけて日野に親しむところがある。日野薬師堂への信仰であろうか。兼実のみならず、兼実室が母尼の参籠中を口実に密々参ったり（治承三年三月十二日）、内大臣良経が日野薬師堂に参籠したのは、先年に兼実が参籠した時に効験を得たのにならったものであった（文治三年七月二十五日）。こうしてみると、理由はよく分からないが、兼実一家には、日野に格別なかかわりのある何かがあったのではなかろうかと思われてくる。これが、親鸞と法然を結び付け、兼実の法然帰依を導く要素にもなったものであろうか。識者によっての検証が得られれば有り難い。

兼実薨去

衰老の兼実に最後の打撃を与えたのは、建永元年（一二〇六）三月七日の摂政良経の急死であった。父母を早くに失い、母同様に接した姉（聖子）を失い、分身のように希望を託した嫡男（良通）を不慮に失い、悲喜を共にした妻とも死別、最後の望みを託していた娘（任子）も出家して別の世界の住人になった。そして今、最後の支えと言ってもよい次息（良経）が、これまた原因不明の急死を遂げた。兼実には、弥陀がひたすら来世への道を導いてくれているかのように感じられたのではあるまいか。

懐旧の思いによって中御門殿に参る。前庭の月を望み一人襟を濡らす。護摩僧最珍に出会い、深夜に、深更に帰る。漸く旬月を送り、閑居寂寥。ただに前途後栄の憑《たのみ》無きのみに非ず、天曙日暮ごとに、遠く慈悲の恩容を隔てて恋慕の思い堪え忍び難し。
（『明月記』建永元年五月十二日）

大納言殿（良輔）に参り、見参してかつは心緒を慰め、また悲涙を増す。戯言狂事の座、雑事文章の遊びに、この殿（良経）は必ずおられた。余昧を思うごとに、徒に心肝を摧く。法性寺殿に参る。この十余日の御悩は、殊に御身を痛まれること去年に過ぎるとか。女房武衛を以て仰せを承り、次で女院に参る。
（同、五月十三日）

定家が語る、九条家の寂寥の日々である。人生の晩年がそれなりに寂寥の雰囲気になることは仕方のないことであるが、そのいくばくか後に、定家は老残の兼実に接した。

日出づる以前に法性寺殿に参る。南面の簾中に召し入られ、障子を隔てて仰せを承る。御声ことのほか尫《よわ》し。故殿（良経）の御事多く仰せらる。落涙禁じ難し。又瓜を賜り、早く行くべき由を仰せらる。之を取りて簾外に出でて食し了んぬ。
（同、六月二十七日）

妻と二人の息を失い、山間に共に出家した一人娘とひっそりと暮らす老臣。筆者としては、彼自身にも間近に迫った死を、法然と専修念仏に弥陀の救いを託す平穏なものであって欲しかったと心から願うが、推測するたしかな資料を見得ないのが残念である。兼実が薨じたのは翌承元元年（一二〇七）四月五日のことである。薨年五十九歳。

昏に臨んで巷説に云く、入道殿下御入滅と云々。日来御増の由を知らず、甚だ以て哀慟。須く馳せ参るべきと雖も、近日の時儀更に測り難し。忽ち禁忌に処せらるれば、事に於いて便宜を失うべし。前事に懲り訖り、只木石の如し。

（『明月記』承元元年四月五日）

兼実北方が没した時のような事情は何もなかったが、定家は風聞に接したのみで格別な弔問もしなかった。十月十二日には法性寺に宰相中将良平（兼実三男）を訪ねて懐旧の涙をしきりに催し、翌年の一周忌にも法性寺の法会に参ったりしているが、近隣に所在の兼実墓所に詣でた記述を見ない。墓前に詣でて感涙にくれるなどというのは、この時代の感覚にはないことなのであろうか。

コラム3　月　輪

管見の範囲では、兼実以前に兼実縁故のこの地を「月輪」と称した例を見ない。それに、邸宅や御堂の呼称が周辺地の地名になるといった例も、筆者にはなかなか浮かばない。「龍女は仏に成りにけり　などか我らもならざらん　五障の雲こそ厚くとも　如来月輪隠されじ」（『梁塵秘抄』）。極楽往生を願う今様である。この月輪は月光で、同時に弥陀の救いの光でもある。

「勢至菩薩の化身」たる法然の画像は、頭光を背にして蓮華座に坐している。この頭光が月輪であり、法然による救いを象徴するものではないかと感じて、随分と注意してきたが、月輪を直接に仏の救いとする例は、残念ながらまだ確認していない。ただし、仏教辞典を博捜していて「月輪観」との語句には出あった。密教の初歩の観法で、「直径一肘の月輪を図し、中に八葉の白蓮華を描き、その上に金色の梵（阿）を書いた掛け軸に向かい、足を組んで坐し（結《けっ》跏趺坐《かふざ》）、手に印を結び、呼吸を整えて、自分の心が月輪のごとしと観ずる」ものである。この姿は数多く見る阿弥陀仏そのものの姿に重なって見える。兼実が出家した時の御堂を月輪殿と名付けたのには、浄土への救いの象徴としての「月輪」への願望が託されていると見るのは、自然な解釈ではなかろうか。

その願いが通じてか、止住の地が月輪と呼ばれるようになり、月輪関白・月輪入道・月輪殿が兼実の通称になった。兼実が最も伝えたいものが後世に伝わって、彼の人生をたどってきた筆者としては、以て冥ずべしと祝意を表したい気持になるが、専修念仏の境地にまで至っての思いかどうかについては、残念ながら、説明できるだけの知識を持っていない。後世の検証が得られれば幸いである。

コラム4　兼実墓所

承元元年（一二〇七）四月五日に兼実が薨じた場所は、晩年を過ごした御堂御所月輪殿であった。この御所では、その後、この日を忌日として、少なくとも四十年にわたって、法華八講の法要が営まれている（杉山、一九五五）。この月輪殿の建物・庭園の状態は、「法然上人行状絵図」に具体的に見ることができて、すこぶる興味深い（①②）。この月輪殿については、同じく杉山氏によって、『玉蘂』（九条道家の日記）に記録がある「法恩院」に同所であることが論証された。この法恩院が、承安古図に示される最勝金剛院との位置関係によって、現在の東福寺の塔頭である即宗院に相当することも示された。筆者も堰月橋を渡って即宗院の門前にたたずんだ時、「法然上人行状絵図」の門前とのあまりの相似に息をのむ思いをした（③）。ただし、閉鎖された門内には容易に入れないので、絵図との相似関係を確認できないのが残念である。インターネット経由で入手した庭園写真によってみれば、ここにもかなりの相似が見られそうである。月輪殿は応仁の頃にも存続し、その後に営まれた龍吟庵とともに、位置関係は現在に引き継がれている（⑤）。

兼実の墓所については、「最勝金剛院南山中」の通称「内山」に営まれたとの記述があり（『玉蘂』建暦二年四月五日、五月十日）、「法性寺御領山指図」には最勝金剛院の東南隣地に小山が示されて、「号内山」との記述がある。東福寺の東北域に最勝金剛院と兼実本廟が並んで所在している（④）。明治の頃の九条家の当主が、散在する墓域に九条家始祖の本廟として建てたもので根拠がないとの批判もあるようだが、場所がおよそ近辺であることは確かなので記念碑として異を唱えることもあるまいと思う。

①兼実，月輪殿に法然を裸足で迎える
（「法然上人行状絵図」巻11第3段）（知恩院蔵）

②法然上人，月輪殿退出の時，頭光踏蓮の奇瑞を現す
（「法然上人行状絵図」巻8第5段）（知恩院蔵）

④正面：兼実本廟，左：最勝金剛院跡

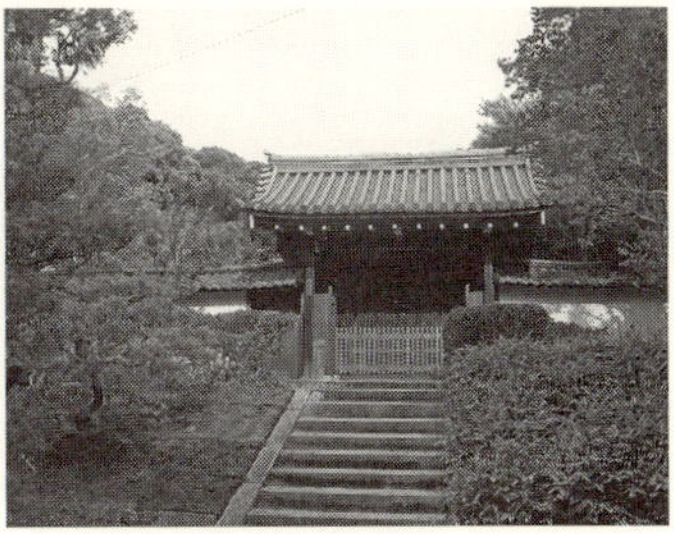

③即宗院門前

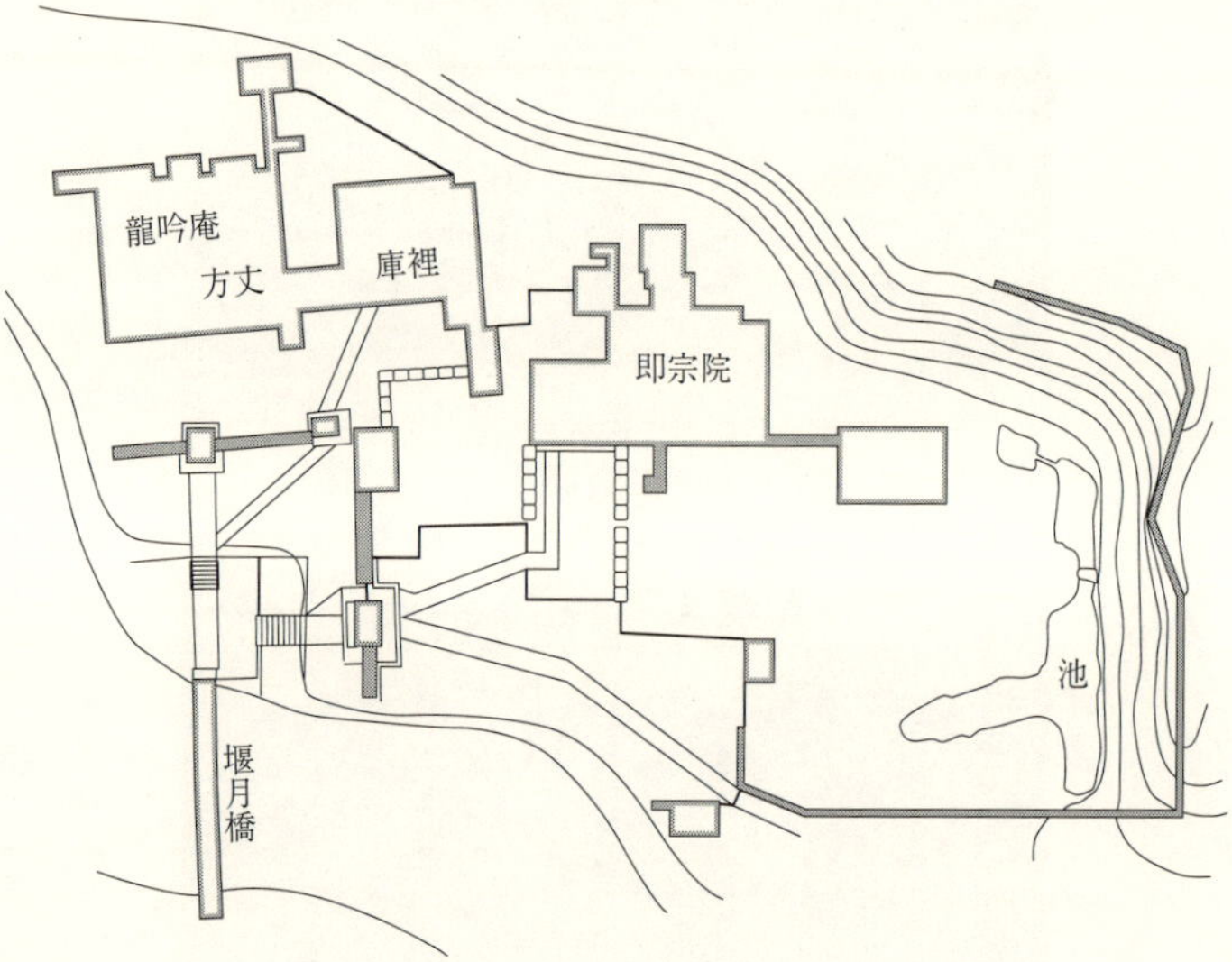

⑤東福寺塔頭龍吟庵・即宗院敷地図
（杉山信三『文化史論叢』奈良国立文化財研究所学報第３冊，1955年より）

第八章　九条兼実の和歌

1　素養としての和歌

兼実が詩歌・漢籍また故実典礼などに好尚を持つ貴族であったことは先に述べた。兼実の本性がどちらにあるかと言えば、執政よりもこうした文化的な側面の方だと筆者は感じている。和歌に関して言えば、一首入集しても名誉のこととされる勅撰集にも六十首余りが採られている。当代有数の歌人であったと評しても間違いではない。ただ、自らの運命も翻弄された激動の時代にあって、本来の好尚に浸っていられない状況もあり、歌会や歌合で平穏を楽しむ場面は希薄にならざるを得ないという事情もあった。あらためて兼実の和歌とのかかわりを振り返ってみたい。

和歌の師、清輔

兼実の日記に、最初に見える和歌関係記事は次のものであろうか。建春門院は後白河女御で高倉の御母。新帝の東宮時代の傅であった兼実としては、やや複雑な感情を覚えるところもあったのであろう。

明日、建春門院に於いて和歌会あるべしとか。隆季・実定卿などが結構すと云々。

（嘉応二年十月十三日）

時に、高倉天皇の嘉応二年（一一七〇）、天皇は十歳の少年であるが、御母建春門院（平滋子）の御所で和歌会が催される由、出席者は隆季・実定以下とのことである。隆季は家成男で権大納言（四十四歳）、実定は公能男で前権大納言（三十二歳）。どちらも専門歌人ではないが、公卿としては和歌に堪能の人たちである。新興平氏勢力周辺の公卿たちでもあろうか。兼実も二十二歳の若き右大臣であった。異母兄基房は二十七歳の若き摂政で、さすがに摂関家嫡流の権威は高いものがあった。兼実の詩歌に対する関心は低くはなかったが、政治家としての能力とは思わず、貴族としての望ましい好尚以上のものではなかったから、和歌の道に精進するという感覚もなく、和歌の道でなにがしか認められていたということもないので招かれなくても当然であるが、新興平氏の権勢を表明するような建春門院主催の歌会を、伝聞情報として伝えた。この歌会は延引して十九日に催された。

次に歌会関係の記事が見えるのは、翌年になってからのことである。

密々、詩あり。題に云く、「飛泉夏の友たり」。また当座に和歌あり。題に云く、「水辺に夏を忘る」

「明夕に契る恋」。　（承安元年六月五日）

兼実の意識では、貴族の好尚としても、和歌よりは詩の方が上位にあった。この歌会も、詩会に付随した当座の興として催されたものである。詩歌の会を催した時には、兼実はたいてい「密々」と記述している。別に刑罰に触れるような悪事をなしているわけではなく、秘密の集会というわけでもないが、自慢して公表するようなことでなく、特に執政にかかわる公卿としては私的な部分であるという感覚があったのであろう。『玉葉』は、執政貴族の日記としては驚嘆するほどの精細な記述を継続しているが、これ以前には詩歌の会についての記録はほとんど見なかった。兼実の周辺ではそういった詩歌関係の行事が皆無であったということでなく、詩歌などの私的な事柄は記録の対象にならなかった、ただそういう結果である。

兼実が和歌への好尚の意識を持ったのは、さほど早い時期ではない。兼実の和歌を導いた初期の師は清輔であるが、兼実の好学的な資質が、漢籍や詩文に対する意識の延長で巡り合ったものであろう。詠歌の実践よりも、学問としての歌学への意識が中心であったように思われる。清輔は歌道の家である六条家を継ぎ、俊鋭の歌人というよりは、歌学・考証などの面で評価される学者型の人物であった。その意味では、清輔が兼実の初期の師として登場したのは格好であった。弟の頼輔が兼実の近侍者であった縁によるとの推測もある（藤平、一九九七）。清輔が日記に初めて登場したのは嘉応二年十月十七日のことであるが、その時はただ「来談」したのみで、和歌については特に記述されるほどのこともなかった。その後、兼実の素養としての和歌の道が清輔によって始まる。

今日、密々和歌会の事あり。清輔朝臣のもとに遣して勝負をつけしむ。

（承安三年三月一日）

嘉応二年に清輔の「来談」を記してから三年が経過している。萩谷朴氏はこの日の和歌会を右大臣兼実家歌合の最初として『平安朝歌合大成』（巻八）に所収しているが、この時の詠歌などは一切不明である。清輔のもとに遣して勝負を判定させたほどだから、この三年の間、日記には記録しないが、兼実と清輔の和歌の交渉はいろいろとあったと思われる。同じ月の二十一日に清輔が来て和歌のことを談じた折には、前年暮れに入道教長が催した歌合のことが話題になり、詠者の一人である道因（敦頼）が清輔の判に苦情を申し立ててきたという話になった。清輔が持参した道因陳状への反駁文を見て、兼実は「次第理非分明にして、一々その謂あり。清輔の為すところ疑い無きなり」と清輔の正当であることを認め、清輔を「和歌の道に於ては、上古に恥じざる人なり。貴ぶべし貴ぶべし」と称賛している。師である清輔のことなので身贔屓の要素もあっただろうが、道因の陳状を見て「一々道理を得ず」と批評し、清輔の言うところを「次第理非分明」と断言する兼実の態度には、それなりに集積した和歌への見識がうかがえる。

後には、次のような記述が散見するようになる。

清輔朝臣来る。深更に及び、和歌の事を談ず。その才、貫之及び四条大納言等の如し。この道の長、また誰人をや。（安元元年十一月四日）

清輔朝臣来り、和歌の事等を談ず。近代、この道を知る者はただ彼の朝臣のみ。貴ぶべし、仰ぐべし。（安元二年十月二十七日）

兼実は清輔を和歌の師として、密々歌会の判などをもっぱら清輔に依頼している。師だから当然ではあろうが、貫之・公任に匹敵する歌人として、清輔を高く仰いでいる。肌合いの似る兼実には、ことさら仰ぐべき存在に見えたものと思われる。清輔に師事しながら、自邸や西隣の皇嘉門院御所などで、折々「密々の歌会」を開くといったところが、兼実の嗜みの和歌であった。煩を厭わずに挙げてみると、清輔との折々の談話のほかに、安元元年七月二日・三日・八日・二十三日、八月一日、九月二十九日、十月十日・十四日、安元二年三月二十一日、五月十九日・二十八日などの歌会記事を見ることができる。参加の歌人は、清輔のほかに頼政・季経・重家・兼親・隆信などの名が見え、良通・良経の両息も、十歳に満たない年齢ながら同席している。会はおおむね、定められた題詠の後に当座歌会、その後に連歌に興じたりのものであった。

ある時、清輔が来て歌病のことなどを談じたことがあった。高陽院歌合で問題になった「晝《ひる》」と「日」が同心かどうかについて問答、清輔は「同心ではないので病とすることはない」と断じた。また『後拾遺問答』で、和泉式部の「けさはしも……」詠の「つま」について、経信がこれを「女」の称だと断定して解釈が決着していない問題についても、清輔は、『万葉集』を検して「これは男女共の称である」ことを傍証した。その他にも卓越した才学を示して、兼実は、あらためて「道の優長、誰人が比肩しようか」と感嘆した（安元三年正月十二日）。先にも述べたが、兼実には道の意識があり、その道の長者をことさらに褒賞する感情があった。おそらく、兼実の故実典礼を自らの道と認識する態度から、自然に身についた心性であった。

御用歌人

安元元年（一一七五）頃になって、兼実の和歌への関心が一つの時期を迎える。その七月の建春門院御所での歌会には、兼実自身も参入するようになっているし、その翌日には自邸で小和歌会を催すなど、日記にもこの時期頻繁に和歌記事が見える。その七月二十三日の兼実家和歌会を、萩谷氏は、兼実家の二度目の歌合として紹介している（萩谷、一九五七）。題は、水月・野風・暁鹿・庭松・旅恋の五題で、出詠者は、主催者である兼実のほか清輔・頼政・俊恵・重家・季経・仲綱・丹後・行頼・尹嗣など十人余であった。三十番程度で作者を隠して合わせ、清輔が判者となった。萩谷氏は、十七首を拾遺しているが、頼政の次の二首も追加できるかと思う。

野風　右府家会

こころにもあらでや招く花すすき　秋の野風にそそのかされて　（頼政集・二二八番）

旅恋　右大臣家会

おもひきやいもをとどめてなく涙　庵のしたにやうかぶべしとは　（頼政集・四九五番）

同年閏九月十七日には、合わせて百十番という大規模の歌合も催された。

今日、密々和歌会あり。作者を隠して、之を合す。清輔朝臣の命に依りて、勝負を付く。会する者、十余人。清輔・頼政、棟梁となる。題十首、作者二十二人、合わせて百十番なり。歌甚だ多し。

（安元元年閏九月十七日）

萩谷氏の解説によれば、「寛平御時后宮歌合」以来の大規模な歌合ということであるが、兼実の意識においては、相変わらずの「密々和歌会」であることが注意を引く。歌題は、花下明月・海上見月・関路惜月・泉辺翫月・月契多歳・月催無常・月前述懐・月照山雪・月得秋勝・恋依月増の十題、出詠者は二十二人で、兼実・俊恵・頼政・重家・季経・親宗・尹明・道因・仲綱・顕家・丹後の十一人が確認できる。歌合大成に四十二首を拾遺するが、次の二首も追加できそうである。

後法性寺入道前関白、右大臣時歌合に、恋依月増といふことを　　宜秋門院丹後

まつひとにおもひよそふる月かげの　いづるを見ればぬるる袖かな

（夫木集・二一一〇番）

家歌合に、恋依月増といふことを　　後法性寺入道前関白太政大臣

見ればまづかたしく袖ぞしをれぬる　君とながめし山のはの月

（夫木集・二四三四番）

この和歌会の翌々日、兼実は、清輔の判に感心したことを書き送り、清輔は、兼実自筆の書簡を「錦の袋に入れて家宝とする」などという返書を寄越した。このような高級貴族と御用歌人といった関係で、どれだけ和歌の修練ができるだろうか。

この時期の兼実の和歌への愛着には、なかなか深いものがある。この月二十日には、清輔が来て終日和歌の評定。二十九日にも季経以下六、七人で当座の和歌を催し、その後に連歌。十月十日には、「先の度に会する者、皆以って参入」して、「密々」和歌会を行った。作者を隠して合わせ、清輔が判をした。暁恋・初雪・落葉の三題で、出詠者は兼実を含めて二十人、三十番の歌合である。歌合大成に、清輔の判も含めて全体が収録されている。先に紹介した、清輔の才を「貫之・公任の如し」と称賛したのは、この十一月四日に清輔が兼実邸に来て談じた折りの記述で、翌五日には、清輔・季経以下常に祗候《しこう》の六、七人で当座和歌、その後に連歌の会を催している。

趣味としての和歌

兼実には、どんなに和歌に熱心であった時でも、和歌が我が国の「風俗」で、貴族の好ましい「嗜み」以上のものではなかった。安元元年から二年の頃、兼実はしきりに和歌会を催しているが、同時に、

方違の為に、頼輔朝臣の南直盧に向かう。鐘を報ずるの後、帰り来る。その鐘の音を待つの間、両男と共に連歌の興あり。（安元二年三月二十一日）

といった遊興も折々であった。両男とは兼実の嫡男良通（十歳）と二男良経（八歳）のことである。家族での連歌の遊興は、兼実にとっての家庭内情操教育であった。多賀氏にも同様の指摘がある（多賀、一九七四）。兼実の和歌趣味そのものが、兼実にとっては、家庭での子弟教育であった。六月一日から、良通・良経兄弟は、毎日題二首による百日和歌を開始、兼実も「竊《ひそか》にそのなかに交わ」った。事実は、父兼実が、子供の遊興を「竊《ひそか》に」導いたと言うべきであろう。現代とは一味違う兼実の教育パパぶりを観察する。

子供の良通・良経、兼親・隆信などの祗候の人とともに「密々」催す和歌・連歌の会が、この頃に頻繁である。次の和歌会なども兼実家歌合として特に紹介しておくべきかと思う。

今日、密々和歌の事あり。清輔・頼政朝臣等以下常に祗候の輩十余人、題三首。その後に、当座の連歌等あり。深更に及んで分散す。（安元二年四月二十三日）

密々和歌会あり。季経朝臣・頼輔朝臣・頼政朝臣以下十余人会合、亥刻分散す。（同年五月二十八日）

前年七月・十月に催したものよりはやや小規模の歌合と思われる。

兼実にとって気の合う師であった清輔は、しかしすでに老齢の身であった。治承元年（一一七七）六月二十日に清輔が薨じた。七十四歳。

今日辰の刻、清輔朝臣逝去すと云々。和歌の道忽ちにもって滅亡、哀しみても余りあり、歎きても益なし。中に就きても、余いささかこの道を嗜む、ひとえに彼の朝臣の力に頼る。今この事を聞くに落涙数行す。忽ちに諸道の長を論ずるに、清輔朝臣の和歌の道を得たるが如きもの無し。和歌は我が国の風俗なり。滅亡の時至る、誰人か痛まざらんや。

（安元三年六月二十日）

清輔薨去と和歌の道の滅亡を言葉の限り憂えている。正直なところこれは褒めすぎであろうが、和歌は、師の薨去という一時の打撃を乗り越えて、兼実自身にも「好道の余り、忿忙を忘る」と自覚されるものになっていた。兼実家歌会は普通に継続され、右大臣兼実の好尚が知られてきたこともあって、治承二年の正月立春（正月十日）には、歌人たちが期せずして兼実家に会合、当座の和歌・連歌が催されるような状態も、普通になっていた。和歌の道は、その後ほどなく新古今時代という顕著に特徴ある時代を迎えるが、兼実の歌学尊重の態度は、その揺籃期を果たした意味はあったのではなかろうかと、筆者は推測する。

2　俊成との出会い

右大臣家百首

安元二年（一一七六）頃から兼実家に祗候するようになっていた隆信（妻の先夫為経の男）を通じて、俊成と兼実の交渉が始まる。俊成について、それ以前に、日記にまったく見えなかったということではないが、歌人としての俊成を語る記述はなかった。それが、清輔が薨じたために師を失った形になっていた兼実の視野に、あらためて見えるようになった。隆信の仲介はたまたまの契機であった。

前馬権頭隆信来り申して云く、「俊成入道内々に申して云く、《和歌のこと殊に御沙汰あるの由、之を承る。返す々々庶幾し思ひ給ふ所なり、召しあらば出家の身と雖も夜陰の参入、更に憚りあるべからず》と云々」。是れ、先日、余、彼の入道を褒誉の趣を隆信朝臣に語る。「件の旨を以って、俊成入道に聞かしむと云々」。余、この道の事に即き、殊に示し合わすべきの由、云ひ遣し了んぬ。

（治承二年二月二十六日）

未刻、隆信来り俊成入道の返事を示して云く、「かくの如く仰せを蒙り、この道の面目、何事かこれに過ぎんや、更に申す限りに非ず、隆信、熊野より還向の時、彼の朝臣を以って先達となし必ず参入すべし、殊に恐れ畏み申す」と云々。

（同年二月二十七日）

兼実が歌人としての俊成を褒賞しているのを、兼実の歌会に参加していた隆信が、何かの折りに俊成に伝えた。隆信は俊成室の前夫為経（出家して寂超）との間の子である。それを聞いた俊成が「お褒め頂いて恐縮である。ご希望があるようであれば喜んでお伺いしたい」と答え、その言葉を隆信が兼実に伝えたという内容である。兼実としては、和歌に好尚の気持を深めていた折りに、師の清輔を失った。単に詠歌を趣味にしているだけなら、歌の師は必ずしも絶対に必要ということでもなかろうが、兼実にとっては、歌会は、故実・典礼によってなされる和歌の公事であり、それを進める上卿とでも言うべき中心の歌人を欠いては、公事そのものが成立しない。そういった感覚であったろうか。兼実における和歌が所詮遊興を本質とする限界であろうが、その限りでは、兼実はすこぶる真摯であった。俊成は恐懼と感激の感情を伝えているが、いささか慎重な姿勢も感じる。兼実の和歌の質について、やや危惧するところがあったかもしれない。

俊成の返事を聞いた翌月の三月二十日から、兼実は百首和歌の披講を始めた。十日毎に題二首を講じ、六月に終了の予定であった。毎度七、八人から十人位の歌人が集まり、六月二十九日、無事に第十度の結願を見た。「右大臣家百首」と通称される。一覧すると、次のようである。

［月日］	［歌題］	［参加歌人］
三月二十日	立春・初恋	季経・頼政・盛方・資隆など
三月三十日	鶯・忍恋	頼輔・頼政など七、八人
四月十日	桜・初遇恋	十余人
四月二十日	郭公・後朝恋	季経・頼政など七人
五月十日	五月雨・遇不遇恋	十人許
五月二十日	月・祝	七、八人

五月三十日　　草花・旅
六月十日　　紅葉・述懐　　七、八人
六月二十日　　雪・神祇
六月二十九日　　歳暮・釈教　　九人

この百首歌の参加歌人は、日記に記す者のほかに、基輔・経家・行頼・資忠・実定・重家・俊恵・俊成・丹後・仲綱・別当・隆信・良清なども数えられる。特に俊成・俊恵については、それぞれ『長秋詠藻』（四八一～五八〇番）・『林葉集』に全歌を見ることができる。『長秋詠藻』に「治承二年五月晦日頃に題を給わり、七月に追って詠進」とするように、最終的には十度の和歌会が終了した七月になって、出詠歌のすべてが揃うといった歌会であった。俊成が初めて兼実邸に参上したのは六月二十三日である。翌日、兼実は来訪を謝して自らの百首和歌の合点を乞うているが、俊成自身の百首歌詠進についても記述するところがある。

件の入道云く、「この百首を詠ずべきの由、内々の仰せを承るも廃忘によりて辞遁す。而して熟《つらつ》ら子細を承るに、興味尤も深く感緒に堪えず、詠進すべし」と云々。（治承二年六月二十五日）

兼実の意向を聞いて、俊成は老齢の廃忘を理由にして一度は辞退した。しかし趣旨を承るにつけては興趣を覚えざるを得ず、詠進の申し出をしたと言っている。俊成の承諾を受けて、兼実は翌日感謝の念を伝え、俊成も「恐悦身に余る」との返書を寄越した。兼実にしてみれば、三月二十日の百首和歌開始にあたって、清輔に代わって斯界の長老である俊成を指導者として迎えておきたかったのであろう。俊成にも朝堂貴族である誇りもあり、多少時間がかかったが、兼実と俊成の結び付きはこうして現実になった。俊成六十五歳、兼実三十歳。俊成には、自らのことより、隆信・成家・定家などのことを思う気持の方が強かったであろう。この後も、集めた百首歌を合わせたり、俊成の合点を受けたりの作業が暫く続く。朝堂にも評判されていたらしく、九月七日に訪ねてきた邦綱は、自身も出詠者である左大将実定が兼実の百首歌を褒誉しているというような話を伝えている。百首歌の題・作者を露わして世間に流布することになったのは、九月二十日のことである。

秀逸の望み

この治承二年の百首歌が、兼実の和歌の意識の頂点あたりに位置する行事であったと思う。和歌の道の師弟としての俊成と兼実の関係が続く。俊成にとっても「右大臣家百首の詠作以降が、歌人としての俊成の大成期」との指摘がある（谷山、一九八二）。

夜に入りて、俊成入道来る。余、之に謁し、終夜和歌の事を談ず。暁更、入道帰り了んぬ。
（治承三年二月三十日）

翌々日、兼実は俊成に書信を送り、先日の来訪を謝した。そのついでに、俊成から、師弟の券契の為に「和歌の抄物を伝授する」旨の約束があり、双方の謝辞の贈答があった。俊成を和歌の師としての兼実家歌合の機運も、次第に盛りあがっていた。萩谷氏は、治承二年九月三十日・治承三年六月十日・同九月二十九日の和歌会を兼実家歌合に数えているが、いずれも小規模のものである。それに対して、治承三年十月十八日のそれは、兼実の和歌への愛着が最も昂まった折りのものであった。九月三日には、基輔が奉行して十題を選んで歌人二十人に出詠を依頼、当日は、左右を合わせるだけで勝負はつけず、翌日俊成のもとに送って判を依頼した。俊成は入道の身でしかも判者でもあるので、座に出るのを遠慮していたのである。兼実は、「凡そ今度の会、秀逸出で来るをもって望みとなし、心中に之を祈願す」であったという。自らは「女房」を称して名を隠し、俊成の公平な判を期待するなど、兼実にも芸術としての歌の意識を感じさせるところがある。調べていくにつけ、兼実の後鳥羽院的要素を感じる。この歌合の全貌は萩谷氏の歌合大成に示されているので、それによって参看されたい（萩谷、一九五七）。ただし、判をした俊成と兼実とが交わした贈答、

わかのうらになほたちかへる老の浪　しげき玉藻にまよひぬるかな　（大夫入道）
おいのなみひかりをよする和歌の浦の　月に玉藻もみがかれにけり　（右府）

は紹介しておきたい。この応答の内容はただ儀礼的なものではない、と筆者は感じている。兼実は、清輔の時とは違った尊敬を、俊成に感じ始めていたのではあるまいか。

治承三年（一一七九）十月十八日の兼実家歌合の後、兼実は、憑き物が落ちたように和歌会に疎遠になる。彼の日記に見る限り、その印象を否定し難い。その理由として推測されるものについては後に触れるが、俊成との関係は、

夜に入りて三位入道来る。数刻、和歌の事を談ず。能くその境に入る。当時、この道の棟梁なり。

（寿永二年三月十九日）

と記述するように、俊成が来訪して和歌を談じ、兼実があらためて嘆賞するということもあるから、この二人の間になにか齟齬が生じてということではなさそうである。兼実の弟慈円が俊成に自詠の判を依頼していたが、元暦元年（一一八四）十二月二十九日、俊成がその返書を届けてきた。それにつけての贈答、

くれはつる松のとぼその雪のうちを　春こそ知らね君だにもとへ（俊成）
ゆきのうちはいづこも同じさびしさぞ　わが宿とても春をしるかは（兼実）

を見ても、かつて以上に親密な関係が思われる。はるか後の建久六年（一一九五）のことであるが、俊成が慈円に依頼してきたことがあった。

おなじき年、俊成入道、成家朝臣中将になさんこと、殿に申せとて、
しきしまやみちをたづねばみかさ山　なかのあとしもへだてやはせん
返事は覚悟せず。出家入道の後は此の如き余執は無益の由である。（『拾玉集』五五三九番）

俊成八十二歳の時のことである。時に関白であった兼実にとって、「長子の成家を中将に」という俊成の懇願を実現することはさほど難事とも思えないが、どういう返事であったか、慈円は覚えていない。のみならず「出家入道の後の余執は無益のことだ」と、批判的な言辞も見せてはいる。だいたい兼実と俊成との間が円満であれば、俊成は直接に関白兼実に依頼していただろう。この辺では、二人の間になんらかの亀裂が……とも感じるものがあるが、はるか十余年後のことである。俊成との間を仲介した隆信との間も、「隆信朝臣来る。和歌及び密事を談ず。密事とは女の事なり」といった親愛の関係が続いているし、治承・寿永の頃に、兼実の和歌への意欲を急速に失わせるものがあったことは確かであるが、それを俊成との間に見ることは自然でないようである。

右大臣後番歌合・後百首歌

治承四年（一一八〇）以降、兼実の日記では歌会・歌合関係の記事は激減するが、他資料に見るところでは、彼が和歌と絶縁したというわけではない。たとえば、「後番歌合」と通称されるものがある。

右大臣後番歌合に、花をよめる　　俊恵法師

咲くをまち散るををしむに春くれて　花に心をつくしはてぬる
右大臣後番歌合に、経年恋といふことをよめる　藤原経家朝臣
（『月詣集』二〇七番）
いかなれば人のつらさも身のうさも　我が身ひとつにつもるなるらん
（同・五八四番）

後番とは、治承三年十月十八日の十題歌合に対して、そのごく近い時期に催された歌合のことと思われる。次にあげる詠歌などは、この後番歌合のものと思われる。

月前の恋　右大臣殿歌合に
よしさらば君にもこよひ我ゆゑの　涙もよほす山のはの月
（『林葉集』八二二番）
後法性寺入道殿、右大臣ときこえ給ひしときの歌合に、山家の月
よもすがら有明の月をながむれば　鹿なく嶺に月かたぶきぬ
（『隆信集』二二四番）
後法性寺入道前関白、右大臣の時の歌合に、残菊を　前中納言雅兼
しろたへの霜夜におきて見つれども　うつろふ菊はまがはざりけり
（『万代集』一一七九番）
摂政前右大臣、家に歌合し侍りける時、野径秋夕といへる心をよめる　藤原盛方朝臣
ゆふされば萱がしげみになきかはす　虫の音をさへわけつつぞ行く
（『千載集』二五五番）

また、「後の百首歌」と呼ばれるものもあり、これは治承二年の百首歌に対しての称であり、『隆信

集』に確認される十六首と、慈円が文治三年（一一八七）に兼実に詠進した百首とに、同題の詠歌が数首あり（杜間菫菜・雲間初雁・遠近炭竈・打衣声幽・除夜仏名・馴不逢恋・帰無書恋・城外間恋）、おなじ時のものと確認される。『拾玉集』の左注によれば「寂蓮禅門と相共に風吟」とのことで、寂蓮も詠進した模様である。家集のうちに、右大臣家句題和歌とする二首（二九九番「雨後紅葉」、三〇〇番「山家送年」）が確認できる。

兼実における最後の和歌行事は、建久元年（一一九〇）正月の兼実女任子入内の月次《つきなみ》屏風歌の選定であったろう。

今日、和歌を撰定し了んぬ。詩また左大臣撰進せらる。兼光、先日撰進の内なり。

（建久元年正月六日）

十二帖三十八首で、詠者は兼実・実定・実房・良経・季経・隆信・定家・俊成の八人。『長秋詠藻』によれば、「俊成が実定とおなじ七首、少将定家が三首採用されたのもまずまずであった」と、俊成は感想を述べている。この後、兼実の表立っての和歌活動はほとんど見られない。

3 治承三年の意味

治承三年（一一七九）十月十八日の歌合にあたって、兼実が、「秀逸の歌の出来を望み心中に祈願した」と日記に書き残したことは、先に述べた。彼自身も、名を隠して女房詠という形で俊成の判を仰いでいる。そこには、儀礼遊戯の歌に自足しない意欲が表明されているし、和歌そのものにも芸術的な域に達していると感じられるものもある。清輔そして俊成には、歌道の師として変わらぬ尊敬の態度を持ち続けたし、歌道に長じた侍臣を好ましい才能の持ち主として遇する態度も変わらない。それなのに、彼自身が芸術としての歌道に精進する気持も、また歌道を愛好する場を持つことも、象徴的な言い方をすれば、「治承三年冬の歌合を境としてぷっつりと断絶した」と表現できる状態になる。これは、どういうことなのであろうか。治承三年に兼実にいったい何が起きたのであろうか。

九条家の始発

治承三年の正月一日、兼実は嫡子良通を伴い、七条殿の後白河院のもとに参って拝礼した。ついで参内、龍顔に接して病悩のために節会・小朝拝に候しがたい旨を奏上、勅許を得た。ついで東宮・中宮のもとを回った後、女院（皇嘉門院聖子）のもとに参って拝した。この間、良通が常に一緒だった。女院拝礼の記事中に、兼実は次のように注している。

年来、須く此の如きなり。而るに関白以下、此の儀を存ぜられず、余また一身拝し奉る。頗る便宜

なし。今年、中将すでに公卿たり。仍て、相共に拝し奉る所なり。（治承三年正月一日）

元日の拝礼を院から主上（高倉）・東宮（安徳）・中宮（徳子）と廻って、最後に女院（異母姉聖子、崇徳皇后）に至って、慶賀の意を表した。年賀の儀礼を「自分は毎年恒例として果たしているのに、関白殿は儀礼も承知されていない」と義兄（基房）に批判の言辞に及んだのはついでのことと思うが、公卿の一員となった嫡男を伴っての拝礼に、父親としての喜びを晴れがましく思う感情を述べている。前年治承二年暮れの十二月二十四日の除目で、嫡男の良通が三位に叙せられた時も、兼実は「驚きながら、悦極まりなし」と記していた。

良通、生年十二歳。家の例多く十四にして三位に叙す（大殿以下、故殿に至る、此の如し。）余、十二歳にして三位に叙す。時人、之を早速と称す。愚息をして此の跡を堕《おと》さしめず、誠に是れ希有の中の希有なり。（同日）

二年前の治承元年の暮れ、良通は中将に任ぜられた。聞書を見て、「感悦極まりなき」父親であった（十一月二十四日）。十二月二日の拝賀には、日来「寸白」を煩っていたが、相扶けて女院御所に参り、良通の拝賀出立を指図した。時に、兼実は二十九歳の右大臣。良通が三位に叙し、親子ともに公卿となって進退を共にできるようになった治承三年、兼実は三十一歳の右大臣で、朝堂では第四位に位置づけられる貴族になっていた。後のことであるが、白馬節会での良通の作法が優美で人々が「感嘆している」という書面を左大将実定から貰った時も、兼実は「悦と為す、悦と為す」と感情を表現している（治承四年正月八日）。良通は兼実の期待通りの嫡男であった。自慢の息子を持った親の喜びは十分に推測できる。

兼実の良通への感情の内容は、次子良経への感情でも推測できるものがある。兼実第二子の良経は、早く乙童として日記中に見える。治承二年二月十一日に十一歳の乙童は熊野参詣に出発、同年四月十七日に元服、関白基房の猶子となり良経と命名された。十月八日の京官除目には侍従に任じたが、同じ除目で兄良通も正三位に叙した。同年十一月五日には侍従良経の拝賀、同九日には三位中将良通の拝賀。兼実の得意や思うべしという状況であった。治承三年十月十八日歌合を境目として、兼実が（少なくとも芸術としての）和歌に絶縁するといった変化が起きた背景として、兼実の自慢の子息たちがいよいよ朝堂の場に登場するという状況が要素としてあったことは疑えないのではないかと思う。卑近な言い方をすれば、子息の朝堂への登場に触発された、兼実の九条家の当主としての自覚が、貴族の余技あるいは教養としての和歌への感情を衰退せしめた。別の言い方をすれば、政治家兼実の誕生と九条家への希望が、それ以外の部分を希薄化させていった、ということではないかというように筆者には感じられる。

和歌の道を放棄

またこの治承三年、兼実にとって、もっと衝撃的な事件が起きた。十一月十五日の政変である。この日の深夜、兼実は急報に接して驚愕した。前日の十四日に福原より武士数千騎とともに入京した清盛によって、関白基房・権中納言中将師家（基房嫡男）が解官されたのである。十七日には公卿・侍臣数十名の処分も発表された。清盛と後白河院・基房との政治対立の結果である。廃された関白の席には、基通（基実男）が座った。多数の朝臣を解官・左遷した十七日の除目で、良通は逆に従二位に昇り、次いで権中納言・右大将に任じた。関白となった基通が平氏の傀儡であることは明瞭であるが、清盛は、基通には叔父にあたる兼実をも自家勢力に取り込もうとしてきた。二十日、清盛は兼実家の家司頼輔を通じて、良通の権中納言・右大将が清盛の好意によって実現したことを述べる文書を兼実のもとに届けてきた。

余、此の状を披見の処、先ず仰天の外他事なし。生涯の恥辱、諸身において極まり了んぬ。万事沙汰に及ばざるの間、此の事出で来。余の欝を塞がれんためか。須く固辞すべきなり。而るに若し辞遁せば忽ちに絞斬の罪に当たるべし。之に加えて、聊《いささ》か中心に存する所あり。仍って只悦恐の由、自ら返報を書き遣わし了んぬ。子細を知らざるの人、身の恥を知らず、望を致すの旨を存せんか、何せん何せん。惣べて之を言うに、堅辞せざるの条、諂諛《てんゆ》の甚だしきなり。只生涯の期を失ふべきなり。

（治承三年十一月十九日）

清盛の推挙によって、不慮に良通の権中納言・右大将が実現したこと、それは兼実には喜悦この上ないことではあるが、右大臣を膝下に取り込んでおこうという魂胆が見え見えである。朝臣としての多少の誇りがあれば、「生涯の恥辱」の怒りにふるえてむしろ当然である。しかし兼実は、「辞遁せば忽ちに絞斬の罪に当たるべし」との恐怖で、固辞する道を選べない。そして「悦恐の由を自ら返報に書いて」承諾の旨を伝える。数日の後に、二十歳の新関白基通のもとから、今後の兼実の援助を期待する旨の伝達があった。兼実は、自分が「新関白の扶者」と人口に評されていることを知りながら、新関白に「隔心を存すべからず」と、心を定めてもいる。

このあたりの兼実の心の動きを忌避なく評せば、人口の評すように、新しい権勢に不甲斐なく身を寄せたと言わざるを得ないだろう。この治承三年の冬が、政治家兼実の将来を賭けた選択を不慮に迫られる時期になっていたことを認識しておきたい。後に兼実自身も

去る治承三年より以来、武権偏に君威を奪い、恣に朝務を行う。之れによりて天下の貴賤、只彼の権を恐れ君命を粛さず。（文治元年十二月二十八日）

と回顧している。しかもそれは、兼実だけにかかわる問題でもなかった。翌年二月には、関白の養女になっていた兼雅女と良通との婚儀の話がもちあがる（治承四年二月十三日）。これは入道相国清盛の「結構」によるものだが、兼雅女は清盛の外孫にあたっている。その前後、高倉帝譲位と新帝（安徳、二歳）即位の準備が着々と進められていた。兼実と兼実の家が浮沈の瀬戸際に立たされたこの時期は、政治家兼実が将来の野望を心内に感じ始めた時期でもあった。彼が、有閑の余技であり教養であるに

すぎない和歌の道を身辺から駆逐したのは、自然の成り行きかと思われる。以後、兼実における和歌は、儀礼の好ましい装飾以上のものにはならない。

4　兼実の和歌

承安二年（一一七二）七月二十三日に、院御所への高倉帝行幸があった。こういう「一日の臨幸」があった時には、先例として、詩歌の会とか管弦の興とか「境に随ひ、時に依り」なにかの儀があるべきなのに何もない、すこぶる不例であると兼実は憤慨している。時に、二十四歳の右大臣であるが、兼実にとっての和歌とはこういうものであった。

詠歌一覧

兼実の詠歌として確認される比較的初期のものに、安元元年（一一七五）閏九月十七日の家歌合で詠んだものがある。

家に歌合し侍りけるに、花下明月

てる月もひかりをそへよ春ならで　いつかは花とともに見るべき

（『続千載集』九〇番）

家歌合に、恋依月増といふことを

見ればまづかたしく袖ぞしをれぬる　君とながめし山のはの月

（『万代集』二四三四番）

明月が花とともに映えるのは春だけだからと月によびかける前の歌、かたしく袖に詠者の心を表現した後の歌、それなりに和歌にはなっていると思うが、今ひとつ琴線に触れるものがない。

同年十月十日の家歌合の歌、

家歌合に、暁恋

うつつにもわかれし鐘のこゑなれば　あふと見し夜の夢もさめけり　（『続古今集』一一八一番）

右大臣に侍りける時歌合し侍りけるに、落葉

まきのやにたえず音する木の葉こそ　しぐれぬ夜はの時雨なりけり　（『続後拾遺集』四二七番）

暁恋の詠歌は、鐘声と夢を組み合わせた見立てで、一工夫ではあるがそれだけのこと。同じ見立てではあるが、落葉の詠歌には一段上の情感がある。

兼実の初期の詠歌は、少々の巧知はあるが、心に触れる深さには欠けている。師とする清輔の影響なのか、所詮貴族の趣味という兼実の意識によるものか判然としないが、多分両方の要素によるものであろう。兼実は、それを不満ともしないし、和歌とはそういうものだと思っていた。治承元年（一一七七）に清輔が薨じた時に、「和歌の道の滅亡」と嘆じた感情も、兼実なりに真実だった。

治承二年（一一七八）に念入りに選歌した『百首歌』では、いささかの変化を見せている。二十題・五首の計百首のほとんどの詠歌を確認できる。おおむね

さくらさく高嶺に風やわたるらん　雲たちさわぐを初瀬の山　（花、『玉葉集』二二〇番）
ほととぎす思ひもよらぬ一声は　ねぬ我さへにおどろかれけり　（郭公、『続後撰集』一七九番）
ちりかかる谷のを川の色づくは　この葉や水の時雨なるらん　（紅葉、『千載集』三七九番）
しのぶるに心のひまはなけれども　なほ洩るものは涙なりけり　（忍恋、『新古今集』一〇三七番）
かへりつるなごりの空をながむれば　なぐさめがたき有明の月　（後朝恋、『千載集』八三八番）

のような歌である。紅葉歌がわずかに「見立て」風だけれど、他の歌は、素直に情感を示すものになっている。そのなかでも花の詠が、情感に加えて動的かつ色彩感にも富む叙景歌になっており、『玉葉集』ほか五の撰集に取られているのも頷ける。兼実の代表歌というべきものであろう。俊成との関係が始まる以前に、兼実が俊成歌を評価する旨を発言をしていたことは先に紹介した。清輔が薨じて後、俊成との交渉以前に、兼実は俊成の和歌の影響を受けて、単に風俗や教養にとどまらない和歌を真の姿と思うようになっていた。

兼実が、俊成を和歌の師として本格的に秀歌撰を試みたのが、治承三年十月十八日の十題歌合であった。兼実が、主催にあたって秀逸歌の出来を望みとしていたことも、先に紹介した。この歌合での兼実の出詠五首は、次の通りである。

かすみしく春のしほぢを見わたせば　みどりをわくる沖つ白浪　（霞、二番左・勝）

みな人のわがものがほに思ふかな　花こそぬしは定めざりけれ（花、四番左・持）
ゆきかよふ心に人のなるればや　あひ見ぬさきに恋しかるらむ（恋、一二三番左・勝）
ひをへつつ都しのぶの浦さびて　浪より外のおとづれもなし（旅、一二七番左・勝）
ねざめして思ひつらぬる身の憂さの　数にそふとや鳴の羽がき（述懐、一三〇番左・持）

秀逸歌の出来を望んだ兼実だから、彼自身も意欲を持って詠作を行ったと思われる。勝負は相手の詠歌との関係もあるのでさほど根拠にはならないが、やはり勝歌に見るべきものがある。恋歌・旅歌は心情を繊細に映した真実さで訴えるものがあるが、秀逸とすべきは霞歌であろう。俊成も、「左歌、いとをかしくこそ見え侍れ。春の霞蒼海のうへにひきわたるさま、浅緑色をそへたるに、沖津白波たちわたらむほど面影おぼえ侍れ」と判じている。前年の百首歌での「さくらさく」の詠に似て、景情鮮明な絵画的な詠歌である。俊成が「面影おぼえ侍れ」と評した通りである。この三首は、『千載集』・『新古今集』にもとられている。霞歌などに新古今的世界への曙の雰囲気が感じられる。

儀礼の歌　この記念的行事の後に、兼実の和歌への関心が、覚醒したといってもよいように枯渇してしまう。建久元年の任子入内の屏風歌は、兼実の詠歌意欲を、別の意味でわずかに振るい立たせたものであったはずであるが、それも次のようなものである。

たちそむる春の光と見ゆるかな　星をつらぬる雲のうへ人（『風雅集』三番）

すそのより嶺の梢にうつり来て　さかり久しき秋のいろかな　（『新勅撰集』三五二番）
いはゐくむあたりのをざさ玉こえて　かつがつむすぶ秋の夕露　（『新古今集』二八〇番）

なんとなく印象が雑駁《ざっぱく》で焦点のない感じがするが、絵画に添えた歌だからこれで良いということだろうか。それにしても、表現のみが勝って落ち着かない感じがする。儀礼の和歌だから必要ないといわれればそれまでなのであるが、芸術としての象徴性に欠けるものがある。治承四年以降と確認される兼実の詠歌は、おおむね社交の辞としての応答の歌である。

文治五年十一月五日夜大雪降、その朝、殿下より給わる、
ゆきならぬ春のよしのの花ばなを　さゆるにほひをみせぬなりけり　（『拾玉集』五一三六番）
世をそむきなんと思ひ侍りしころ、かねて人などにはちらさざりしを、後法性寺入道殿御辺にはほのめかし申したりしに、九月十五日にとぐべきよしをきかせ給ひて、十三夜にたれがもとよりともなくて、
まつことのありとしもなき人だにも　月に心はすみぬるものを　（『隆信集』九〇一番）

は、前者が弟の慈円にあてたもので、後者が俊成息の隆信に送ったもの。このような贈答歌がほとんどである。歌合歌としては、建久末年の『慈鎮和尚自歌合』中に結縁のために詠じた一首のほかは、

建仁元年十首歌合、湖上暁霧

あけぬるか霧のたえまにみほがさき　こぎはなれゆくをちのつり舟　（『夫木集』一二一八五番）

を見るのみである。この歌は印象清新でいささか見るべきものがあると思うが、どういう状況での詠歌か、事情が明瞭でない。

風俗としての詩歌

もともと兼実には、中国の風俗である詩に対して、日本の風俗としての和歌の意識があった。同じ「風俗」でも、執政の能力である漢学に通じる詩を上位とする感覚もあった。和歌会の場合は常に「密々」と冠して始められる記載の仕方にも、感じられるものがある。冒頭に紹介した承安元年（一一七一）六月五日の歌会にしても、詩会を催した後の当座の会であった。その後も、

儒士両三人期せずして会す。少しく連句の事あり。（承安二年九月十二日）

文士四五輩期せずして参り来る。聊《いささ》か連句の事あり。（承安四年二月六日）

のようなことが普通であった。治承二年（一一七八）頃は、百首歌を主催するなど和歌に強い関心を示していた時期であったが、それでも、晴儀の場での詩の能は別格であった。

御殿に於て始めて応製の作文あり。今度用いらるところは延久三年十二月六日の例なり。秉燭《へいしょく》以後に公卿が殿上に参上、戌《いぬ》刻許りに主上が出御になる。（治承二年六月十七日）

と、その場で中宮大夫隆季が応製の詩を作ったのに、先例を覚えている人がいなかったので、禄を賜わらなかったのを「頗る遺恨」と後までこだわったり（治承二年六月二十二日）、晴儀の才能としての意識が知られる。

治承二、三年頃の兼実の和歌愛着の要素に、良通・良経などの情操教育の意味もあったことは先に述べた。後の良経の活動を見ると、兼実の家庭内教育は大成功であったと評せるだろうが、予期通りか予期に反してか、当初、良通・良経が関心を示したのは、むしろ詩の方だった。

大将・侍従、連句の会あり。文士四五許りの輩、会合す。また、密々詩あり。（養和元年十月六日）

今夜、大将・少将共に連句の興あり。また密々詩あり。（寿永元年六月二十九日）

大将この第に来る。中将相共に、密々詩あり。文士七・八許の輩、期せずして会す。光長・定長、共にこの座にあり。題に云く、春貴賤の家に深し。長光入道、之を献ず。（寿永二年三月十八日）

といった記述が、比較的頻繁に見える。良通十五歳、良経十三歳。知識欲に燃える時期には、情緒的な和歌には興味が向きにくかったかもしれない。次男良経を前に召して脂燭のもとで作詩をする。その詩は「題意を存し瑕瑾《かきん》なく尤も感歎に足る」ものであった（寿永二年正月二十五日）。長子良通が釈《せき》奠《てん》の上卿を勤めた。「今日の儀式、具に大将の記録に見ゆ」（寿永二年二月二日）。兼実の得意は想像に余りある。良通・良経の兄弟は、兼実が和歌を愛着する一要素となるとともに、兼実が和歌への興味を失う要素にもなる。元暦元年（一一八四）二月二十二日の報恩講には、結縁のために良通・良経・慈円なども詩歌に参加したが、兼実は和歌は詠まなかった。和歌のことは関心も希薄になっていた。

関心が希薄にはなっていたけれど、来訪した俊成と和歌のことを談じ、俊成を「当時この道の棟梁なり」（寿永二年三月十九日）と称賛したのもこの頃のことだし、まったく絶縁したわけではない。俊成とは、文治元年（一一八五）暮れに兼実が内覧宣旨を受けた時にも、祝賀の歌を送られるような関係を続けていた。

アサヒサスカスカノ峰ノ〇〇〇ツノ　ウレシサイカニ思トカシル
シラザリツウレシカルベキアサヒトモ　アトナキ峰ヲテラスト思ハ
（文治二年正月十六日）

建久元年（一一九〇）の任子入内の月次《つきなみ》屏風にも、それなりの気持で歌を献じている。こうした形で兼実の詠歌が終っていくのを見るのは、ある意味で興味深い。日記のごく早い時期の詩歌に関する記事に、高倉帝の院御所への朝覲行幸の際に「詩歌の会、管弦の興」がなかったことを歎く記述があったことは先に述べた。兼実にとっては、詩・歌・管弦は貴族生活における儀礼的な才能なのである。

兼実の和歌への意識は、治承二、三年頃を異質な短い一時期として、始まったところにまた戻って終ったということである。

夜に入りて、俊成入道・季経卿以下、歌人五、六人、大将方に来る。花月百首、各十首を撰定して之を合せ、俊成入道雌雄を決すと云々。余幷びに法印、簾中に於て竊《ひそか》に之を聞く。興味、尤も深し。（建久元年九月二十二日）

良経が主催した「花月百首」といわれる歌合である。兼実は、簾中で興味を持って聞いてはいるが、自身が参加する気持はない。兼実自身が詠歌への興味を薄くして、日記のなかに記録する和歌の数は逆に増えている。そのなかで、文章博士業実が夢中に見たという故内大臣良通の歌、

なげくなよすぎにし夢のはるの花　さめずはさとりひらかましやは　（建久二年二月十六日）

と、次男良経の婚儀が成った時の、

ちよふべきちぎりをむすぶうれしさを　こよひの袖にかさぬべきかな　（同年六月二十五日）

が、悲しさと嬉しさの双璧と言えようか。兼実にとっては、和歌は儀礼か社交かのどちらかである。我が国古来の「風俗」以外のものではなかったのである。しかし、結果からみて、新古今の歌が九条家の歌から導かれた側面は否定し難いし、兼実が後鳥羽院の先駆的役割を果たしたことも否定し難い。そのような兼実の人生の岐路を思うと、一つの人生の重みに、あらためて厳粛な感情を持つ。

参考文献

中村敏勝「以仁王の挙兵と藤原兼実」(「歴史と地理」第三十二巻六号、一九三三)
福尾猛市郎「藤原兼実の時代とその浄土信仰に就いて――藤原的貴族信仰の没落に関する齣」(「支那仏教史学」六、一九四二)
松本新八郎「玉葉にみる治承四年」(「文学」第17巻10号、一九四九)
草間俊一「藤原兼実――転換期に於ける一貴族」(「岩手大学学芸学部研究年報」二巻二号、一九五一)
重松明久「浄土宗確立過程における法然と兼実との関係」(「名古屋大学文学部紀要」二号、一九五二)
荻原久康「兼実の立場」(「藝林」第五巻二号、一九五四)
高橋正隆「九条兼実における法然教受容過程」(「大谷史学」3号、一九五四。後に、日本名僧論集第六巻『法然』所収、吉川弘文館、一九八二)
杉山信三『文化史論叢』(奈良国立文化財研究所学報第三冊、養徳社、一九五五)
龍　粛『鎌倉時代』下(春秋社、一九五七)
田村圓澄『法然』(吉川弘文館、一九五九)
中村敏勝「古代末期の政情と玉葉の記述内容」(「史林」43巻1号、一九六〇)
芳賀幸四郎「九条兼実」(川崎庸之編・日本人物史大系第一巻『古代』所収、朝倉書店、一九六一)
石母田正『古代末期政治史序説』(未來社、一九六四)

藤井晶子「玉葉を通じて見た一貴族の武士観――頼朝を中心に」(「史艸」五号、一九六四)
中村　宏「平安時代末期における稽古思想の展開　一・二」(「歴史研究」30・31、一九六二・一九六四)
橋本義彦『藤原頼長』(吉川弘文館、一九六四)
日高重孝『月輪関白　九条兼実』(私家版、一九六五)
福山敏男「藤原忠平の法性寺及藤原道長の五大堂」(「京都府史跡名勝天然記念物調査報告」第九冊、一九六六。
　後に、福山敏男著作集三『寺院建築の研究下』中央公論美術出版、一九八三に収録)
林屋辰三郎「中世史概説」(講座日本歴史5『中世』岩波書店、一九六七)
竹内理三「平氏政権と院政」(同右)
保坂三郎「九条兼実と経塚」(「月刊文化財」86、一九七〇)
芳賀幸四郎「九条兼実と夢」(「日本歴史」二六〇、一九七〇)
上横手雅敬『日本中世政治史研究』(塙書房、一九七〇)
上横手雅敬「幕府と京都」(『京都の歴史2』学藝書林、一九七一)
杉橋隆夫「鎌倉初期の公武関係――建久年間を中心に」(「史林」第54巻6号、一九七一)
新田英治「藤原兼実」(『日本と世界の歴史』十二所収、学習研究社、一九七一)
上横手雅敬「建久元年の歴史的意義」(赤松俊秀教授退官記念事業会編『国史論集』、一九七二。後に、論集日本
　歴史4『鎌倉政権』所収、有精堂、一九七六)
村井康彦『平家物語の世界』(徳間書店、一九七三)
多賀宗隼『玉葉索引』(吉川弘文館、一九七四)
井上　靖『後白河院』(新潮社、一九七五)
上横手雅敬「鎌倉幕府と公家政権」(『岩波講座日本歴史5』所収、岩波書店、一九七五)

田中　稔「院政と治承・寿永の乱」(『岩波講座日本歴史4』所収、岩波書店、一九七六)
中尾　尭「九条兼実の浄土信仰」(『浄土宗の諸問題』所収、雄山閣、一九七八)
山本博也「文治二年五月の兼実宛頼朝折紙について」(『史学雑誌』88編巻2号、一九七九)
池上洵一「読書と談話――九条兼実の場合」(『日本文学』29巻12号、一九八〇)
杉山信三『院家建築の研究』(吉川弘文館、一九八一)
犬飼顕澄「九条兼実の浄土信仰帰入とその原因について」(『大谷史学』11、一九八一)
春名好重「藤原兼実の書」(『国士舘大学文学部人文学会紀要』四、一九八二)
坂東性純「明恵上人と九条兼実」(『印度仏教学研究』三十、一九八二)
高橋正隆「九条兼実における法然教受容過程」(日本名僧論集六『法然』所収、吉川弘文館、一九八二)
福山敏男『寺院建築の研究 下』(福山敏男著作集・三、中央公論美術出版、一九八三)
池上洵一「口承説話における場と話題の関係――玉葉の場合」(『語文』四三、一九八四)
菅原昭英「夢を信じた世界――九条兼実とその周囲」(『日本学』五、一九八四)
金澤正大「関白九条兼実の公卿減員政策――建久七年政変への道」(『政治経済史学』226、一九八五)
金澤正大「八条女院と九条兼実外孫昇子内親王」(『政治経済史学』232、一九八五)
小池桃子「玉葉にみたる九条兼実の後室構造に関する一考察」(『政治経済史学』222、一九八五)
安田元久『後白河上皇』(吉川弘文館、一九八六)
和気純子「慈円伝の一考察――兼実との兄弟関係の変遷を中心として」(『国文』六四、一九八六)
野村育代「皇嘉門院の経営と九条兼実」(『早稲田大学大学院研究科紀要別冊』一四、一九八八)
遠城悦子「玉葉における九条兼実と源頼朝の関係――親幕派公卿の再検討」(『法政史学』第42号、一九九〇)
奥田　環「九条兼実と意見封事」(『川村学園女子大学研究紀要』一号、一九九〇)

村井康彦『平安京と京都』（三一書房、一九九〇）
龍福義友「玉葉の源頼朝観」（「文学」季刊2巻3号、一九九一）
細谷勘資「末茂流藤原氏に関する一考察――皇嘉門院と九条兼実との関係を中心として」（「芸林」四十巻一号、一九九一）
吉井克信「九条兼実の仏教信仰――護持僧実厳と尊勝念仏・愛染王供養」（「大谷大学大学院研究紀要」八、一九九一）
橋本義彦『源通親』（吉川弘文館、一九九二）
元木泰雄『後白河院』（吉川弘文館、一九九三）
田中文英『平氏政権の研究』（思文閣出版、一九九四）
遠城悦子「建久七年の九条兼実〈関白辞職〉」（「法政史学」第46号、一九九四）
大饗　亮『玉葉事項索引』（風間書房、一九九五）
西山恵子「九条兼実の家司をめぐって――氏家司の出現」（『公家と武家』所収、思文閣出版、一九九五）
谷　知子「九条兼実仏舎利奉納願文をめぐって」（「日本文学」45、一九九六）
曽我良成「或人云・人伝云・風聞の世界――九条兼実の情報ネット」（「年報中世史研究」21、一九九六）
嶋原　宗「九条兼実の信仰について」（「大正史学」25・26、一九九六）
松島周一「基房・基実・皇嘉門院」（「日本文化論叢」五、一九九七）
北爪真佐夫『中世初期政治史研究』（吉川弘文館、一九九八）
冨永和典「隆寛律師と浄土宗派祖西山について――九条兼実と天台座主慈円との関係を中心に」（「天台学報」41、一九九九）
伊藤瑞恵「九条殿――兼実と皇嘉門院御所」（「日本建築学会大会学術講演梗概集　建築歴史・意匠」、一九九九）

元木泰雄『藤原忠実』（吉川弘文館、二〇〇〇）
朧谷　寿『平安貴族と邸第』（吉川弘文館、二〇〇〇）
龍福義友「平清盛の政治手法寸見――玉葉治承三年十一月十五日精読」（『明月記研究』6号、二〇〇一）
上横手雅敬『源平争乱と平家物語』（角川書店、二〇〇一）
目崎徳衛『史伝　後鳥羽院』（吉川弘文館、二〇〇一）
寺川華奈「玉葉における九条兼実の湯治」（『日本歯科医史学会会誌』24、二〇〇二）
加納重文『明月片雲無し――公家日記の世界』（風間書房、二〇〇二）
乾　文雄「藤原兼実と法然」（『大谷大学大学院研究紀要』一九、二〇〇二）
寺川華奈「玉葉における九条兼実の湯治」（『日本医史学雑誌』48巻3号、二〇〇二）
寺川華奈「玉葉の鍼灸」（『日本医史学雑誌』49巻1号、二〇〇二）
龍福義友「政治手法の西と東　一・二――源頼朝《天下之草創》の書状精読上・下」（『愛国学園大学人間文化研究紀要』四・五、二〇〇二・二〇〇三）
湯浅吉美「九条兼実の見た火星――日記玉葉に熒惑を拾う」（『埼玉学園大学紀要・人間学部篇』3、二〇〇三）
東海林良昌「九条家の信仰世界1　九条兼実――宿業と乱世と往生」（『仏教文化研究』47・48、二〇〇三）
上横手雅敬「兵範記と平信範」（『日記が開く歴史の扉』所収、京都大学総合博物館、二〇〇三）
湯浅吉美「玉葉に見える惑星記事の考察」（『政治と宗教の古代史』所収、慶應義塾大学出版会、二〇〇四）
元木泰雄『保元・平治の乱を読みなおす』（日本放送出版協会、二〇〇四）
安藤淑江「藤原兼実にとっての《保元》」（『名古屋芸術大学研究紀要』二五、二〇〇四）
高松百香「九条兼実の興福寺再建――中世摂関家と《鎌足》」（『人民の歴史学』一六二、二〇〇四）
龍福義友「政治手法の西と東　三・四――源頼朝《天下之草創》と藤原兼実　玉葉文治元年十二月二十七日条精読

上・下」（『愛国学園大学人間文化研究紀要』六・七、二〇〇四・二〇〇五）
細川兼睦「玉葉に頻出する《或人云》に関する一考察」（『愛知学院大学教養部紀要』51巻3号、二〇〇五）
高橋昌明「清盛家家政の一断面」（笠井昌明編『文化史学の挑戦』所収、思文閣出版、二〇〇五）
近藤好和『源義経』（ミネルヴァ書房、二〇〇五）
龍福義友「《文治二年五月の兼実宛頼朝折紙》管見」（『鎌倉遺文研究』二〇、二〇〇七）
石丸 煕「九条兼実はどのようにして情報を集めたか――玉葉の内乱に関する記事に見る」（『東海史学』41、二〇〇七）
高橋昌明『平清盛 福原の夢』（講談社、二〇〇七）
森新之介「九条兼実の反淳素思想――中世初期における貴族の歴史思想の一側面」（『日本思想史学』40、二〇〇八）
松薗 斉「治承三年のクーデターと貴族社会――花山院流と藤原基房」（『愛知学院大学「人間文化」』23、二〇〇八）
加納重文『私稿 平安京住所録』（望稜舎、二〇〇九）
山田邦和『京都都市史の研究』（吉川弘文館、二〇〇九）
湯浅吉美「九条兼実の地震観――玉葉に見る地震記事の検討」（『埼玉学園大学紀要・人間学部篇』9、二〇〇九）
藤原重雄「玉葉の《図絵春日御社》参詣をめぐって――夢告に注目して」（『巡礼記研究』六、二〇〇九）
山田彩起子『中世前期 女性院宮の研究』（思文閣出版、二〇一〇）
山田邦和「保元の乱の関白忠通」（朧谷寿・山中章編『平安京とその時代』所収、思文閣出版、二〇一〇）
山本博也「《文治二年五月の兼実宛頼朝折紙》の日付をめぐって」（『学苑』八三三、二〇一〇）

宮崎康充「右大臣兼実の家礼・家司・職事」（『書陵部紀要』六一、二〇一〇）
湯浅吉美「玉葉に見える日触記事の検討――九条兼実の日触観」（『埼玉学園大学紀要・人間学部篇』11、二〇一一）
平　雅行『歴史のなかに見る親鸞』（法蔵館、二〇一一）
野口　実「玉葉（九条兼実）――東国武士への視線」（『日記で読む日本中世史』所収、ミネルヴァ書房、二〇一一）
龍福義友「《文治二年五月の兼実宛頼朝折紙》管見再説」（『鎌倉遺文研究』二七、二〇一一）
元木泰雄『平清盛と後白河院』（角川書店、二〇一二）
五味文彦『後鳥羽上皇』（角川書店、二〇一二）
梅原　猛『法然　親鸞　一遍』（PHP研究所、二〇一二）
今井雅晴『関白九条兼実をめぐる女性たち』（自照社出版、二〇一二）
森新之介「九条兼実の徳政思想――祈禱や政策との関聯から」（『東洋の思想と宗教』二九号、二〇一二）
末松　剛「九条兼実の宇治入り」（『鳳翔学叢』八号、二〇一二）
川合　康「治承・寿永の内乱と鎌倉幕府の成立」（岩波講座日本歴史『中世1』所収、岩波書店、二〇一三）
宮崎康充「九条兼実室《兼子》について」（小原　仁編『玉葉を読む』所収、勉誠出版、二〇一三）
三橋　正「九条家における基層的神祇信仰」（同右）
山田彩起子「王家における后妃故実の蓄積とその意義」（同右）
巽　昌子「九条家の相続にみる《処分状》の変遷と衰退」（『史学雑誌』122編8号、二〇一三）
中井真孝『法然上人絵伝の研究』（思文閣出版、二〇一三）
高橋秀樹『玉葉精読――元暦元年記』（和泉書院、二〇一三）

元木泰雄「藤原信頼・成親」（元木泰雄編『保元・平治の乱と平氏の栄華』第一巻所収、清文堂、二〇一四）
佐古愛己「藤原忠実」（同右）
高橋典幸「後白河院」（同右）
佐伯智広「源通親」（同右）
樋口健太郎「藤原忠通と基実」（同右）
野口実「治承～文治の内乱と鎌倉幕府の成立」（野口実編『中世の人物 京・鎌倉の時代編』第二巻所収、清文堂出版、二〇一四）
高橋秀樹「藤原兼実」（同右）
永井晋「高倉宮以仁王の家族と縁者」（『古代文化』66巻4号、二〇一五）
美川圭『後白河天皇』（ミネルヴァ書房、二〇一五）

（和歌関係の文献）

谷宏「新古今集」（『文学』第17巻6号、一九四九）
萩谷朴『平安朝歌合大成』（赤堤居私家版、一九五七）
尾山篤二郎「九条と六条御子左流」（『国語と国文学』34巻12号、一九五七）
安井久寿「九条家と同家百首和歌」（『和歌文学研究』二十号、一九六六）
雑賀美枝「兼実家十度百首について」（『ノートルダム清心女子大学国文学科紀要』2、一九六八）
実方清「中世の歌論」（日本歌人講座4『中世の歌人Ⅱ』所収、弘文堂、一九六八）
山崎敏夫「藤原良経」（同右）
有吉保『千五百番歌合の校本とその研究』（風間書房、一九六八）

雑賀美枝「藤原兼実と和歌――日記『玉葉』を中心として」(『ノートルダム清心女子大学国文学科紀要』4、一九七一)
脇谷英勝「俊成・右大臣百首の世界」(『帝塚山大学論集』2、一九七一)
久保田淳『新古今歌人の研究』(東京大学出版会、一九七三)
松野陽一『藤原俊成の研究』(笠間書院、一九七三)
松野陽一「兼実家百首について」(『東北大学教養部紀要』二二、一九七五)
青木賢豪『藤原良経全歌集とその研究』(笠間書院、一九七六)
井上宗雄「清輔年譜考」(『平安後期歌人伝の研究』笠間書院、一九七八)
小島孝之「治承二年右大臣家百首の新出資料とその考察」(『国語と国文学』第57巻第10号、一九八〇)
谷山　茂『藤原俊成』(谷山茂著作集二、角川書店、一九八二)
谷山　茂『千載和歌集とその周辺』(谷山茂著作集三、角川書店、一九八二)
谷山　茂『新古今集とその歌人』(谷山茂著作集五、角川書店、一九八三)
久保田淳『王朝の歌人9　藤原定家』(集英社、一九八四。後に久保田淳著作選集第二巻所収、岩波書店、二〇〇四)
稲田利徳「新古今集の古と今――《むすぼほる》世界」(和歌文学講座8『新古今集とその時代』所収、風間書房、一九九一)
渡部泰明「文治・建久期の歌壇――藤原俊成の《艶》と《六百番歌合》前後の歌壇」(同右)
松村雄二「定家――達磨歌をめぐって」(同右)
久保田淳『藤原定家とその時代』(岩波書店、一九九四)
塚本邦雄「中世和歌の革新的世界」(和歌文学講座6『新古今集』所収、勉誠社、一九九四)

有吉　保「新古今集の成立と歌壇」（同右）
藤平春男『新古今歌風の形成』（藤平春男著作集第1巻、笠間書院、一九九七）
谷　知子『中世和歌とその時代』（笠間書院、二〇〇四）
田渕句美子『新古今集　後鳥羽院と定家の時代』（角川書店、二〇一〇）

※引用の文献ならびに関係の著書・論文（年代順）。九条兼実の人物研究に関連するもののみを選んだ。『玉葉』の原典や索引・本文に関連する研究文献については、高橋秀樹『玉葉精読』の当該部分を参照されたい。

あとがき

本書の執筆がほぼ終わりに近づいた四月末日に、筆者は同窓の大先輩である国文学者の居家の跡を訪ねた。その方は、『平家物語』の諸本の研究で知られた故高橋貞一先生である。半世紀近くも前のことであるが、東北の地方大学から京都に転任してきた私は、お誘いをいただいて、佛教大学の先生の研究室で催されていた読書会に参加することがあった。先生が講義されていたのは、なぜか『源氏物語』だった。先生と数人の弟子筋の方々だけの、茶話会のようなささやかな会だった。そのなかには、後に『訓読　明月記』を出した今川文雄氏もおられた。先生自身も後に『訓読　玉葉』を刊行されたが、なぜか、会での雑談の際にも、そのような作業を進められていることをお聞きした記憶がない。その後、私自身の職場が変わったり、間もなく滋賀の地に居住するようになったりして、先生とのご縁も自然に希薄になっていた。

その後、風のたよりに御逝去のことをお聞きしたが、気になりながら失礼のままになっていた。昨年に、本書の執筆の話をいただいた時、最初に思い出したのが、先生とのささやかなかかわりだった。先生が晩年に精力をそそがれた『玉葉』の訓読作業のことが、あらためて思い出された。先生は、

『平家物語』史料編とでもいえる兼実の日記を、平易な形で読めるものとして世に出されたかったのであろう。この時代の研究基礎文献として重要な役目を果たしている。ただし、遠慮なく言わせていただくと、これは、先生の志を正しく伝えたものになっているであろうかという疑問の気持が、私にはある。先生の本心は「『玉葉』が語る人間記録を生のまま世に伝えたい」、そういったものではなかったろうかという気がしきりにするのである。その意味でいうと、訓読という形は必ずしも適切でない。漢字ばかりの記述が漢字かな交じり文の記述になっても、必ずしも平易に楽しく読めるものにはならない。その目的のためには、最近に刊行された『現代語訳　吾妻鏡』、あるいは、『玉葉』で言うと、高橋秀樹氏が示されている口語訳のようにならないといけない。高橋氏の訳を拝見していると、分かりやすい臨場感でドキドキするほどの感動を覚える。この感動が元暦元年のみに限られるのが残念である。本書執筆の途中で、私自身が『玉葉』の現代語訳を進めていることをついほのめかすことがあったが、これは、先生の本来の遺志を、私自身の晩年の作業として継承する気持があったためである。

そのような気持があったので、思いがけず兼実の人生を語る作業を進めることになって、まず泉下の先生にご挨拶をしておきたい感情になった。気になりながら失礼にうちすぎたお詫びをしたい気持もあった。生前にお宅を訪ねたことのある友人に住所を聞いて向かったが、ウロ覚えだったせいで、昨年はただ近辺をさまようだけになっていた。終稿近くになって、いよいよ気持の整理の意味で、本気で先生の旧宅を探しあててご報告をしたい気持になり、案外容易に先生のご旧宅を訪ねあてることができた。門柱には故人となられた先生の名が、彫刻されて残っていた。ご遺族に教えられて、遠くない場所に所在の墓前にも参ることもできた。比叡山をはるかに望む山麓の墓地であった。

本書で九条兼実という人物にかかわるようなことになったのも、今から思えば、私の人生の宿命のようなものであったかもしれない。その出来事を語るには多少の遠慮もあるのであるが、必要最少限のことを述べさせていただきたい。二十年ほども以前に、勤務する大学が紛争状態になることがあった。大学当局と教授会が対立し、のっぴきならない状態が年余にわたって続いた。はなはだ不似合いな立場であるが、私はたまたま学部長という要職にあったために、紛争に正面からかかわらざるを得なかった。そのようななかで、これも偶然であるが、会議に出るのが仕事のような学部長の任期の間は、通常の研究生活は諦めて、一人の人間の人生記録とでもいうべき記録だけに向き合うようなことで、心をなぐさめることにした。その時に選んだのが、『玉葉』という公家日記であった。私の卒業論文は『今鏡』という歴史物語作品で、この作品が書かれたとされている嘉応二年（一一七〇）は、私には郷愁を誘われる年号で、いつかこの時代に戻ってくるような気もしていた。

思いがけない偶然であるが、勤務する大学での紛争と研究者としての意識が、重なり合うような意味を持ってきた。本書に目を通された方は、九条兼実という人物が絶えざる激動の時代に翻弄されながら生きてきたことは理解されたと思うが、それは、摂関家という斜陽の系譜にかかわる一員としての兼実の、皇室（後白河院）・平氏（清盛）・源氏（頼朝）などの権威との、存亡をかけての戦いの一生であったと言ってよい。そのことを意識しながらメモを取り続けているうちに、『玉葉』の語る世界とやや泥沼化した紛争状態との共通点に気付くことがあった。大学の教員たちは、それぞれの学科に所属しながら、学部教授会の構成員として、また対立する大学当局との雇用関係も配慮しながら、それぞれの態度を選択していかざるを得なかった。たまたま他学科の教員たちとも接する立場になって、それぞれが、権威に結びつきながらあるいは対立しながら、懸命に自分の生き方を模索する現実を見せつけられた。『玉葉』の人物群像と眼前の教員たちの処世とが、ほとんど重ね合わせて感じられた。

高校教員から某学科に赴任して来たばかりのN教授は、大学当局の意向に従属的であった学科の状況に反して、ただ一人、自らの心情に従って行動した。筆者がひそかに清盛と目していたS氏は、学長の擁護を自らの職務として、教員側と徹底的に対立した。時代と状況の多少の違いはあっても、権威の間で揺れ動く人間群像には、変わることのない人間感情があった。紛争は、本来的には末端の諮問委員会にすぎない小委員会という組織が、認めるとか認めないとかいった議論もないままに実質を主導する形になり、大方の大学紛争と同様に曖昧な事態の収束を見た。学園にとっての動乱の時代であった。大学当局も教員側も紛争に倦んでいた。この小委員会が、『玉葉』でいえば頼朝であった。ついでに言うと、筆者はN教授の素朴な勇気にいたく感動、終生の友となった。対立に終始したS氏とも、たまに出会えば「昔の敵は今日の友」と握手を交わし合う関係になった。学部長を退任後は、メモをもとに『玉葉』の記述から見た兼実論を所属学科の機関誌に発表する機会を得ていたが、述べてきたような経緯なので、このような記述が学問的価値があるのかどうかなどについても、ほとんど顧慮することがなかった。学者としてはあるまじき粗漏である。容赦を乞う。

すでに十年近くも前になるであろうか、勤務校に奉職以来、常に温容に接していただいていた村井康彦先生が、先生を慕う門下生数人を相手に『明月記』を読む会を持たれていると聞き、黒一点で恐縮ながら、無理に割り込ませていただいたことがある。その時に先生から、なにげなく「今なにをしてるの?」と訊かれて、これまたなにげなく「玉葉をしています」とお答えしたのが、考えてみると本書にかかわる機縁になった。しかし「玉葉をしています」の返答は正確でなかった。拙い学者生活の最後に、公家日記を人間の記録として捉え、その記述を現代語訳の形でも伝えられるように、その作業を進めてはいた。その対象にしていたのが『玉葉』と『明月記』であった。それでつい「玉葉をしています」と答えてしまったのが軽率であった。その後、先生から「兼実を書いてみないか」との電話をいただいた時、あらためて軽率を反省した。『玉葉』の勉強などは何もしていない。ただ、九条兼実という人間を、彼が書き残した記録に接しながら、毎日、時空を超えた友人として勝手な対話をしていただけで、それ以上のことは何もしていない。それで、先生からの説得を受けて「とりあえず現代語訳を終わりまで進めて、あらためて努力します」とお答えしたように思うが、その前段の作業が終わったとしても、二十年前の紛争時を超える兼実把握ができるかどうか、はなはだ心許ない心境になった。それで、過去の記述をもとに再構成した兼実伝を中心にして、研究の現状にいささかでも寄与できるような形でまとめてみることにした。

前提にする記述は一応あったので、なんとか順調に進むかと見えた矢先に、とんでもないことが起きた。まったく寝耳に水と言ってよい病魔の襲来である。暮れの十一月、そろそろ関連の写真類をという気持が起きて、なんとなく懐かしい気分で鹿ヶ谷の俊寛山荘跡を訪ねてみたが、急峻な山道まではとてもたどれないで引き返した。こんなことが何かの予兆にでもなったのだろうか。その後、近隣の病院で定期的な薬を貰った時になにげなく洩らした言葉から、その後の四ヶ月余の時間の半分以上を病院のベッドの上で過ごすという生活を余儀なくされることになった。その間にも、本書のことは一瞬たりとも忘れたことはない。なにがなんでも、兼実との人生交友の形だけは、この世の形見として残したい。毎日がその思いのすべてであった。本書のなかで、兼実室が頻繁に兼実の吉夢を見るのを疑う記述をしたところがあるが、私自身の療養生活のなかでも病疾と『玉葉』との思いがすべてであったので、毎日のように同じ夢を見た。「その感情が生きるすべてである時には、そういうこともあるか」と、兼実室の状況も理解できる気持にもなったが、しかし、文章は訂正しないでそのままにしておいた。まだ半疑という気持もあるためである。このような次第で、本書は、思いがけなく筆者の命を賭けるような仕事になった。それ以前に日記の現代語訳を志していたのも、人生の最後には、対話を続けた友人のことを語るような作業をしてみたいという感情があったためなので、途中を飛ばしていきなり終点近くなったが、悔いる気持はまったくない。

なお、末筆ながら、一人の人間の愛惜の人生を語る、国文学者としては感動的な仕事をさせていただいたミネルヴァ書房、ならびに二人三脚でお助けいただいた担当の大木雄太氏にもお礼を申しておきたい。若い頃に、研究者の道よりも、編集者の道に惹かれた時期もあった。そんなことも思い出しながら、仕事をさせていただいた。それにしても、兼実との交友と言いながら、彼に対する視線は多く批判的であり、冷淡にすぎたような気もしている。浅薄な筆者には見えにくかった兼実の能力と資質と成果もあったのではないかとも思う。筆者の根拠のない過剰な批判は、今後、歴史家の目で穏当に修正されていくであろう。そのことを期待しながら、拙い筆を置くことにしたい。あとがきで書こうか書くまいか迷いながら、結局、舞台裏をさらけ出すような記述になってしまった。読者諸賢のご容赦を乞う。口直しに愚詠を一首、

隠岐と佐渡はなれし御魂相寄りぬ　雪の降りしく大原の里

平成二十七年　冬

加納重文

九条兼実略年譜

（　）内の数字は年齢。

和暦	西暦	齢	関係事項	一般事項
久安 五（近衛）	一一四九	1	この年、兼実出生。父忠通、母は兼実家女房の加賀（太皇太后宮大進仲光女）。10・25忠通、太政大臣に還任（53）。	7・28頼長任左大臣（30）。8・3崇徳皇后得子（長実女）女院号美福門院（33）。11・9美福門院熊野御幸、29鳥羽北殿に還御。11・11鳥羽法皇四天王寺御幸、18鳥羽北殿に還御。
六	一一五〇	2	2・27崇徳皇太后聖子（兼実異母姉）女院号、皇嘉門院（29）。4・21関白忠通養女呈子（実は伊通女）入内（20）、6・22中宮。8・24忠通の法性寺新御堂に総社、上皇御幸。12・9摂政忠通、任関白（54）。12・25基実（兼実異母兄）元服（8）、その弟基房着袴（7）。	1・4近衛元服（12）。1・10頼長女多子入内（11）、19女御、3・14皇后。8・5興福寺僧徒数千人・春日神人二百余人が神木を奉じて入京する。9・26左大臣頼長、氏長者。
仁平 元	一一五一	3	9・20関白忠通、頼長の異図を鳥羽法皇に奏上する。10・24忠通室宗子、法性寺山荘において出家する。	1・10左大臣頼長、内覧（32）。3・5鳥羽法皇・美福門院熊野

				御幸、4・5鳥羽殿に還御。6・6皇居四条東洞院殿火災、美福門院八条殿に避ける。以後、7・5小六条殿、10・18六条殿を経て、11・13近衛殿（関白忠通邸）に還御があって落ち着く。7・12京師大火、一条北東洞院以西、焼亡。8・17石清水八幡宮行幸。この年、顕輔、『詞花和歌集』を奏覧。
二	一一五二	4	3・11忠通、新造九条第に移る。	3・7鳥羽法皇、鳥羽殿において五十賀を催す。
三	一一五三	5		
久寿元	一一五四	6		
二 （後白河）	一一五五	7	7・24新帝践祚、忠通の関白は元の通り。8・15中宮呈子、近衛崩御により出家。9・14忠通室宗子逝去。	5・7左京大夫顕輔没。6・1左大臣頼長室幸子没。7・23近衛崩御（17）。7・24後白河帝、高松殿に践祚（29）。12・16高陽院（鳥羽皇后泰子、忠実女）崩（61）。

保元　元	一一五六	8	2・10兼実母の加賀、逝去（33）。8・29忠通次子の基房、元服（13）。10・1皇嘉門院聖子出家。	7・2鳥羽法皇、鳥羽安楽寿院で崩御（54）。7・10保元の乱勃発、14頼長、奈良坂で薨、23崇徳院を讃岐に、忠実は知足院に幽閉される。
二	一一五七	9	8・5兼実、着袴、14昇殿。	5・19暲子内親王出家（21）。
三	一一五八	10	1・29兼実、元服。正五位下に叙し禁色昇殿を聴される。その後、3・13左少将、4・2左中将、10・21従四位下。	2・28春日社行幸。
（二条）			8・11忠通が関白を辞し、基実が関白・氏長者になる（16）。	8・11後白河譲位、二条帝践祚。
平治　元	一一五九	11	1・3兼実、従四位上、4・6正四位下。	2・13後白河准母統子内親王、女院号上西門院。8・16院御所高松殿焼亡。10・25式子内親王斎院に卜定。12・9信頼・義朝、上皇御所三条殿を急襲、平治の乱起きる。13前少納言通憲自殺、17清盛熊野から帰京、26信頼・義朝敗れて逃亡、27信頼六条河原で斬られる。

永暦 元	一一六〇	12	6・20兼実叙正三位。8・11関白基実任左大臣、基房任内大臣、兼実任権中納言。11・11権中納言兼実叙二位。	1・4義朝尾張で討たれる。2・17上西門院及び守覚法親王出家。2・28経宗・惟方解官。3・11経宗は阿波、師仲は下野、惟方は長門、頼朝は伊豆にそれぞれ流される。6・20清盛叙正三位。8・5清盛、安芸厳島に参詣する。8・11清盛任参議。8・19中宮姝子内親王出家(20)。11・23美福門院崩(44)、遺骨は高野山に納める。
応保 元	一一六一	13	1・29兼実、季行女(良通・良経・任子などの母)と婚姻。8・19権中納言兼実、任右大将、9・13任権大納言。12・17前関白忠通女育子入内。	2・7鳥羽北殿焼亡。9・15頼盛・時忠など上皇皇子の立坊を謀って解官される。9・28上皇近臣の信隆・成親など解官される。12・16鳥羽皇女暲子内親王女院号八条院。
二	一一六二	14	1・20兼実叙正二位。2・19女御育子立后、権大納言兼実が中宮大夫になる。6・8前関白忠通、法性寺別業において出家。6・18入道前関白忠実薨去。	2・5中宮姝子内親王女院号高松院(22)。3・28押小路東洞院新造内裏に遷幸。

長寛 元	一一六三	15	8・2従三位季行出家、22薨。	6・9延暦寺の衆徒、園城寺を攻め、長谷・岩蔵など延焼する。8・25興福寺の衆徒、別当僧正恵信を逐い房舎を焼く。恵信もまた兵を集めて西京を襲う。
二	一一六四	16	2・19前関白忠通入滅（68）、21法性寺山に葬る。3・29基実・基房・兼実、復任。閏10・17左大臣基実を罷め、23基房が左大臣、兼実は内大臣になる。	8・26崇徳上皇、讃岐で崩御、9・18白峯で火葬。10・5延暦寺の衆徒、座主快修を逐いその房を壊す。12・17清盛造営の蓮華王院供養、上皇御幸、重盛叙正三位。
永万 元 （六条）	一一六五	17	6・25関白基実、摂政になる。9・7内大臣兼実、泰山府君祭を行う。	1・2法住寺殿に朝覲行幸。4・22上皇延暦寺に御幸。6・25二条譲位、六条帝受禅。7・28二条上皇崩御、8・7香隆寺の野に火葬。8・9延暦寺の僧徒、清水寺を襲う、10興福寺の衆徒、入洛して延暦寺の末寺を襲う、30南都の大衆が延暦

				寺を攻める、10・26～28興福寺の僧徒入京、延暦寺との間で紛糾する。12・16上皇第二皇子元服、名は以仁。12・27太皇太后多子（頼長養女、崇徳・二条后）出家。
仁安元	一一六六	18	7・26異母兄基実薨去（24）、27基房任摂政（23）。8・27兼実任左大将（18）。10・10憲仁親王（高倉）立太子、兼実皇太子傅、清盛春宮大夫、邦綱春宮権大夫。10・28故摂政基実妻盛子、東宮に謁する。11・10兼実任右大臣。	6・6権大納言清盛叙正二位。10・21清盛妻時子叙従二位、皇太子母滋子叙従三位。11・10清盛任内大臣。11・13右中弁時忠叙正四位上。12・2重盛任春宮大夫。
二	一一六七	19	11・6兼実第一子、良通出生（季行女腹、母は時に16歳）。11・27摂政基房、春日社参詣。12・10摂政基房、新造閑院第に移る。	1・20春宮、法住寺殿に行啓。遅参の基房・時忠・邦綱に上皇勘発する。春宮母滋子女御になる。2・11春宮、上皇の法住寺殿に行啓。清盛任太政大臣。基房・清盛叙従一位。2・19上皇、熊野御幸。4・12清盛、高野山へ、17帰京。5・15恵信を伊豆

				に、宗覚を土佐に、玄明を隠岐に、維勝を佐渡に流す。5・17太政大臣清盛を罷める。8・10上皇、新造伏見殿に遷御、13還御。9・3清盛、安芸厳島社に参詣。9・21上皇・滋子熊野御幸、10・12還御。12・24顕廣、俊成と改名。
仁安　三（高倉）	一一六八	20	3・14近衛皇后呈子（忠通養女）女院号、九条院（38）。10・9二条中宮育子（忠通養女）出家。	2・11清盛、病のために出家。室時子も出家。2・19六条譲位、高倉帝受禅。3・20後白河女御滋子、皇太后（27）。5・3高野山の僧徒、伝法院の僧との間に殺傷事件。
嘉応　元	一一六九	21	11・19良通、皇嘉門院（異母姉）の猶子となり、女院御所で魚味の儀がある。この年兼実第二子良経出生（季行女腹、母は時に18歳）。	3・13後白河上皇高野御幸、24還京。4・12滋子女院号建春門院。6・17後白河上皇出家。7・26式子内親王斎院退下。12・23延暦寺衆徒、成親を訴える、24成親備中に配流、28成親

				を召還、時忠を流す。
二	一一七〇	22	4・23故基実嫡男の基通元服、29侍従。8・28三井寺法印道円寂(20)。11・26皇嘉門院、九条堂を供養。12・14基房任太政大臣。12・26兼実、三条万里小路殿に移る。	4・19後白河法皇奈良に御幸、清盛扈従する。7・3基房と資盛と衝突、紛糾。9・20法皇、清盛の福原山荘に御幸。
承安元	一一七一	23	1・22兼実、九条第に遷る。3・7良通、初めて春日社に参詣。3・9兼実従者と法皇下人との衝突がある。11・27良経、吉田・祇園社に参詣。	10・23法皇、清盛の福原別業に御幸。12・14清盛女徳子を法皇の猶子として入内、26女御。
二	一一七二	24	8・21良通、着袴。	2・10徳子、中宮。12・21重盛の家人、春日神人を殺害、27興福寺衆徒怒って入京する。
三	一一七三	25	8・15二条皇后育子(忠通養女)崩(28)。8・17兼実、六条坊門大宮に移る。9・23兼実第一女任子出生(母は従三位季行女兼子)。11・16兼実、大宮殿より九条殿に移る。12・16基房、新造松殿に移る。	4・29高雄僧文覚、法皇御所に参り神護寺興隆のことを奏請して悶着、5・16文覚伊豆に流される。5・26以後、興福寺僧徒と多武峯との間で紛糾が続く。11・3以後、南都の僧徒蜂起して北上する。
四	一一七四	26	1・7兼実叙従一位。2・25皇嘉門院の九条殿焼亡、12・21新造九条殿に入御。	3・16法皇・建春門院、福原の清盛別業に御幸、さらに安芸厳

安元元	一一七五	27	3・5良通叙従五位上、7元服。閏9・17兼実・清輔・頼政などが会して「百十番歌合」、29兼実第和歌会、10・10同、11・5同。12・10侍従良通叙正五位下。	島に御幸、清盛以下扈従する。
二	一一七六	28	9・19九条院（忠通養女、近衛皇后）崩（46）。	3・4院御所法住寺に行幸、法皇五十算を賀される。6・13高松院（鳥羽皇女、二条中宮）崩（36）。7・8建春門院、法住寺殿で崩（35）。7・17六条上皇崩（13）。
治承元	一一七七	29	※兼実第三子良尋出生（母は季行女、母は時に26歳）。6・20清輔（兼実の歌の師）死去。11・15良通、任右近衛権中将。12・26基房男師家着袴。	4・13以後、延暦寺衆徒、日吉神輿を奉じて入洛、重盛・頼政などが防御する。4・28京師大火、坊市二万余家被災する。5・21前天台座主明雲、伊豆に配流、23僧徒に奪還される。
二	一一七八	30	3・20兼実、その邸で百首和歌を披講。4・26兼実、新造九条第に徙る。基房男師家元服。6・29「右大臣家百首」。8・21忠通室源信子没。	4・24次郎焼亡。11・12中宮御産、安徳帝出生、12・15新皇子皇太子になる。

三	一一七九	31	4・17兼実次男良経元服。6・17故摂政基実室盛子没。7・13良円出生（母は皇嘉門院大弐女）。8・26従五位上良経、禁色昇殿を聴される。9・29兼実・頼政など歌会、10・18同。11・15基房を罷め、基通を内大臣関白とする。11・19兼実嫡子良通、権中納言右大将。	5・25前内大臣重盛出家、7・29薨去。11・14清盛、福原より兵数千を率いて入京、11・20清盛、法皇の院政を停め、法皇を鳥羽殿に幽閉する。
四（安徳）	一一八〇	32	6・2兼実、上皇に召されて福原に至り、諮問に応じる、20に帰京。6・23良通、権中納言兼雅女を娶る。7・19兼実女、着袴。	2・21高倉譲位、安徳帝受禅。5・15検非違使、以仁王の高倉殿を囲むがすでに園城寺に至る、22頼政も園城寺に合流、26源平両軍宇治河で衝突するが、頼政は敗死、王も落命する。6・2清盛、行幸に法皇・上皇を伴い福原に至る。8・20頼朝伊豆に挙兵、24石橋山に敗れる。10・6頼朝、鎌倉に入り、20富士川に平家軍敗走させる。11・23法皇以下福原を発ち、26に入京する。12・28重衡南都を攻め、東大寺・興福寺が焼亡する。

養和 元	一一八一	33	12・4皇嘉門院聖子（崇徳皇后、兼実異母姉）崩（60）。	1・14高倉上皇崩御。2・4清盛薨去。閏2・25法皇鳥羽殿から法住寺に遷御。11・25中宮徳子院号建礼門院。
寿永 元	一一八二	34	7・16兼実、右大臣の辞退を法皇に請うが聴されない。8・15女子出生（母は不詳）。8・22兼実の義父季行（室の父）没。10・3良通任権大納言。	
二	一一八三	35		7・25平氏、安徳帝・建礼門院を奉じて西海に赴く。7・28義仲・行家が京師に入る。8・20後鳥羽帝閑院に践祚。
（後鳥羽）				
元暦 元	一一八四	36	4・19良平出生（母は女院女房の頼輔女）。9・18兼実、病のために上表、官を辞すことを請う。11・30兼実、良通・良経を伴い、忠通及び皇嘉門院の墓所に詣でる。	1・20義仲近江国粟津に戦死する。2・7平氏一谷で敗戦、屋島に遁れる。
文治 元	一一八五	37	1・27良通作文会を催す。9・20良輔出生（母は八条院女房の三位局、盛章女）。9・28良快出生（母は女院女房、頼輔女）。10・30兼実女死去（寿永元年誕生の女児、時に4歳）。12・28兼実に文書内覧の勅が有る。	2・19義経、平氏を屋島に破る。2・24平氏、壇浦に滅亡。4・27頼朝、功によって叙従二位。7・9大地震。10・11行家・義経、頼朝に叛す。11・6行家・

				義経、大物浦で風浪に遭い離散する。
二	一一八六	38	2・4良輔、八条院の養子になる。3・12兼実、摂政・氏長者になる。4・28兼実、冷泉万里小路殿に移る。8・15慈円が平等院執印になる。11・27良通任左大将。12・15良経正三位。	
三	一一八七	39	1・17良円、興福寺の信円のもとに入室（時に9歳）。6・28後鳥羽准母亮子内親王、女院号殷富門院。7・25良尋が慈円の房に入る（時に11歳）。10・8良海出生（母は八条院女房三位局）。	
四	一一八八	40	1・27兼実、長者の後初めて春日社に参詣する。2・19内大臣良通薨去（時に22歳）。8・4兼実、大炊御門殿に移る。	4・22俊成、『千載和歌集』を奏覧。
五	一一八九	41	11・15兼実女任子叙従三位。12・14兼実、任太政大臣。12・30権大納言良経、兼任左大将。	1・5頼朝叙正二位。4・30義経が衣川に討たれ、首が鎌倉に至る。
建久元	一一九〇	42	1・11任子入内、女御、4・26中宮(18)。12・17良輔、八条院で着袴。	1・3後鳥羽帝御元服(11)。2・16西行寂。11・7頼朝入京、六波羅新第に入る、12・4権大納言・右大将を辞退する、14京

二	一一九一	43	5・22兼実、方違で奈良左保殿に赴く。6・25権大納言良経、能保女と婚姻。12・17兼実、摂政を辞して関白に任じる。	師を発ち、29鎌倉に着く。
三	一一九二	44	1・17良恵出生（母は不詳）。	3・13後白河法皇、崩御。
四	一一九三	45	1・9頼輔入道（兼実妾の父）入滅。11・8兼実正室（季行女）の母、没。	5・28曾我兄弟、富士裾野で仇討ち。
五	一一九四	46	4・23良輔、八条院で元服する。8・16兼実、故皇嘉門院のために無動寺に御堂を供養する。8・28兼実子の良恵が殷富門院の猶子になる（時に8歳）	閏8・2前中納言能保出家。
建久六	一一九五	47	9・22兼実、興福寺供養に臨む。8・13後鳥羽中宮任子御産、昇子内親王（兼実孫女）出生、12・5八条院猶子になる。11・10良経、任内大臣。	3・4頼朝入京、六波羅第に入る、6・25に京師を発って下向する。3・12東大寺供養、後鳥羽帝・七条院・頼朝、これに臨む。
七	一一九六	48	4・16昇子内親王叙一品、准三宮次いで入内。11・25関白兼実を罷め、前摂政基通が関白・氏長者になる。11・26慈円、天台座主を辞して籠居する。	
八	一一九七	49		10・13能保薨去。

九（土御門）	一一九八	50	1・11新帝践祚に伴い、関白基通が摂政になる。	1・11後鳥羽譲位、土御門帝閑院に受禅。2・14範子内親王（高倉皇女、土御門准母）入内、3・3皇后。この年法然、『選擇本願念仏集』を撰す。
正治 元	一一九九	51	6・22内大臣良経、任左大臣。7・5八条院女房三位局（良輔などの母）、大原で出家。11・29昇子内親王、八条院で着袴。	1・11頼朝出家、次で薨去。
二	一二〇〇	52	1・19兼実、九条堂を中宮任子に譲る。6・28中宮任子、院号宜秋門院。	1・12上皇、水無瀬御幸。※上皇、百首和歌を歌人に徴す。
建仁 元	一二〇一	53	10・17宜秋門院出家（29）。12・9兼実正室（季行女）逝去（50）。	1・7院御所和歌会、この後この種の行事が増える。1・25式子内親王逝去。この年、「千五百番歌合」。7・27二条殿に和歌所を置く。12・18東宮（順徳）殷富門院の猶子となり安井殿に渡御される。
二	一二〇二	54	1・15後鳥羽後宮准三宮在子、女院号承明門院。1・28兼実、法性寺において出家。11・27左大臣良経に内覧宣旨が有り、氏長者になる、12・25摂政基	7・20寂蓮死去。8・26守覚法親王薨。10・21内大臣通親薨去。

			通を罷め、良経がこれに替わる。	
三	一二〇三	55	7・2山法印良尋逐電。8・24良経、摂政の後に初めて宇治平等院に参る。	3・10上皇熊野御幸、定家供奉する。11・23上皇、和歌所で俊成に九十賀宴を賜う。
元久元	一二〇四	56	1・5良経叙従一位。4・1良経男教家、元服して叙従五位上。11・16摂政良経、左大臣を辞退する。12・14摂政良経、太政大臣に任じる。	7・17頼家、修善寺に薨。11・30俊成薨じる。
二	一二〇五	57	10・11良経、中御門京極に移る。	1・3土御門帝、元服。4・26新古今集奏進、翌日竟宴がある。
建永元	一二〇六	58	3・7摂政良経、薨去（38）。	
承元元	一二〇七	59	4・5入道前関白兼実薨去。	2・18法然、土佐に流される。

三宅雪嶺　長妻三佐雄
*岡倉天心　木下長宏
志賀重昂　中野目徹
徳富蘇峰　杉原志啓
*竹越与三郎　西田毅
内藤湖南・桑原隲蔵　礪波護
廣池千九郎　橋本富太郎
岩村透　今橋映子
*西田幾多郎　大橋良介
*金沢庄三郎　石川遼子
柳田国男　鶴見太郎
厨川白村　張競
天野貞祐　貝塚茂樹
大川周明　山内昌之
西田直二郎　林淳
折口信夫　斎藤英喜
辰野隆　金沢公子
シュタイン　瀧井一博
*西周　清水多吉
*福澤諭吉　平山洋
成島柳北　山田俊治
福地桜痴　山田俊治
島田三郎　武藤秀太郎
田口卯吉　鈴木栄樹
*陸羯南　松田宏一郎
黒岩涙香　奥武則
長谷川如是閑　織田健志

*吉野作造　田澤晴子
山川均　米原謙
*岩波茂雄　十重田裕一
*北一輝　岡本幸治
*穂積重遠　大村敦志
中野正剛　吉田則昭
満川亀太郎　福家崇洋
*北里柴三郎　福田眞人
高峰譲吉　木村昌人
田辺朔郎　秋元せき
*南方熊楠　飯倉照平
寺田寅彦　金森修
石原純　金子務
*辰野金吾　河上眞理・清水重敦
*七代目小川治兵衛　尼崎博正
ブルーノ・タウト　北村昌史

現代

昭和天皇　御厨貴
高松宮宣仁親王　後藤致人
*李方子　小田部雄次
吉田茂　中西寛
マッカーサー　柴山太
石橋湛山　増田弘
重光葵　武田知己

市川房枝　村井良太
*池田勇人　藤井信幸
高野実　篠田徹
和田博雄　庄司俊作
朴正煕　木村幹
竹下登　真渕勝
*松永安左エ門　橘川武郎
鮎川義介　井口治夫
*出光佐三　橘川武郎
松下幸之助　米倉誠一郎
渋沢敬三　井上潤
*本田宗一郎　伊丹敬之
井深大　武田徹
*佐治敬三　小玉武
幸田家の人々　金井景子
*正宗白鳥　大嶋仁
大佛次郎　福島行一
*川端康成　大久保喬樹
*薩摩治郎八　小林茂
太宰治　安藤宏
松本清張　杉原志啓
安部公房　鳥羽耕史
*三島由紀夫　島内景二
井上ひさし　成田龍一
R・H・ブライス　菅原克也
柳宗悦　熊倉功夫

バーナード・リーチ　鈴木禎宏
イサム・ノグチ　酒井忠康
熊谷守一　古川秀昭
川端龍子　岡部昌幸
藤田嗣治　林洋子
*井上有一　海上雅臣
*手塚治虫　竹内オサム
古賀政男　藍川由美
*吉田正　金子勇
武満徹　船山隆
*八代目坂東三津五郎　田口章子
*力道山　岡村正史
*西田天香　宮田昌明
安倍能成　中根隆行
サンソム夫妻　平川祐弘・牧野陽子
和辻哲郎　小坂国継
矢代幸雄　稲賀繁美
石田幹之助　岡本さえ
*平泉澄　若井敏明
安岡正篤　片山杜秀
島田謹二　小林信行
田中美知太郎　川久保剛
前嶋信次　杉田英明
唐木順三　澤村修治
保田與重郎　谷崎昭男

*福田恆存　川久保剛
井筒俊彦　安藤礼二
佐々木惣一　伊藤孝夫
小泉信三　都倉武之
*瀧川幸辰　伊藤孝夫
矢内原忠雄　等松春夫
式場隆三郎　服部正
*フランク・ロイド・ライト　大久保美春
*中谷宇吉郎　杉山滋郎
大宅壮一　有馬学
今西錦司　山極寿一

*は既刊
二〇一六年二月現在

*月性　海原徹
*吉田松陰　海原徹
*高杉晋作　海原徹
久坂玄瑞　一坂太郎
ペリー　遠藤泰生
ハリス　福岡万里子
オールコック　佐野真由子
アーネスト・サトウ　奈良岡聰智
緒方洪庵　米田該典
冷泉為恭　中部義隆

近代

*明治天皇　伊藤之雄
*大正天皇　F・R・ディキンソン
*昭憲皇太后・貞明皇后　小田部雄次
大久保利通　三谷太一郎
山県有朋　鳥海靖
木戸孝允　落合弘樹
井上馨　伊藤之雄
*松方正義　室山義正
北垣国道　小林丈広
板垣退助　小川原正道
長与専斎　笠原英彦
大隈重信　五百旗頭薫
伊藤博文　坂本一登
井上毅　大石眞
*井上勝　老川慶喜
*桂太郎　小林道彦
渡辺洪基　瀧井一博
*乃木希典　佐々木英昭
星亨　小林道彦
*児玉源太郎　小林道彦
*高宗・閔妃　木村幹
山本権兵衛　室山義正
*金子堅太郎　松村正義
高橋是清　鈴木俊夫
小村寿太郎　簑原俊洋
*犬養毅　小林惟司
*加藤高明　櫻井良樹
加藤友三郎・寛治　麻田貞雄
牧野伸顕　小宮一夫
田中義一　黒沢文貴
内田康哉　高橋勝浩
石井菊次郎　廣部泉
平沼騏一郎　堀田慎一郎
鈴木貫太郎　小堀桂一郎
宇垣一成　北岡伸一
*宮崎滔天　榎本泰子
*浜口雄幸　川田稔
幣原喜重郎　西田敏宏
関一　玉井金五
水野広徳　片山慶隆
広田弘毅　井上寿一
安重根　上垣外憲一
*グルー　廣部泉
*永田鉄山　森靖夫
東條英機　牛村圭
今村均　前田雅之
蔣介石　劉岸偉
石原莞爾　山室信一
木戸幸一　波多野澄雄
*岩崎弥太郎　武田晴人
伊藤忠兵衛　末永國紀
五代友厚　田付茉莉子
大倉喜八郎　村上勝彦
*安田善次郎　由井常彦
渋沢栄一　武田晴人
益田孝　鈴木邦夫
山辺丈夫　宮本又郎
武藤山治　阿部武司・桑原哲也
池田成彬　松浦正孝
西原亀三　森川正則
小林一三　橋爪紳也
大倉恒吉　石川健次郎
大原孫三郎　猪木武徳
*河竹黙阿弥　今尾哲也
イザベラ・バード　加納孝代
*林忠正　木々康子
*森鷗外　小堀桂一郎
*二葉亭四迷　ヨコタ村上孝之
夏目漱石　佐々木英昭
徳冨蘆花　半勝英明
巌谷小波　千葉信胤
樋口一葉　佐伯順子
*島崎藤村　十川信介
泉鏡花　東郷克美
上田敏　小林茂
*有島武郎　亀井俊介
永井荷風　川本三郎
北原白秋　平石典子
菊池寛　山本芳明
芥川龍之介　高橋龍夫
*宮沢賢治　千葉一幹
正岡子規　夏石番矢
高浜虚子　坪内稔典
与謝野晶子　佐伯順子
*種田山頭火　村上護
*斎藤茂吉　品田悦一
*高村光太郎　湯原かの子
萩原朔太郎　エリス俊子
*原阿佐緒　秋山佐和子
*狩野芳崖・高橋由一　古田亮
*小堀鞆音　小堀桂一郎
竹内栖鳳　北澤憲昭
黒田清輝　高階秀爾
中村不折　石川九楊
横山大観　高階秀爾
*橋本関雪　西原大輔
小出楢重　芳賀徹
土田麦僊　天野一夫
岸田劉生　北澤憲昭
*山田耕筰　後藤暢子
松旭斎天勝　川添裕
中山みき　鎌田東二
佐田介石　谷川穣
*ニコライ　中村健之介
出口なお・王仁三郎　川村邦光
島地黙雷　阪本是丸
*新島襄　太田雄三
新島八重　佐伯順子
木下広次　冨岡勝
海老名弾正　西田毅
嘉納治五郎　クリストファー・スピルマン
柏木義円　片野真佐子
津田梅子　田中智子
*澤柳政太郎　新田義之
河口慧海　高山龍三
山室軍平　室田保夫
大谷光瑞　白須淨眞
*久米邦武　高田誠二
フェノロサ　伊藤豊
井上哲次郎　井ノ口哲也

親鸞　末木文美士
恵信尼・覚信尼　西口順子
覚如　今井雅晴
＊道元　船岡誠
叡尊　細川涼一
＊忍性　松尾剛次
＊日蓮　佐藤弘夫
一遍　蒲池勢至
夢窓疎石　原田正俊
＊宗峰妙超　竹貫元勝

南北朝・室町

後醍醐天皇　上横手雅敬
護良親王　新井孝重
＊赤松氏五代　渡邊大門
＊北畠親房　岡野友彦
楠正成　兵藤裕己
＊新田義貞　山本隆志
＊光厳天皇　深津睦夫
足利尊氏　市沢哲
足利直義　亀田俊和
佐々木道誉　下坂守
円観・文観　田中貴子
足利義詮　早島大祐
足利義満　川嶋將生
足利義持　吉田賢司
足利義教　横井清
大内義弘　平瀬直樹
伏見宮貞成親王　松薗斉
＊山名宗全　山本隆志
細川勝元・政元　古野貢
日野富子　脇田晴子
世阿弥　西野春雄
雪舟等楊　河合正朝
宗祇　鶴崎裕雄
＊満済　森茂暁
一休宗純　原田正俊
蓮如　岡村喜史

戦国・織豊

北条早雲　家永遵嗣
＊毛利元就　岸田裕之
毛利輝元　光成準治
＊今川義元　小和田哲男
＊武田信玄　笹本正治
＊武田勝頼　笹本正治
＊真田氏三代　笹本正治
＊三好長慶　天野忠幸
＊宇喜多直家・秀家　渡邊大門
＊上杉謙信　矢田俊文
島津義久・義弘　福島金治
長宗我部元親・盛親　平井上総
吉田兼倶　西山克
山科言継　松薗斉
＊雪村周継　赤澤英二
正親町天皇・後陽成天皇　神田裕理
織田信長　三鬼清一郎
豊臣秀吉　藤井讓治
＊北政所おね　田端泰子
＊淀殿　福田千鶴
前田利家　東四柳史明
＊黒田如水　小和田哲男
＊蒲生氏郷　藤田達生
＊細川ガラシャ　田端泰子
伊達政宗　伊藤喜良
＊支倉常長　田中英道
＊長谷川等伯　宮島新一
顕如　神田千里
教如　安藤弥

江戸

徳川家康　笠谷和比古
＊徳川家光　野村玄
徳川吉宗　横田冬彦
＊後水尾天皇　久保貴子
光格天皇　藤田覚
崇伝　杣田善雄
春日局　福田千鶴
宮本武蔵　渡邊大門
＊池田光政　倉地克直
保科正之　八木清治
シャクシャイン　岩崎奈緒子
＊田沼意次　藤田覚
＊二宮尊徳　小林惟司
末次平蔵　岡美穂子
＊高田屋嘉兵衛　生田美智子
＊林羅山　鈴木健一
吉野太夫　渡辺憲司
中江藤樹　辻本雅史
＊山崎闇斎　澤井啓一
山鹿素行　前田勉
＊北村季吟　島内景二
伊藤仁斎　澤井啓一
貝原益軒　辻本雅史
松尾芭蕉　楠元六男
＊ケンペル　B・M・ボダルト＝ベイリー
新井白石　大川真
荻生徂徠　柴田純
＊雨森芳洲　上田正昭
石田梅岩　高野秀晴
白隠慧鶴　芳澤勝弘
前野良沢　松田清
平賀源内　石上敏
本居宣長　田尻祐一郎
杉田玄白　吉田忠
木村蒹葭堂　有坂道子
＊大田南畝　沓掛良彦
菅江真澄　赤坂憲雄
＊鶴屋南北　諏訪春雄
良寛　阿部龍一
＊山東京伝　佐藤至子
＊滝沢馬琴　高田衛
平田篤胤　山下久夫
シーボルト　宮坂正英
本阿弥光悦　岡佳子
小堀遠州　中村利則
狩野探幽・山雪　山下善也
尾形光琳・乾山　河野元昭
＊二代目市川團十郎　田口章子
伊藤若冲　狩野博幸
鈴木春信　小林忠
＊佐竹曙山　成瀬不二雄
葛飾北斎　岸文和
酒井抱一　玉蟲敏子
孝明天皇　青山忠正
＊和宮　辻ミチ子
徳川慶喜　大庭邦彦
島津斉彬　原口泉
＊古賀謹一郎　小野寺龍太
＊永井尚志　高村直助
＊栗本鋤雲　小野寺龍太
大村益次郎　竹本知行
西郷隆盛　家近良樹
＊塚本明毅　塚本学

ミネルヴァ日本評伝選

企画推薦
梅原　猛
ドナルド・キーン
佐伯彰一
角田文衛

監修委員
上横手雅敬
芳賀　徹

編集委員
石川九楊
伊藤之雄
猪木武徳
今谷　明
今橋映子
熊倉功夫
佐伯順子
坂本多加雄
武田佐知子
竹西寛子
西口順子
兵藤裕己
御厨　貴

上代

＊俾弥呼　古田武彦
日本武尊　西宮秀紀
＊仁徳天皇　若井敏明
雄略天皇　吉村武彦
＊蘇我氏四代　遠山美都男
推古天皇　義江明子
聖徳太子　仁藤敦史
斉明天皇　武田佐知子
小野妹子・毛人　大橋信弥
＊額田王　梶川信行
弘文天皇　遠山美都男
天武天皇　新川登亀男
持統天皇　丸山裕美子
阿倍比羅夫　熊田亮介
＊藤原四子　木本好信
＊柿本人麿　古橋信孝
＊元明天皇・元正天皇　渡部育子
聖武天皇　本郷真紹
光明皇后　寺崎保広
＊孝謙・称徳天皇　勝浦令子
藤原不比等　荒木敏夫
橘諸兄・奈良麻呂　遠山美都男
吉備真備　今津勝紀
＊藤原仲麻呂　木本好信
道　鏡　吉川真司
＊藤原種継　木本好信
大伴家持　和田　萃
＊行　基　吉田靖雄

平安

＊桓武天皇　井上満郎
嵯峨天皇　西別府元日
宇多天皇　古藤真平
醍醐天皇　石上英一
村上天皇　京樂真帆子
花山天皇　上島　享
＊三条天皇　倉本一宏
藤原薬子　中野渡俊治
小野小町　錦　仁
藤原良房・基経　瀧浪貞子
菅原道真　竹居明男
＊紀貫之　神田龍身
源高明　所　功
＊安倍晴明　斎藤英喜
藤原実資　橋本義則
＊藤原道長　朧谷　寿
藤原伊周・隆家　倉本一宏
藤原定子　山本淳子
清少納言　三田村雅子
紫式部　竹西寛子
和泉式部　ツベタナ・クリステワ
大江匡房　小峯和明
＊阿弖流為　樋口知志
坂上田村麻呂　熊谷公男
＊源満仲・頼光　元木泰雄
平将門　西山良平
藤原純友　寺内　浩
空　海　頼富本宏
最　澄　吉田一彦
円　珍　岡野浩二
＊空　也　石井義長
奝　然　上川通夫
＊源　信　小原　仁
慶滋保胤　吉原浩人
＊後白河天皇　美川　圭
式子内親王　奥野陽子
建礼門院　生形貴重
＊藤原秀衡　入間田宣夫
平時子・時忠　元木泰雄
平維盛　根井　浄
守覚法親王　阿部泰郎
藤原隆信・信実　山本陽子

鎌倉

源頼朝　川合　康
＊源義経　近藤好和
源実朝　神田龍身
＊九条兼実　加納重文
九条道家　上横手雅敬
北条時政　野口　実
熊谷直実　佐伯真一
＊北条政子　関　幸彦
北条義時　岡田清一
曾我十郎・五郎　杉橋隆夫
北条時頼　山本隆志
北条時宗　近藤成一
安達泰盛　山陰加春夫
平頼綱　細川重男
竹崎季長　堀本一繁
西　行　光田和伸
鴨長明　浅見和彦
藤原定家　赤瀬信吾
＊京極為兼　今谷　明
＊兼　好　島内裕子
重　源　横内裕人
＊運　慶　根立研介
快　慶　井上一稔
法　然　今堀太逸
慈　円　大隅和雄
明　恵　西山　厚

刊行のことば

歴史を動かすものは人間であり、興趣に富んだ人間の動きを通じて、世の移り変わりを考えるのは、歴史に接する醍醐味である。

しかし過去の歴史学を顧みるとき、人間不在という批判さえ見られたように、歴史における人間のすがたが、必ずしも十分に描かれてきたとはいえない。二十一世紀を迎えた今、歴史の中の人物像を蘇生させようとの要請はいよいよ強く、またそのための条件もしだいに熟してきている。

この「ミネルヴァ日本評伝選」は、正確な史実に基づいて書かれるのはいうまでもないが、単に経歴の羅列にとどまらず、歴史を動かしてきたすぐれた個性をいきいきとよみがえらせたいと考える。そのためには、対象とした人物とじっくりと対話し、ときにはきびしく対決していくことも必要になるだろう。

今日の歴史学が直面している困難の一つに、研究の過度の細分化、瑣末化が挙げられる。それは緻密さを求めるが故に陥った弊害といえるが、その結果として、歴史の大きな見通しが失われ、歴史学を通しての社会への働きかけの途が閉ざされ、人々の歴史への関心を弱める危険性がある。今こそ歴史が何のためにあるのかという、基本的な課題に応える必要があろう。評伝という興味ある方法を通じて、解決の手がかりを見出せないだろうかというのも、この企画の一つのねらいである。

狭義の歴史学の研究者だけでなく、多くの分野ですぐれた業績をあげている著者たちを迎えて、従来見られなかった規模の大きな人物史の叢書として、「ミネルヴァ日本評伝選」の刊行を開始したい。

平成十五年（二〇〇三）九月

ミネルヴァ書房

《著者紹介》

加納重文（かのう・しげふみ）

1940年　広島県福山市生まれ。

1971年　東京教育大学大学院博士課程単位取得退学。その後，秋田大学講師，平安博物館講師，京都女子大学助教授を経て，同大学教授。

現　在　京都女子大学名誉教授。文学博士。

著　書　『源氏物語の研究』望稜舎，1986年。
『平安女流作家の心象』和泉書院，1987年。
『歴史物語の思想』京都女子大学，1992年。
『明月片雲無し――公家日記の世界』風間書房，2002年。
『平安文学の環境――後宮・俗信・地理』和泉書院，2008年。
『松本清張作品研究』和泉書院，2005年。
『源氏物語の舞台を訪ねて』宮帯出版社，2011年。
『源氏物語の平安京』青簡舎，2011年その他。

ミネルヴァ日本評伝選

九《く》条《じょう》兼《かね》実《ざね》

――社稷の志，天意神慮に答える者か――

2016年２月10日　初版第１刷発行　〈検印省略〉

定価はカバーに
表示しています

著　者　加　納　重　文

発行者　杉　田　啓　三

印刷者　江　戸　孝　典

発行所　株式会社　ミネルヴァ書房

607-8494　京都市山科区日ノ岡堤谷町１
電話代表（075）581-5191
振替口座　01020-0-8076

共同印刷工業・新生製本

ISBN978-4-623-07577-5

Printed in Japan

人名索引

（＊は研究者）

た　行

な　行

は 行

ま　行

や　行

ら・わ行

事項索引

な　行

は　行

ま～わ行

地名索引

あ 行

か 行

さ　行

た　行

な　行

は　行

ま　行

や　行

ら　行